II GUERRA MUNDIAL
ARMAS SECRETAS

II GUERRA MUNDIAL

ARMAS SECRETAS

Tecnología bélica, experimentos
y avances científicos para ganar
la II Guerra Mundial

BRIAN J. FORD

LIBSA

© 2013, Editorial LIBSA
C/ San Rafael, 4
28108 Alcobendas. Madrid
Tel. (34) 91 657 25 80
Fax (34) 91 657 25 83
e-mail: libsa@libsa.es
www.libsa.es

ISBN: 978-84-662-2736-0

Traducción: Jaime de Montoto y de Simón

Título original: *Secret weapons*

Créditos fotográficos:

Muchas de las fotografías de este libro proceden de la vasta
colección del Imperial War Museum que cubren todos los
aspectos de la guerra referentes a Gran Bretaña y la
Commonwealth desde el inicio del siglo XX.

Cubierta: una selección de imágenes de los Archivos
Nacionales de EE.UU., la colección del autor
y la de Osprey Publishing, además de detalles artísticos
de John Batchelor.

DL: M 8044-2013

CONTENIDO

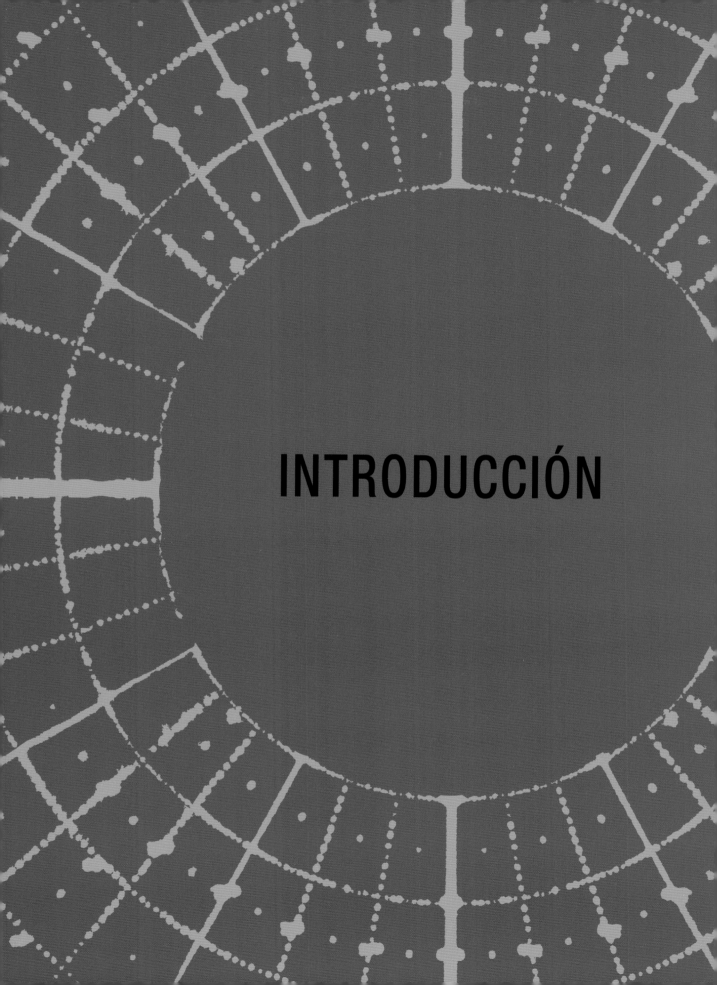

INTRODUCCIÓN

INTRODUCCIÓN

NUNCA HA HABIDO UNA CARRERA COMPARABLE al progreso realizado en la II Guerra Mundial. Las computadoras y los antibióticos pasaron de ser unas curiosidades poco conocidas a unos proyectos principales; los biplanos, que aún era populares cuando empezó la guerra, se vieron sustituidos por aviones a reacción. Al principio de la guerra los cohetes eran poco más que unos proyectiles autopropulsados, pero al final de la contienda llevaron al hombre al borde del espacio.

En el mundo moderno puede llevar cinco años planificar una nueva idea, cinco años para conseguir un permiso y 15 años más para acabar el trabajo; en total, un cuarto de siglo. Durante la guerra, una nueva arma o un nuevo edificio podían pasar del concepto a la realidad en cuestión de meses. Nuestro moderno mundo occidental se está ahogando en burocracia y, en un momento en el que necesitamos nuevas tecnologías para salvaguardar el futuro, podríamos beneficiarnos del sentido de urgencia productiva que floreció durante la II Guerra Mundial.

Durante mis primeras investigaciones sobre las armas secretas de la II Guerra Mundial, me ayudaron muchos colegas de la antigua Alemania Occidental (tanto en Berlín como en el Deutsches Museum de Múnich) y Robert Friedrich, Petra Kieslich y Christian Uhl, así como mis contactos en la *Kammer für Außenhandel* (Gabinete de Exteriores) de la antigua Alemania Oriental, donde las visitas de británicos eran mucho menos frecuentes. En mis primeros libros sobre el tema trabajaron conmigo Peter Dunbar, Sara Kingham y John Batchelor. De hecho, este último ha vuelto a trabajar conmigo en este libro, para el que ha proporcionado muchas de las ilustraciones clave. Los escritores sobre este periodo que yo he conocido incluyen a Barrie Pitt, sir Basil Liddell Hart y Ralph Barker. Aprendí mucho visitando lugares diversos, que iban desde las plataformas de lanzamiento de cohetes en Florida cuando fui huésped de la NASA (y observé el lanzamiento de una lanzadera espacial), hasta la avanzada base de lanzamiento de misiles antiaéreos oculta en los matorrales de Lavernock en Gales, Gran Bretaña. Viajé desde Bletchley Park, hogar de los descifradores de códigos británicos, a visitar el Laboratorio Nacional Argonne, cerca de Chicago, que nació del supersecreto proyecto *Manhattan* de Enrico Fermi. Desde esos primeros años mis visitas se han extendido por Estados Unidos, Alemania al Norte de África, China y Japón, así como por sitios y locales de guerra en Guam, Pearl Harbor, Papúa Nueva Guinea, Malasia y Singapur.

Es imposible dar las gracias a todas las personas que han mejorado mis conocimientos en la materia, pero la influencia del profesor R. V. Jones, director adjunto de Inteligencia de Winston Churchill, fue inestimable; igualmente, los profesores Thomas Allibone y Max Perutz me proporcionaron nuevas percepciones de lo que sucedía entre bastidores. Pasé muchos días felices con el doctor George Svihla en su casa de Ogden Dunes, Indiana, donde comentamos sus recuerdos del trabajo en los laboratorios de guerra de Estados Unidos; y también en Luton, Inglaterra, con Horace Dall, que formó parte de los primeros equipos científicos que entraron en los laboratorios alemanes cuando los aliados avanzaron en 1945. He consultado en las instalaciones de los principales archivos, como el Science Museum y el Imperial War Museum en Londres y las bibliotecas de Nueva York y Washington D.C. Los bibliotecarios de Cardiff me enseñaron los informes del Subcomité de Objetivos Interaliados de Inteligencia y del Subcomité Británico de Objetivos de Inteligencia, y he recibido puntual asistencia en la Universidad de Cambridge por parte del doctor Allen Packwood, director del Centro de Archivos Churchill, y el personal de su secretaría. Me han asesorado autoridades con grandes conocimientos: Mr. Rod Kirby de Cambridge sobre aviones a reacción, Mr. John Gallehawk sobre Bletchley Park, el profesor H. Willkomm de Kiel sobre física nuclear en tiempos de guerra y el honorable doctor Alex Hankey, cuyo padre fue el barón Hankey, presidente del Comité Científico Asesor del Gabinete de Guerra bajo Winston Churchill. Mr. Eddie Creek ha proporcionado amablemente algunas raras fotografías para este libro y el doctor Hugh Hunt, miembro de la Junta de Gobierno del Trinity College, vino a impartir la conferencia inaugural sobre la bomba de rebote en Madingley Hall para la Sociedad para la Aplicación de la Investigación de Cambridge, que tengo el honor de presidir, en la Universidad de Cambridge.

Como nota personal, quiero expresar mi sincero agradecimiento a aquellos que han hecho mucho más para ayudar a escribir este libro de lo que normalmente se podría esperar: a Kate, por sus especiales revelaciones sobre la publicación de libros; por la capacidad editorial de Emily y Margaret y, sobre todo, a Charly por su diligente profesionalidad y a Jan por proporcionarme la infraestructura esencial que todo escritor necesita.

Las diferentes autoridades han utilizado distintos sistemas de denominación durante varios años. Para ser coherentes, todos los números de los modelos llevan un guión (por ejemplo, la V2, como se la denominaba frecuentemente en Alemania, es siempre la V-2).

Las investigaciones secretas de la II Guerra Mundial nos trajeron el primer misil de crucero, el nacimiento de los cohetes de largo alcance, las realidades de la tecnología del radar y del control remoto, las bombas «revientamanzanas», los aviones supersónicos, los plásticos modernos y las superdrogas, los bolígrafos y la tecnología *stealth*. Esta fue una era sorprendente e inigualada de asombroso progreso en la ciencia y la tecnología. Todavía tiene lecciones que enseñarnos.

Brian J. Ford
Cambridge, 2011

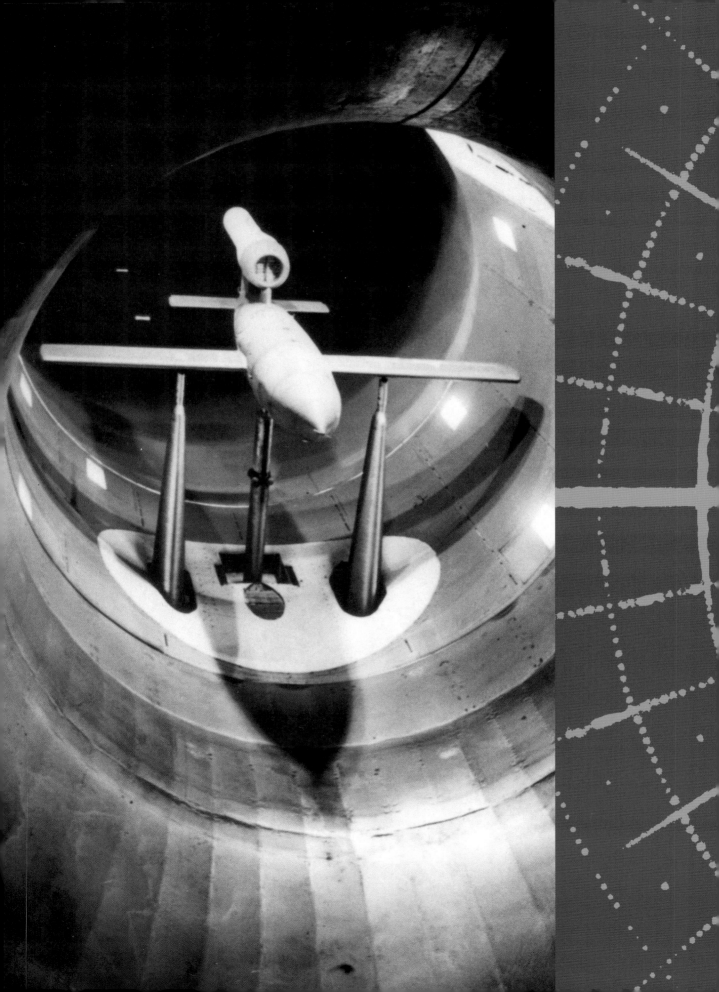

LA ELABORACIÓN DE UNA GUERRA SECRETA

L A EVOLUCIÓN DE LAS ARMAS SECRETAS no es solamente un tema de especial interés para los entusiastas de la historia militar porque nos afecta a todos y su legado está totalmente presente en nuestro mundo actual. La investigación en tiempo de guerra dio lugar a algunos de los desarrollos más revolucionarios y a algunas de las ideas más locas, que incluyeron el chocante plan de cambiar el sexo de Hitler metiendo hormonas en su comida y otro extraño proyecto para pegar a los soldados alemanes al terreno lanzando proyectiles rellenos de pegamento.

Han surgido historias y leyendas de todo tipo desde la II Guerra Mundial: historias de super-bombas, cañones de rayos mortales y acuerdos secretos. Algunas fuentes dicen que los nazis tenían platillos volantes listos para despegar y hasta que habían hecho explotar una bomba atómica. La saga de la ciencia secreta durante aquellos vitales años me ha intrigado desde mi infancia. De hecho, el primer libro que escribí sobre el asunto se publicó cuando yo tenía veintitantos años. Pero todavía hay que asimilar nuevas lecciones dramáticas. Aunque consideramos a Estados Unidos la cuna del poder atómico, también tenemos que reconocer cuánto se desarrolló en Alemania, Gran Bretaña, Rusia y Japón: todas estas naciones tenían sus propios proyectos de bomba atómica. El miedo y el pavor no comenzaron con la guerra de Irak, sino que nacieron en la II Guerra Mundial. Descubriremos que a muchos de los mayores criminales de guerra de todos los tiempos se les perdonó en secreto y se les concedió ilícitamente un santuario a cambio de que continuaran su trabajo sobre armas secretas, pero esta vez para el otro bando. Aunque a menudo se habla del devastador raid sobre Pearl Harbor como de algo no provocado e inesperado, es sorprendente descubrir que nada de eso es cierto.

Por otro lado, muchas osadas hazañas de los héroes británicos se clasificarían hoy en día como crímenes de guerra. ¿Sabe el lector que hubo americanos muertos por armas secretas japonesas lanzadas desde Japón? Probablemente no: eran secretas entonces y siguen siendo secretas ahora. ¿Había oído que se lanzó un astronauta (y también un satélite) con los cohetes V-2? ¿Sospecha que grandes existencias de fosgeno (un gas corrosivo, cegador y asfixiante) que se almacenaron durante la II Guerra Mundial están ahora disponibles en ciudades industriales por el mundo? Calder Hall, en Gran Bretaña, es famosa por ser la primera instalación de energía nuclear del mundo, pero hubo otra que existió años antes, sobre la cual muy poca gente ha oído hablar. ¿Sabe que armas secretas de la II Guerra Mundial amenazan actualmente áreas residenciales de Estados Unidos, o que un cañón sónico desarrollado por los nazis se empleó recientemente para impedir a los piratas que abordasen a un barco de cruceros de lujo? América tiene fama por su primer reactor nuclear, pero en realidad, cuando acabó la guerra, el mayor reactor estaba en Canadá. Por su parte, una forma primitiva de radar, una de las tecnologías más secretas de la II Guerra Mundial, estaba ya en uso antes de 1914. El lector habrá oído hablar de la bomba rebotadora británica, pero es probable que no sepa que los alemanes tenían su propia bomba rebotadora ni que la película *The Dam Busters* (*Los destructores de presas*) fue una fuente de inspiración para *Star Wars* (*La guerra de las galaxias*).

Tradicionalmente, los libros sobre armas secretas se ven como libros estrafalarios que miran al pasado, o como volúmenes especializados que atraen a los historiadores, de la misma manera que las aeronaves extrañas atraen a los observadores de aviones. Pero este tema está más cerca de la actualidad de lo que pensamos. En realidad, la II Guerra Mundial nos proporcionó los conocimientos cientí-ficos de los que depende nuestro mundo moderno. Nunca antes había tenido lugar nada con un

En representación del Gabinete de Guerra de Churchill, lord Hankey realizó un llamamiento a los científicos británicos que pudieran unirse al esfuerzo para desarrollar armas secretas. Apareció en el *Diario de sesiones* del 3 de abril de 1941 (Colección del autor):

«SE BUSCAN CIENTÍFICOS

Por Ian Fraser. Nuestro corresponsal en el Parlamento

El Gobierno necesita miles de científicos para trabajos de guerra. Lord Hankey, presidente del Comité Científico Asesor del Gabinete de Guerra, en su alocución en la Cámara de los Lores la última noche, dijo:

"En estos días ningún hombre, aunque sea un genio, puede cubrir más de una fracción del inmenso campo de la ciencia en la guerra. Necesitamos miles de científicos.

Estamos implicados en una lucha a muerte con un enemigo que se vanagloria justificadamente de sus realizaciones en el campo de la ciencia.

Nuestros científicos son por lo menos tan buenos como los suyos, y con la ayuda de los recursos científicos del Imperio y especialmente de los de Estados Unidos, estamos creando un equipo científico que está destinado a desempeñar un papel siempre creciente en nuestro esfuerzo de guerra y en el periodo de reconstrucción que deberá seguirle"».

SCIENTISTS WANTED

From IAN G. FRASER, Our Parliamentary Correspondent

THOUSANDS of scientists are wanted by the Government for war work.

Lord Hankey, chairman of the Scientific Advisory Committee of the War Cabinet, making this appeal in the Lords last night, said:—

"In these days no one man, whatever his genius, can cover more than a fraction of the immense field of science in war. We require thousands of scientists.

"We are engaged in a death struggle with an enemy who boasts with justification of his achievements in the field of science.

"Our scientists are at least as good as his. and with the aid of the scientific resources of the empire, and especially of the U.S.A., we are building up a scientific equipment that is destined to play an ever-increasing part in our war effort and in the period of reconstruction that must come thereafter."

ritmo de progreso semejante ni se había visto nada parecido desde entonces. La guerra es un estímulo mucho más poderoso para el progreso que la paz. Las demandas de las guerras napoleónicas nos proporcionaron la comida enlatada. Fueron las guerras en India las que nos proporcionaron el primer cohete de acero (inventado por los indios, no por los británicos). Los hermanos Wright tenían en mente aeronaves militares cuando empezaron sus experimentos con máquinas voladoras. Pero fue la II Guerra Mundial la que llevó a un resurgir sin precedentes en la inventiva y la innovación. Después de la I Guerra Mundial, Europa y América se encontraban en una era posvictoriana en la cual el progreso era regular y la mayor preocupación era la preservación de la estabilidad social y el mantenimiento de la riqueza. Los ingenieros eran innovadores pausados, no los aventureros impetuosos del siglo anterior. El progreso de la pura ciencia era lento y metódico, y la tecnología procedía a un paso regular, excepto por algunas nociones nuevas y revolucionarias en determinados campos, como la radio, la televisión, las aeronaves y los barcos transatlánticos. Los entusiastas de los cohetes eran amantes de un *hobby;* los pioneros de los motores a reacción eran ampliamente ignorados. El desarrollo procedía lógicamente y el progreso era un desenmarañamiento metódico de realidades.

Con las oscuras nubes de la guerra acercándose, la ciencia y la tecnología adquirieron una nueva y terrorífica urgencia. Ahora el ritmo del progreso no tenía precedentes, y, sin embargo, era diferente según el lado en el que se estuviera. Los japoneses, centrados en la conquista de las relativamente

GERMANS INVADE AND BOMB POLAND BRITAIN MOBILISES

Warsaw, Cracow, Nine Other Towns Bombed: Danzig is "Annexed"

FRANCE DECLARES "STATE OF SIEGE"

GERMANY INVADED POLAND TO-DAY. COMPLETE MOBILISATION HAS BEEN ORDERED IN BRITAIN.

Orders in Council for the complete mobilisation of the Navy, Army and Air Force were signed by the King at a Privy Council to-day. The King also approved other Orders in Council dealing with the emergency.

Warsaw has been bombed. Other German aircraft raided Kursk, Gdynia, Thorn, Bialystock, Grodno, Dilkva and Bydgoszcz. A few hours later, Cracow, Katowice and Czenstowice were bombed.

THE EVENING STANDARD LEARNS THAT THE POLISH AMBASSADOR SAW LORD HALIFAX TO-DAY. HE INFORMED THE FOREIGN SECRETARY OF THE GERMAN ATTACK UPON POLAND, WHICH HE SAID CONSTITUTED A CASE OF DIRECT AGGRESSION, AND HE INVOKED THE ANGLO-POLISH TREATY.

French aid has also been invoked.

The French Cabinet met for an hour and 35 minutes. They decided to call Parliament immediately, to order general mobilisation of Army, Navy and Air Force beginning to-morrow, and to proclaim a "state of siege."

The Germans attacked without having delivered any ultimatum.

Attack On Both Sides

They are striking at the "Corridor" both from the East and the West—from the East at the town of Dzialdowo, on the East Prussian frontier, and from the West at Chojnice, about 60 miles from Danzig.

Dzialdowo is about 80 miles north-west of Warsaw.

(Continued on PAGE FOUR)

Air Raid Warning System In Force

LOCAL authorities have been instructed to put their air raid warning systems into full operation.

From now on the sounding of factory sirens and hooters is prohibited, except for giving air raid warnings.

'BRITAIN WILL FULFIL HER OBLIGATIONS'

Parliament Meeting To-night

THE BRITISH CABINET MET TO-DAY. THEY BROKE UP AFTER ONE HOUR AND FIFTY MINUTES.

BOTH HOUSES OF PARLIAMENT ARE MEETING AT SIX O'CLOCK TO-NIGHT. THE PRIME MINISTER IS MAKING A FULL STATEMENT IN THE COMMONS, AND AFTERWARDS THE HOUSE IS BEING ASKED TO PASS EMERGENCY LEGISLATION AT ONCE AND TO VOTE CREDITS. LORD HALIFAX IS MAKING A STATEMENT IN THE LORDS.

MEMBERS OF PARLIAMENT WILL BE IN POSSESSION OF THE CORRESPONDENCE BETWEEN GREAT BRITAIN AND GERMANY WHICH WILL BE PUBLISHED IN A WHITE PAPER.

It was pointed out in official circles in London to-day that if the proclamation to the German people by Herr Hitler should mean, as it would seem to mean, that Germany has declared war on Poland, it can be stated on the highest authority that Great Britain and France are infinitely determined to fulfil to the utmost

(Continued on BACK PAGE)

Los periódicos de la noche consiguieron un día de ventaja, y el *Evening Standard* anunció la invasión alemana de Polonia el 1 de septiembre de 1939. Dos días más tarde se declaró la guerra. (Hulton/Getty Images)
«LOS ALEMANES INVADEN Y BOMBARDEAN POLONIA, GRAN BRETAÑA SE MOVILIZA
Varsovia, Cracovia y otras nueve ciudades: Danzig ha sido "anexionada"
Francia declara el "estado de sitio"
Gran Bretaña cumplirá sus obligaciones».

poco desarrolladas naciones del Sudeste Asiático, hicieron hincapié en aviones, cañones y bombas. Consideraban a los súbditos de estas naciones personas inferiores, a las que difícilmente se las podía clasificar como seres civilizados. Los norteamericanos, que llegaron tarde a la batalla, se apresuraron a producir aviones innovadores y barcos de tecnología punta, y reunieron un grupo de expertos que estaban domeñando el átomo para producir las armas más terribles y destructivas jamás utilizadas en la guerra. Los franceses estuvieron contentos durante décadas con su Línea Maginot y llevaron a cabo desarrollos domésticos sin prestar mucha atención a la perspectiva internacional. Los italianos, españoles y rusos estaban desarrollando armas de guerra y almacenando ideas, además de material.

Alemania era diferente. La única meta de sus líderes tras la ascensión de Hitler al poder era el dominio de Europa y, con tiempo y buena suerte, del mundo. Alemania estaba rodeada de países muy desarrollados con un sentido compartido de fuerza y una creencia en el progreso hacia un futuro libre de guerras, y los nazis eran muy conscientes de que necesitaban vencer a naciones tan ingeniosas y civilizadas como la propia Alemania. Sin embargo, con la excepción de Italia, cuyo líder, Benito Mussolini, tenían grandiosas ideas propias, todas las demás naciones europeas carecían de una cosa: fanatismo. Para Alemania, la dominación se le presentaba cada vez más como un derecho, un destino. Y los desarrollos científicos que conducían a la guerra se orientaron directamente a la ocupación por mucho tiempo de las naciones vecinas. Cuando la guerra empezó, Hitler estaba envalentonado por la capitulación de los aliados de Checoslovaquia respecto al territorio de los Sudetes, y cuando Gran Bretaña declaró la guerra en 1939 como resultado de los ataques alemanes sobre el estrecho corredor de terreno hacia el puerto de Danzig en el Báltico, Hitler se asombró. Nunca hubiera imaginado que Gran Bretaña declararía la guerra de esta manera y por un pedazo de tierra tan pequeño. Entonces, ya sin freno, ordenó que el ritmo de progreso se acelerase. Sin embargo, como en los primeros años de guerra parecía que la victoria alemana estaba asegurada, fue igual de rápido a la hora de retirar el apoyo a muchos campos revolucionarios e innovadores de la investigación y desarrollo, de modo que el progreso en estos campos quedó cortado de raíz. En aquel momento Hitler decidió de forma optimista que, después de todo, no se necesitarían estas nuevas tecnologías. Sentía que la victoria sería suya fácilmente.

Granada anticarro n.º 74, la «bomba pegajosa» que contenía un fuerte adhesivo, basado en la liga para cazar pájaros. Un soldado aliado rompería la carcasa exterior para dejar libre la liga y pegar la bomba a un tanque enemigo antes de armar la espoleta y salir corriendo. Aunque fue popular entre las tropas, se consiguieron pocos éxitos y a veces la bomba se pegaba al soldado. (John Batchelor)

La situación en Gran Bretaña era claramente distinta de la de Alemania. Gran Bretaña esperaba un futuro sin guerra, porque las sangrientas lecciones de la I Guerra Mundial estaban vivamente impresas en la memoria colectiva de la nación. Durante las décadas de 1920 y 1930, hubo una reducción ininterrumpida del gasto militar, incluso a riesgo de ser incapaz de defender los territorios de ultramar. A la gran máquina militar se la veía como algo del pasado; se consideraba la guerra como un hecho inhumano y sepultado en la Historia. Los británicos estaban luchando con un imperio turbulento y la idea que estaba creciendo era la de interdependencia más que de dominio colonial. Mientras que las prioridades de Alemania estaban enfocadas en el desarrollo de armas de agresión para el futuro, las energías de Gran Bretaña se dedicaron primordialmente durante la guerra a defenderse del ataque, impedir la ocupación y evitar que Alemania produjera armas de destrucción masiva aún más terroríficas. Los científicos británicos estaban centrados en encontrar dónde estaban los aviones alemanes, y pronto perfeccionaron el radar; querían seguir las conversaciones que llevaban a cabo los nazis y así perfeccionaron los medios para descifrar los códigos de las máquinas de cifra alemanas[1]. La guerra secreta británica empezó como una defensa contra la agresión. Cuando Gran Bretaña creó la bomba de penetración, en principio no estaba destinada a atacar Alemania, sino a demoler las fortificaciones alemanas en las que se encontraban sus armas; igualmente, cuando se creó la bomba de rebote fue para suprimir las factorías donde se fabricaban las municiones. Pero bajemos a la realidad: en su tiempo la inundación del valle del Ruhr por los reventadores de presas pareció algo heroico, pero ahora se consideraría un crimen de guerra porque se ahogaron miles de obreros civiles inocentes y de trabajadores esclavos prisioneros. Sin embargo, la leyenda permanece. Los reventadores de presas inspiraron a los productores de películas posteriores; los primeros ordenadores abrieron el camino a los ordenadores personales de gigantesca capacidad; todos nuestros misiles de crucero y nuestras bombas guiadas surgieron de la tecnología desarrollada durante la guerra.

Estados Unidos era entonces (como ahora) la nación más rica del mundo con mucho, y fue rápida en capitalizar las implicaciones financieras de la guerra. Desde el principio se concentró disimuladamente en fabricar aviones de guerra, buques y cañones. Sin embargo, en general los estadounidenses dieron menos importancia al armamento secreto y estrafalario; América necesitaba fabricar armamento operacional. Para Estados Unidos, la investigación nuclear se convirtió rápidamente en el principal aspecto de sus investigaciones en armas secretas. Nuevos desarrollos cruciales en la ciencia atómica habían aparecido justo al principio de la II Guerra Mundial y, aunque los descubrimientos se hicieron en Europa, era en Estados Unidos donde había dinero disponible.

No todas las armas secretas eran grandes, costosas o complejas; en muchos aspectos eran un ejemplo de los diversos enfoques de las distintas naciones en la manera de dirigir la guerra. Al principio de la contienda los británicos perfeccionaron un dispositivo muy simple conocido como la «bomba pegajosa». Era una granada redonda con una espoleta de tiempo que un soldado podía adherir a un tanque enemigo. En esencia, se trataba de un contenedor de nitroglicerina dentro de una carcasa que estaba recubierta con un adhesivo industrial. Por supuesto que no siempre funcionaba bien y en oca-

---

[1] Estas máquinas se basaban en un rotor giratorio para seleccionar letras al escribir según un código secreto. Aunque pensamos que las máquinas Enigma eran de origen alemán, su historia fue mucho más compleja y, de hecho, el primer diseño de una máquina cifradora con rotor fue inventado por dos ingenieros navales holandeses, Theo van Hengel y R. P. C. Spengler, en 1915 (Nota del Autor).

siones se pegaba firmemente al uniforme del soldado. Los registros indican que se fabricaron 2.500.000 bombas entre 1940 y 1943, pero solo figuran seis tanques como destruidos por estos artefactos.

El enfoque de guerra de los alemanes era totalmente distinto. Inventaron un arma explosiva antitanque conocida como Goliath (*der Leichter Ladungsträger* o transporte ligero explosivo). Era un pequeño vehículo sobre orugas, que parecía un tanque en miniatura, controlado por una palanca tipo *joystick* al final de un cable de 600 m (2.000 pies) y cargado con 1.000 kg (220 libras) de explosivos. No podían pasar grandes resaltes del terreno, por lo que a veces se quedaban atascados en una ladera, pero se construyeron unos 7.500 desde 1942 y todavía estaban en uso durante los desembarcos del Día D en 1944.

La tecnología futurista también apareció en todos los frentes, aunque predominantemente bajo el genio de Alemania. En el mundo de hoy sabemos que un nuevo desarrollo puede costar millones y tarda décadas de pruebas y rediseños antes de que llegue al mercado. Pero no fue así durante la II Guerra Mundial. Durante esos años y la década que llevó a ellos, se despreciaron las precauciones. Capricho personal, carisma, ambición, conjeturas, pura suerte…, todos los motivos imaginables iniciaron proyectos. Una idea nueva se podía convertir en realidad en semanas. Conceptos revolucionariamente innovadores de importancia mundial podían pasar de la mesa de diseño a la realidad en unos meses. No ha habido un periodo de la historia humana que haya visto cambios tan increíbles, y sus resultados están entre nosotros.

Nos gusta pensar que los desarrollos de esa época fueron muy organizados, bien fundados, cuidadosamente preparados y sorprendentemente productivos. La realidad estuvo muy lejos de la percepción del público. Hubo manías privadas y rivalidades personales que originaron locos cambios en la política y las prioridades. Si uno daba un paso en una dirección, podía dominar el mundo con sus nuevas y asombrosas ideas; pero si daba el paso en otra dirección, podía acabar ante el pelotón de fusilamiento. Una propuesta que resultaba indeseable en un momento se podía volver de la máxima prioridad debido a un cambio de opinión. Al final de todo, los vencedores se quedaron con muchos de estos asombrosos inventos por medios ilegales. Así, criminales asesinos fueron aclamados como heroicos libertadores si podían beneficiar a sus nuevos patrones. Incluso se podía ignorar la palabra de un presidente si esto ayudaba a promover la causa del progreso.

A veces se dice que las armas secretas de la II Guerra Mundial fueron ridículas, oportunas o simples conjeturas afortunadas. Pero muchas de ellas introdujeron conceptos revolucionarios de los cuales nos beneficiamos hoy en día. De modo que mucho de lo que actualmente es normal empezó como ciencia secreta durante la II Guerra Mundial.

LO QUE DESENCADENÓ EL TRATADO DE VERSALLES

La I Guerra Mundial supuso el nacimiento de las armas secretas. Se utilizaron pequeños cohetes en gran número y ambos bandos usaron el gas venenoso. Aquel terrible conflicto fue brutal y cambió a las naciones. Inmediatamente los vencedores echaron toda la culpa a Alemania. Se pregonó que

ESTONIA

LETONIA

LITUANIA

MAR DEL NORTE

DINAMARCA

SCHLESWIG-HOLSTEIN

GRAN BRETAÑA

Londres

HOLANDA

BÉLGICA

Elba

Berlín

Corredor
Polaco

RUSIA
OCCIDENTAL

POLONIA

Rhin

1

ALEMANIA

RENANIA

2

París

LUXEMBURGO

SARRE

3

4

CHECOSLOVAQUIA

FRANCIA

Ródano

SUIZA

AUSTRIA

HUNGRÍA

1. Renania desmilitarizada.
2. El Sarre bajo la administración de la Liga de Naciones hasta 1935.
3. Alsacia y Lorena devueltas a Francia.
4. La Alta Silesia cedida a Polonia tras un plebiscito.

YUGOSLAVIA

ITALIA

N

M A R   M E D I T E R R Á N E O

Alemania en 1918
Territorios cedidos por Alemania como resultado del Tratado de Versalles en 1919

0   200 millas

0   250 km

el Tratado de Versalles era un acuerdo que acabaría con todas la guerras, y el pueblo de Alemania estuvo satisfecho de ver acabado el conflicto. Inicialmente se unieron con cualquiera que quisiera ver a los que habían desencadenado la guerra castigados por sus crímenes. Pero el tratado fue incapaz de identificar las raíces del conflicto: se limitó a echar la culpa de la guerra a todo el pueblo alemán, al que exigió que pagara a los vencedores inimaginables cantidades de dinero como reparaciones de guerra. A Alemania incluso se le impuso que utilizara sus astilleros para la construcción de barcos aliados. Así pues, los alemanes se sintieron humillados, no liberados.

Con la posguerra llegó a Gran Bretaña la Regla de los Diez Años, que adoptó el Gobierno británico en agosto de 1919. Los cálculos para confeccionar el presupuesto de las fuerzas armadas estarían basados en la siguiente suposición: «El Imperio británico no se vería envuelto en una gran guerra durante los siguientes diez años». Como nación victoriosa, Gran Bretaña confiaba en que, como Alemania había sido humillada, nunca volvería a presentar un problema para ningún estado, de modo que el gasto militar se redujo radicalmente. De hecho, aunque se considera a Winston Churchill como un hombre instintivamente a favor de la preparación para la guerra, en los años que siguieron a la I Guerra Mundial su actitud era claramente diferente. En 1928 Churchill era el canciller del Exchequer (ministro de Hacienda) y fueron sus poderes de elocuencia los que convencieron al Gobierno para acordar que esta regla siguiera en vigor hasta que se rescindiera específicamente. En 1931 el primer ministro, Ramsay MacDonald, creyó que la situación internacional se estaba volviendo peligrosa y que quizá habría que abolir la Regla de los Diez Años. El primer lord del Mar (ministro de Marina), sir Frederick Field, advirtió aquel mismo año de que la marina británica estaba «por debajo de las condiciones necesarias para mantener abiertas las comunicaciones marítimas de Gran Bretaña en tiempo de guerra». Dijo que no se podía defender adecuadamente ningún puerto en todo el Imperio británico, pero nadie hizo caso de sus palabras y la Regla de los Diez Años continuó como un componente clave de la política británica.

El Gobierno británico no abandonó la Regla de los Diez Años hasta 1932. Incluso entonces la supresión se vio contrarrestada por una declaración de advertencia: «Esto no se puede usar para justificar un aumento del gasto por los tres ejércitos sin fijarse en la muy seria situación económica y financiera» a la que se enfrentaba Gran Bretaña.

La situación era casi totalmente opuesta en Alemania. El artículo 231 del Tratado de Versalles obligó a Alemania a aceptar toda la responsabilidad de la I Guerra Mundial. En lo sucesivo el ejército alemán *(Reichswehr)* constaría de un máximo de 100.000 hombres; no podría haber recluta forzosa; el tamaño de su marina de guerra *(Kriegsmarine)* estaba limitado y no se le permitía ni un solo submarino. Además, Alemania no podía almacenar gases venenosos y no podía tener dirigibles. En lugar de ser un pueblo libre de la tiranía de sus dirigentes, a toda la población alemana se le hizo sentirse personalmente culpable por la crueldad de la guerra. Al tener que imprimir dinero extra para pagar las reparaciones de guerra, la moneda alemana entró en una espiral inflacionista. A ello se sumó luego una caída mundial de la bolsa. Los alemanes, que se habían regocijado cuando cayó

Página anterior: Los territorios perdidos por Alemania en el Tratado de Versalles están de color de rosa. Bélgica recibió Eupen y Malmédy, y Polonia ganó un corredor hacia el mar Báltico. *(The Map Studio © Osprey Publishing)*

el káiser, buscaron un nuevo líder, cualquiera que pudiera restaurar su moral y darles algo de dignidad. A Alemania ni siquiera se le había permitido formar parte de la nueva Sociedad de Naciones y había perdido todas sus posesiones de ultramar. La humillación de la nación (un sentimiento generalizado, a pesar de que ningún soldado enemigo había llegado a entrar en territorio alemán durante la guerra) dejó al pueblo alemán vulnerable ante cualquier líder carismático, incluso ante un mediocre pintor austriaco.

Las ramificaciones del Tratado de Versalles no se limitaron solo a Europa. El Gobierno de Estados Unidos se negó a ratificar el tratado y el káiser Guillermo II (del que todo el mundo esperaba que fuera sometido a juicio) se exilió en Holanda. El primer ministro británico, Lloyd George, estaba decidido a ahorcar al káiser, pero el presidente estadounidense, Woodrow Wilson, se negó y argumentó que también había aliados a los que querría ver ejecutados por su actuación durante la guerra. Los intentos de conseguir la extradición del káiser para juzgarle fallaron y, aunque pueda parecer sorprendente, el emperador sobrevivió para ver la II Guerra Mundial. Guillermo II murió en 1941. La recién creada Unión Soviética (URSS), que aún trataba de crear un nuevo estado desde las ruinas de la Revolución, ofreció secretamente al Gobierno alemán instalaciones en suelo soviético para desarrollar y probar nuevas armas, a cambio de ayudar a los soviéticos a crear y desarrollar su nuevo Estado Mayor General del Ejército. En marzo de 1922 algunos oficiales alemanes fueron a Rusia para iniciar su ilícito adiestramiento. En abril de 1922 la compañía Junker empezó la fabricación de aviones en Fili, cerca de Moscú, y la compañía alemana Krupp se estableció rápidamente en Rostov, junto al río Don, en el sur de Rusia. En Vivupal, cerca del balneario de Lipetsk, Rusia, los pilotos alemanes empezaron los cursos de entrenamiento para la futura fuerza aérea alemana *(Luftwaffe)*. En 1926 el ejército alemán ya estaba utilizando una escuela rusa de instrucción en tanques en Kazán y un instituto de guerra química en la provincia de Samara. El ejército soviético disfrutó de los últimos desarrollos alemanes para la guerra y de tecnología de armamento. En 1929 Alemania estaba ayudando activamente a Rusia a modernizar su industria de guerra, y la producción de tanques en las fábricas de la Factoría Bolchevique de Leningrado y la Compañía de Locomotoras de Kharkov se volvió más eficiente.

Pero Rusia no fue la única nación que ayudó a Alemania. Gran Bretaña también estaba aumentando su intercambio comercial con Alemania durante este periodo con la venta de los mejores diseños de motores de aviación a la industria aeronáutica alemana, en rápida expansión. Estos motores se instalaron en los aviones alemanes ya existentes, mientras los ingenieros alemanes examinaban los motores británicos y se lanzaban a perfeccionarlos para que los fabricantes alemanes pudieran equipar a las futuras generaciones de aviones de guerra. Cuando Hitler llegó al poder en 1933 esta cooperación se acabó, pero para entonces las raíces secretas del militarismo alemán estaban ya bien arraigadas.

Nada hay como negarle a una nación su derecho al desarrollo para que esta consiga hacerlo subrepticiamente. La limitación del tamaño de su ejército llevará a elevar la calidad de cada soldado al máximo nivel. Restringir el tamaño de sus buques de guerra hará que desarrolle los barcos más eficientes, ligeros y de tecnología más avanzada de la Historia. Si se le dice que renuncie a los dirigibles, es posible que en su lugar opte por desarrollar cohetes espaciales. Una nación victoriosa debería siempre tratar de dignificar a la población de un país vencido porque esta ha sufrido mucho durante el conflicto que le han impuesto sus líderes; la humillación nunca trae nada positivo para el futuro. Al estudiar las armas secretas en el contexto de la II Guerra Mundial, podemos ver que sus orígenes se hallan mucho antes del inicio de la guerra.

CIENCIA A TODA VELOCIDAD

Para los ciudadanos de hoy en día, las armas secretas de la II Guerra Mundial deberían parecer un asunto normal, no de especialistas, porque revelan cuán rápidamente pueden avanzar la ciencia y la tecnología. Los proyectos que evolucionan lentamente durante décadas adquieren un impulso dramático y se desarrollan más rápidamente que nunca en la Historia. Si se diera una sensación de urgencia similar, ¿no podríamos crear modos de aislar el dióxido de carbono (anhídrido carbónico), capturar la energía geotérmica, producir alimentos abundantes sin destrozar el paisaje y vencer enfermedades como la malaria, el sida y la tuberculosis? Los resultados rápidos proporcionaron la clave para el veloz desarrollo de armas de la II Guerra Mundial, pero todavía no hemos aprendido a generar ese mismo sentido de urgencia en tiempo de paz.

La única excepción que se puede citar fue la visión de un hombre en la Luna, que el presidente John F. Kennedy presentó a la nación americana el 12 de septiembre de 1962. Prometió a Estados Unidos que su gran nación tendría un hombre paseando por la superficie lunar en una década, y su discurso disparó a la nación en un apoyo frenético. Encontró, por una única vez en la Historia, una causa común para unir las energías de todos, y el ritmo del progreso hasta que se alcanzó la Luna fue equivalente a los esfuerzos de la II Guerra Mundial. Neil Armstrong puso el pie en la Luna el 21 de julio de 1969; todo el proyecto se había completado en siete años. Por tanto, se puede hacer. Sin embargo, antes de llegar a la conclusión de que es fácil acelerar la innovación y la velocidad del progreso en tiempo de paz, debemos considerar un aspecto crucial: la carrera hacia la Luna se efectuó por equipos dirigidos por los mismos ingenieros de cohetes alemanes que inventaron el primer cohete espacial, la V-2. El ímpetu que vimos en la Administración Nacional del Aire y del Espacio (NASA) era una continuación de la cultura de Alemania en tiempo de guerra, trabajando esta vez con propósitos de paz. Incluso aquí fueron las armas secretas las que mostraron el camino a seguir.

La lección esencial que se puede obtener es que la gente nunca aprende de la Historia. La ciencia secreta de la II Guerra Mundial y su legado en las guerras que libramos ahora nacieron de ese incontrovertible hecho.

ARMAS VOLADORAS: AERONAVES SECRETAS

DURANTE LA II GUERRA MUNDIAL APARECIERON aeronaves de todos los tamaños y formas concebibles. Durante la contienda, y en los años que la precedieron, tanto las fuerzas aéreas aliadas como las del Eje produjeron nuevas aeronaves de diseño crecientemente sofisticado y especificaciones cada vez más impresionantes, así como increíbles misiles nuevos que prepararon el camino para el futuro, como se verá en el próximo capítulo. El Mustang, el Messerschmitt, el Zero y el legendario Spitfire son todos ellos aviones extraordinarios y entre ellos alteraron el curso de la guerra. Muchos aviones que se habían diseñado en tiempo de paz fueron transformados de uso civil al militar. Así, por ejemplo, se modificó el Douglas DC-3 de las líneas aéreas para convertirlo en el legendario Douglas C-47 Dakota, el transporte militar Skytrain. Más de 10.000 de ellos se produjeron en California, en las factorías de Long Beach y Santa Mónica, y también en la de Oklahoma City. Igualmente, Boeing había lanzado en Seattle su B-247, el primer avión de aerolíneas totalmente metálico, en 1933. Lo cambió para comenzar el diseño del B-322, más grande, en 1934, y en 1940 se le adjudicó un contrato para modificar el avión para su uso militar. Se convirtió en el bombardero B-29 Superfortress.

Aunque todos esos aviones tuvieron un papel crucial en la II Guerra Mundial, ninguno de ellos era un secreto. Solo la industria militar alemana produjo un asombroso grupo de aparatos voladores *top-secret*, algunos de los cuales desafiaban la imaginación y muchos de ellos llevaron a innovadoras tecnologías.

EL DIRIGIBLE. RÍGIDOS Y NO RÍGIDOS

En los años anteriores a la guerra, no fueron los aviones los que dominaron los cielos, sino los grandes dirigibles. Algunos estaban todavía en uso durante la II Guerra Mundial, pero ¿dónde empezaron? Un dirigible es un globo más ligero que el aire, que se puede propulsar hacia delante y se dirige con un timón. Los que no tienen un esqueleto rígido interno para mantener la forma de la envuelta son los no rígidos (*blimps*); un verdadero dirigible rígido tiene una estructura interna que mantiene su forma, con aletas y timones para dirigirlo y motores para propulsarlo. Empezaron con las ideas de un entusiasta francés, el teniente Jean Baptiste Marie Meusnier, que cruzó en vuelo el canal de la Mancha en 1795 en un globo con alas móviles (para propulsarlo) y una cola en abanico (para dirigirlo). En la Gran Exposición de 1851 en el Crystal Palace de Londres se exhibió el diseño de un dirigible propulsado por una máquina de vapor. Al año siguiente Henri Giffard voló 20 km (12 millas), de París a Trappes, en un dirigible propulsado por una máquina de vapor. En 1885 los franceses estaban volando un dirigible de 52 m (170 pies) de longitud, con una capacidad de 1.900 m³ (66.000 pies³) de hidrógeno; iba propulsado por un motor eléctrico accionado por una batería que pesaba 413 kg (960 lb). En 1896 un ingeniero croata, David Schwarz, diseñó un dirigible recubierto de metal que voló por primera vez en el aeródromo de Tempelhof, en Berlín, poco después de que él muriera el mismo año. Su viuda, Melanie Schwarz, recibió 15.000 marcos (casi 100.000 dólares estadounidenses de hoy en día) por los detalles de la investigación de Schwarz, que le pagó un militar retirado muy entusiasta, que estaba fascinado por la idea de construir un gran dirigible.

El personaje en cuestión era el conde Ferdinand von Zeppelin. Aunque había varios tipos de dirigibles en construcción a principios del siglo XX, incluidos los franceses e italianos, fueron los zepelines los que triunfaron. El Luftschiff Zeppelin LZ-1 voló por primera vez en el año 1900 y el LZ-2 le siguió en 1906. Los zepelines tenían una armadura de vigas de una aleación ligera cubierta de tela, dentro de la cual iban células de gas separadas. Capturaron la imaginación del público y en 1908 H. G. Wells publicó *The War in the Air* (*La guerra en el aire*), que describía cómo los dirigibles podían atacar y arrasar ciudades completas. En 1912 se envió a un dirigible italiano en una misión de reconocimiento al oeste de Trípoli, más allá de las líneas turcas; este fue el primer uso militar de un dirigible. Los dirigibles alemanes continuaron siendo un éxito. Cuando empezó la I Guerra Mundial, ya habían transportado 37.250 pasajeros en 1.600 viajes, que sumaban 3.200 horas de vuelo, y habían recorrido 144.840 km (90.000 millas) sin un accidente. Los dirigibles desempeñaron un papel crucial durante este primer conflicto mundial, y su tecnología influyó en el desarrollo tecnológico de la II Guerra Mundial y posteriores.

LOS DIRIGIBLES DURANTE LA PRIMERA GUERRA MUNDIAL

Los dirigibles ya fueron empleados por los alemanes antes de la I Guerra Mundial en patrullas de reconocimiento sobre el mar del Norte. Su utilización subió de nivel el 19 de enero de 1915, cuando los alemanes lanzaron bombas sobre Gran Bretaña desde un zepelín, matando a dos civiles e hiriendo a otros 16. Cada pocas semanas se lanzaba un nuevo raid, y en mayo de 1915 tuvo lugar el primer raid de bombardeo sobre Londres, en el que murieron siete personas. En junio de 1915 se envió al teniente Rex Warneford en una misión de bombardeo desde Gran Bretaña contra los hangares de dirigibles en Evère (Bélgica). De pronto apareció el zepelín LZ-37, que volvía de un raid de bombardeo sobre Londres, y Warneford decidió atacarle. Intentó disparar sobre él con su rifle –la única arma que llevaba–, pero fue rechazado por las ametralladoras del zepelín. Warneford volvió al ataque y ascendió sobre su enemigo, lanzando sus bombas sobre el dirigible. Las detonaciones prendieron fuego al hidrógeno y el zepelín se estrelló en llamas. Fue la primera de estas aeronaves derribada de toda la guerra.

La vista de los dirigibles sobre el territorio inglés era terrorífica para la población, aunque realmente causaban pocos daños. La mayoría de sus bombas caían lejos del objetivo, mientras los zepelines resultaban vulnerables a los reflectores, los cazas nocturnos y las nubes. Cuando los británicos empezaron a usar balas incendiarias, la destrucción de los dirigibles llenos de hidrógeno fue más fácil. En 1916 cuatro zepelines fueron derribados durante la batalla de Verdún, y a partir de entonces se convirtieron en una presa relativamente fácil para los cazas británicos. Al final de la guerra todos los dirigibles británicos fueron entregados a las potencias victoriosas, pero la mayoría terminaron dañados o destruidos por los alemanes. Muchos de los dirigibles construidos en Europa durante los años siguientes se realizaron según diseños alemanes.

Después de la guerra, estas máquinas de terror reaparecieron de una manera más pacífica. Los británicos inauguraron un servicio de dirigibles de ida y vuelta a Nueva York en julio de 1919 con el R-34, y diez años más tarde se empezó la construcción del R-100 y R-101. En estos dirigibles, que entonces eran los mayores que se habían hecho nunca, la estructura de la aeronave estaba basada en un enrejado geodésico, un concepto revolucionario que había introducido el joven Barnes Wallis. Wallis (ver capítulo «Armas voladoras: bombas y misiles») era un aprendiz de ingeniero que llegó a convertirse en uno de los grandes innovadores en la construcción de aeronaves. Su diseño de un

POLICE WARNING.

WHAT TO DO
WHEN THE
ZEPPELINS COME.

Sir Edward Henry, the Commissioner of the Metropolitan Police, has issued a series of valuable instructions and suggestions as to the action that should be taken by the ordinary householder or resident in the event of an air raid over London.

New Scotland Yard, S.W.
June 26, 1915.

In all probability if an air raid is made it will take place at a time when most people are in bed. The only intimation the public are likely to get will be the reports of the anti-aircraft guns or the noise of falling bombs.

The public are advised not to go into the street, where they might be struck by falling missiles; moreover, the streets being required for the passage of fire engines, etc., should not be obstructed by pedestrians.

In many houses there are no facilities for procuring water on the upper floors. It is suggested, therefore, that a supply of water and sand might be kept there, so that any fire breaking out on a small scale can at once be dealt with. Everyone should know the position of the fire alarm post nearest to his house.

All windows and doors on the lower floor should be closed to prevent the admission of noxious gases. An indication that poison gas is being used will be that a peculiar and irritating smell may be noticed following on the dropping of the bomb.

Gas should not be turned off at the meter at night, as this practice involves a risk of subsequent fire and of explosion from burners left on when the meter was shut off. This risk outweighs any advantage that might accrue from the gas being shut off at the time of a night raid by aircraft.

Persons purchasing portable chemical fire extinguishers should require a written guarantee that they comply with the specifications of the Board of Trade, Office of Works, Metropolitan Police, or some approved Fire Prevention Committee.

No bomb of any description should be handled unless it has shown itself to be of incendiary type. In this case it may be possible to remove it without undue risk. In all other cases a bomb should be left alone, and the police informed.

E. R. HENRY.

EXTRACT FROM
LATEST POLICE WARNING:
KEEP SAND AND WATER HANDY.

Press Bureau.

In view of the possibility of further attacks by hostile aircraft, the Commissioner of Police deems it advisable to call attention to the public warning published on June 26 recommending residents to remain under cover, and advising them for dealing with incendiary fires to keep a supply of water and sand readily available.

* * * * * *

(Signed) E. R. HENRY,
Commissioner of Police of the
Metropolis.

El SL-11 (SL XI) fue el primer dirigible alemán derribado por un caza británico el 2 de septiembre de 1916. En su informe, el 2.º teniente Leefe Robinson, del Real Cuerpo Aéreo (RFC), anotó: «… me coloqué tras él (en este momento estaba muy cerca, a 500 pies o menos por debajo) y concentré un cargador en una parte de él (la parte trasera posterior). Yo estaba entonces a una altura de 11.500 pies cuando ataqué al zepelín. Acababa de terminar el cargador cuando vi que esa parte estaba iluminada por las llamas… Rápidamente me aparté del camino del llameante zepelín…». (Ian Palmer © Osprey Publishing).

enrejado de viguetas de aleación ligera permitió la construcción de una estructura extraordinariamente ligera. Sin embargo, la prisa por desarrollar estas grandes aeronaves llevó inexorablemente a una tragedia. El R-101 estaba todavía en fase de pruebas y modificaciones cuando se ordenó que volara a la India para llevar a unos altos funcionarios a una conferencia. Pero aún no estaba preparado, y el 5 de octubre de 1930 se estrelló en Francia. Murieron 48 de las 54 personas que iban a bordo. El Ministerio del Aire británico canceló todos los demás vuelos y vendió el R-100 para el desguace en 1931. La marina de Estados Unidos encargó el R-38 británico para su uso militar, pero estaba inadecuadamente diseñado y se destruyó antes de su entrega. A su vez, en la Unión Soviética se construyeron varios dirigibles semirrígidos y su SSSR-V6 estableció un récord del mundo de permanencia en el aire, con un vuelo de 130 horas. Finalmente, en 1938, se estrelló contra una montaña. Fallecieron 13 de las 19 personas a bordo. En 1923 los americanos lanzaron su propio diseño de dirigible, el USS *Shenandoah*, que fue el primero que llevaba el gas helio no inflamable.

Página anterior: El asesoramiento oficial se distribuyó rápidamente cuando empezaron los raides de los zepelines en la I Guerra Mundial. Este informe del *Daily News* iba unido a una oferta de «Seguro contra el bombardeo de los zepelines». (Cortesía de Charles Stephenson).
El titular de la noticia del *Daily News* dice: «Aviso de la policía. Lo que hay que hacer cuando lleguen los zepelines».

Alemania había continuado diseñando secretamente dirigibles a pesar de la prohibición impuesta por el Tratado de Versalles. Para ayudar a financiar su desarrollo, los diseñadores alemanes aceptaron un contrato de trabajo en Estados Unidos, donde construyeron el LZ-126, que posteriormente se bautizó USS *Los Angeles*, en 1924. Las negociaciones para anular el tratado continuaron; Alemania arguyó que las condiciones se le habían impuesto unilateralmente y que por eso el tratado no era más que un *Diktat* o paz impuesta. Hitler arguyó también que la Parte V del tratado decía que todas las naciones firmantes debían reducir su capacidad militar y demostró que los aliados habían ignorado la norma. En 1932 el Gobierno alemán anunció que no seguiría observando ni una sola de las limitaciones impuestas por Versalles.

Por entonces, se habían empezado a dulcificar las limitaciones y, de hecho, en 1928 se había construido el *Graf Zeppelin* (LZ-127). Recorrió en vuelo 1.600.000 km (999.000 millas) sin que ningún pasajero sufriese ningún daño y fue el primer dirigible que dio la vuelta al mundo. Estados Unidos construyó otros dos dirigibles, pero finalmente se perdieron todos: el USS *Shenandoah* cayó en una tormenta en 1925, el USS *Akron* se estrelló cerca de la costa de Nueva Jersey en abril de 1933 y el USS *Macon* se estrelló en el año 1935 cerca de la costa de California, junto al Parque Histórico estatal del Faro de Point Sur. Los dirigibles alemanes continuaron dominando la situación hasta que el *Hindenburg* (LZ-129) estalló en llamas y se estrelló en Lakehurst, Nueva Jersey, mientras se acercaba a su mástil de amarre, el 6 de mayo de 1937. Se convirtió en una de las películas de desastres más famosas del mundo y llevó al final del transporte aéreo civil en estos dirigibles.

LOS DIRIGIBLES RÍGIDOS Y LOS NO RÍGIDOS DURANTE Y DESPUÉS DE LA II GUERRA MUNDIAL

La II Guerra Mundial ya había empezado antes de que los alemanes desguazaran sus últimos dos zepelines, e incluso la Unión Soviética utilizó un zepelín durante la contienda. El W-12 ruso se había construido en 1939 y se utilizó para transportar equipos y adiestrar paracaidistas de 1942 a 1945. En 1945 se construyó un segundo dirigible ruso, que se usó para la limpieza de campos de minas y para retirar pecios del mar Negro hasta que se estrelló en 1947. Un tercer dirigible, también de 1945, se utilizó posteriormente para entrenamiento y como aparato para llamar la atención en desfiles y grandes celebraciones. La compañía rusa Augur-Ros Aerosystems Group fabrica ahora dirigibles multifuncionales, que pueden llevar diez pasajeros, y dirigibles de patrulla, incluyendo el Au-12 y el ASu-30.

Aparte de los rusos, ninguna otra nación usó dirigibles rígidos durante la II Guerra Mundial, aunque Estados Unidos tenía escuadrones de dirigibles no rígidos, que se utilizaron para detectar submarinos, limpieza de minas y transporte de equipos. Estos dirigibles no rígidos fueron capaces de controlar el estrecho de Gibraltar y patrullar las aguas costeras de Norteamérica y Brasil. Uno tenía su base en el hangar levantado originalmente para el *Graf Zeppelin* en Santa Cruz, Río de Janeiro, que se había cerrado después de la catástrofe del *Hindenburg*. Desde 1942 hasta el final de la II Guerra Mundial los dirigibles no rígidos de Estados Unidos protegieron a la flota del Atlántico, efectuando 37.554 vuelos, con un tiempo total de vuelo de 378.237 horas. Se asegura orgullosamente que más de 70.000 barcos fueron protegidos por dirigibles no rígidos como escoltas y que los alemanes solo derribaron uno de ellos.

Después de varias décadas de falta de interés desde el final de la II Guerra Mundial, se han continuado los trabajos de desarrollo de los dirigibles. Per Lindstrand diseñó el dirigible no rígido GA-42 para la compañía Goodyear Tyre & Rubber, que fue el primero en usar mandos de vuelo eléctricos. También ideó el mayor dirigible de aire caliente, el AS-300m, que se construyó en 1993 y se utiliza para transportar botánicos a la cúpula de la selva de lluvia tropical. Los chinos han construido el dirigible CA-80, lanzado en 2001 por la Shanghai Vantage Airship Manufacture Co. Y ahora la compañía Zeppelin ha reiniciado la fabricación de dirigibles rígidos. La mayoría se utiliza para viajes de placer, pero en Sudáfrica se emplea un zepelín para buscar posibles minas de diamantes. Se están construyendo dirigibles de aire caliente por compañías como la Cameron Balloons, de Bristol, Gran Bretaña, mientras que la Agencia Espacial Europea (ESA) ha estado estudiando un dirigible de gran autonomía a gran altitud, e incluso hay planes para un dirigible rígido de gran altitud patrocinado por el Mando de Defensa del Espacio y Misiles del ejército de Estados Unidos. Un «dirigible orbital» podría elevar cargas en una órbita terrestre baja; se cree que se están realizando otros proyectos secretos en Estados Unidos.

Mientras tanto, los grandes hangares británicos donde se construyeron dirigibles en la década de 1920 todavía están en pie cerca de la ciudad universitaria de Milton Keynes, en Bedfordshire. Hoy en día han recibido una nueva mano de pintura en el exterior. En el interior los obreros están construyendo módulos de carga de pago, motores y depósitos de combustible para un nuevo dirigible revolucionario: el Vehículo Híbrido de Aire Lockheed Martin. Será un enorme dirigible, de más de 91 m (300 pies) de longitud. Una vez que los componentes materiales británicos hayan sido instalados en la envuelta de gas hecha en América, este gigantesco artefacto volará a la costa este de Estados Unidos. Allí realizará sus pruebas como aeronave de vigilancia para los militares de Estados Unidos y está destinado a sobrevolar a gran altitud, hasta 6.000 m (20.000 pies), sobre áreas donde se desempeñan operaciones de guerra, como en Afganistán. Allí podrá permanecer estacionario sobre la zona, intocable, no tripulado si es necesario, y vigilando incesantemente lo que pasa debajo. Cuando el último dirigible salió de estos históricos hangares en 1931, nadie se habría imaginado que estas instalaciones estarían en uso 70 años más tarde, esta vez para la construcción de una nueva generación de dirigibles.

INGENIERÍA GEODÉSICA

Existe un legado crucial más de los dirigibles rígidos: el principio de las estructuras geodésicas. Las estructuras convencionales de los aeroplanos estaban formadas por vigas rectas que sujetaban paneles. En los diseños geodésicos la forma del cuerpo o del fuselaje está creada por una red de puntales. En los años posteriores a la guerra los edificios basados en este diseño florecieron por todo el mundo. La gran cúpula del pabellón de Spaceship Earth (Nave Espacial Tierra), en el Centro Epcot de Florida, es un ejemplo; los grandes domos del proyecto *Eden* en Cornualles, Gran Bretaña, son otro. Aunque están asociados con el nombre de Buckminster Fuller, la idea había sido perfeccionada por el brillante y joven inventor británico Barnes Wallis en la década de 1930.

Después de darse cuenta de que podía aplicar este revolucionario concepto a los dirigibles rígidos, Barnes Wallis dedicó su atención al diseño de una estructura de fuselaje ligero para un bombardero de la II Guerra Mundial. En abril de 1932 el Ministerio del Aire británico firmó

Obreros ensamblando fuselajes de bombarderos Wellington en la fábrica de Vickers en Castle Bromwich, Birmingham. El principio geodésico de sir Barnes Wallis era la clave del diseño. (SSPL/Getty Images)

Una cúpula tipo domo de vidrio en el Conservatorio de Agricultura de Mitchell Park, Milwaukee, es una de las modernas aplicaciones de los principios del diseño geodésico promocionado por Buckminster Fuller en los años posteriores a la guerra. (istock)

un contrato con la compañía de aviación Vickers para construir un biplano con una intimidante lista de misiones: bombardeo a baja altura y en picado, reconocimiento, evacuación de heridos y lanzamiento de torpedos. El resultado fue el Vickers Type 253. La estructura del fuselaje fue diseñada por Barnes Wallis, que había ascendido hasta ser el ingeniero jefe de estructuras de Vickers y que decidió fabricarlo con una estructura de enrejado geodésico en celosía de tubos de aleación ligera. El Ministerio del Aire lo aceptó encantado. La idea tuvo tanto éxito que Vickers decidió fabricar privadamente un avión con especificaciones similares, pero que fuera monoplano. El diseño de Wallis ofrecía prestaciones mejoradas y un aumento de la carga útil. Este fue el aeroplano experimental Type 246 y tuvo tanto éxito en sus pruebas que se convirtió en el supersecreto bombardero Wellesley Type 287. El Ministerio del Aire lo encargó inmediatamente bajo condiciones de alta seguridad.

A mediados de la década de 1930 el Ministerio del Aire británico se dio cuenta de que se aproximaba la guerra y de que el bombardero Wellesley no seguiría siendo adecuado como avión de guerra. Así pues, encargó el desarrollo de un bombardero pesado bimotor de largo alcance: el Vickers Wellington. Fue diseñado en Brooklands, Surrey, por R. K. Pierson, diseñador jefe de Vickers, y el fuselaje estuvo totalmente basado en el diseño geodésico de Barnes Wallis. Resultó una revolución. El diseño de Wallis proporcionó uno de los fuselajes más ligeros, pero más robustos, que se habían construido, y el Wellington, por tanto, tuvo un radio de acción muy aumentado. También era extraordinariamente flexible y resistente.

Hubo muchos ejemplos de bombarderos que volaron con toda seguridad de regreso a su base, con grandes áreas de su revestimiento voladas o quemadas por el fuego enemigo. Así, el sargento James Allen Ward ganó la Cruz Victoria por su actuación cuando el ala de su Wellington empezó a arder. Salió trepando de la cabina, rompiendo a puntapiés el revestimiento de tela del ala para usar los huecos como escalones, avanzó por el ala y apagó manualmente el fuego antes de regresar a su carlinga en medio de una corriente de aire aullante y llevar el avión de vuelta a su base.

Sin embargo, había un problema con la construcción geodésica: requería herramientas especiales y no se podía emplear conjuntamente con métodos tradicionales de fabricación. Durante la guerra no encontró muchas aplicaciones, aunque proporcionó al Wellington un ciclo de vida y una duración incomparables. ¿Fue el mejor bombardero de todos? Durante toda la guerra, el Mosquito lanzó más explosivos con menos pérdidas que ningún otro tipo de bombardero, y el Lancaster lanzó muchas más toneladas de bombas. El punto fuerte del Wellington era su capacidad para volver a su base incluso aunque la mitad del fuselaje estuviera hecho jirones. La construcción geodésica fue lo que les permitió regresar. La idea fue recogida y popularizada por el arquitecto americano Richard Buckminster Fuller durante los años posteriores a la guerra. Como Wallis, Fuller no tenía un título universitario; de hecho, aunque fue dos veces a Harvard, le suspendieron las dos veces. No obstante, sus cúpulas geodésicas se hicieron famosas y a menudo se las describe como las primeras del mundo de su tipo.

EL AVIÓN COHETE

Muchas aeronaves de la II Guerra Mundial eran lo más opuesto a los dirigibles. Los cohetes se emplearon ampliamente como útiles ayudas para el despegue de un avión. Pero ¿qué impresión puede dar un avión enteramente propulsado por un cohete? Desde el principio de la II Guerra Mundial, Alemania estuvo trabajando en el diseño de un avión cohete que pudiera derrotar a sus enemigos.

EL KOMET

Los nazis llevaron a cabo su trabajo con tal secreto que el nombre del prototipo (el Me-163) era el mismo que el asignado a otro avión anterior, el Messerschmitt biplaza Bf-163, que había sido diseñado en 1938. Se cuidó cada detalle para que no saliera al exterior ni una palabra sobre el nuevo proyecto propulsado por un cohete, que recibió el nombre en código Komet (Cometa). Las primeras pruebas tuvieron éxito, y el 2 de octubre de 1941 el Me-163A V4 alcanzó los 1.004'5 km/h (624.2 mph) con Heini Dittmar a los mandos. Según los registros, otro piloto de Komet, Rudy Opitz, alcanzó los 1.130 km/h (702 mph) en julio de 1944, aunque muchos dudan de este dato; de cualquier modo, nada volvió a volar tan rápido hasta después de la guerra. El Me-163 fue bautizado Komet por su muy innovador diseñador, Alexander Martin Lippisch. Primero había diseñado un prototipo de baja potencia con ala en flecha, el DFS-39, y el Komet refinó aún más esa idea. La propuesta inicial era que el prototipo fuera propulsado por un motor a hélice, pero finalmente se aceptó la propulsión cohete como el camino a seguir. Se pensó que le daría a la *Luftwaffe* una ventaja potencialmente crucial sobre los aliados.

A fin de reducir el peso en vuelo, se diseñó el Komet para que despegara con un carrito con ruedas, que se soltaría después del despegue (luego aterrizaba sobre un patín). Esto causó problemas inmediatamente, porque muchas veces las ruedas rebotaban muy alto y a veces golpeaban en la panza del avión. Se modificó el diseño del cohete durante las pruebas y finalmente se diseñó para que funcionase con una mezcla de hidrato de hidrazina y metanol, denominada C-Stoff (sustancia C), que ardía en el oxígeno proporcionado por peróxido de hidrógeno, llamado T-Stoff (ver la tabla). La hidrazina escaseaba en Alemania durante los últimos años de la guerra y la elección de ese mismo combustible para la bomba volante V-1 llevó a un conflicto de intereses. La hidrazina

El Delta IVc en vuelo. Los descubrimientos aerodinámicos de los vuelos de esta revolucionaria aeronave iban a influir en el diseño del DFS-194 con motor a pistón y del Me-163. (EN Archive)

es un líquido peligroso y no era raro que los aviones cohete explotasen incluso sin haber despegado. Finalmente se proporcionó una ropa protectora a los pilotos para que pudiera resistir las salpicaduras del corrosivo combustible. La siguiente tabla enumera los líquidos empleados por los diseñadores alemanes de cohetes y aviones, algunos de los cuales se habían usado anteriormente en la I Guerra Mundial. Fueron designados como *Stoffe* (sustancias), con códigos de letras para mantener el secreto. En realidad, la composición exacta de algunos de los combustibles está todavía en duda:

A-Stoff (I Guerra Mundial)	Cloroacetona (gas lacrimógeno)
A-Stoff (II Guerra Mundial)	Oxígeno líquido (LOX)
B-Stoff	Hidrato de hidrazina o etanol/agua; utilizado en las V-2
Bn-Stoff	Bromometil-etil-cetona (gas lacrimógeno, I Guerra Mundial)
Br-Stoff	Éter de petróleo extraído de la gasolina
C-Stoff	57% metanol/30% hidrazina/13% agua
E-Stoff	Etanol
K-Stoff	Cloroformiato de metilo
M-Stoff	Hidrazina o metanol y agua
N-Stoff	Trifluoruro de cloro
R-Stoff o Tonka	57% xilidina (óxido de monoxilideno)/43% trietilamina
S-Stoff	90% ácido nítrico/10% ácido sulfúrico o cloruro férrico
SV-Stoff o Salbei (salvia)	85% ácido nítrico/15% ácido sulfúrico; también 94% ácido nítrico fumante/6% tetróxido de dinitrógeno
T-Stoff (I Guerra Mundial)	Bromuro de xileno (gas lacrimógeno, I Guerra Mundial)
T-Stoff (II Guerra Mundial)	80% de peróxido de hidrógeno concentrado
SV-Stoff/Z-Stoff	Permanganato de sodio o de potasio

Para el piloto el despegue debió de ser una experiencia interesante. Las películas de los despegues muestran al avión galopando por la pista a un ritmo alarmante, oscilando y rebotando sobre la hierba, hasta que despega y se separa de las ruedas, que quedan dando grandes saltos erráticos. Entonces el avión se lanza hacia el aire y (como si el mecanismo tuviera algún fallo) asciende rugiente a una velocidad que parecía imposible, subiendo a más de 3.000 m (10.000 pies) por minuto. El avión en sí no resulta agradable a la vista porque es corto y achaparrado, con remaches que sobresalen y tornillos a la vista. La verdad, la primera vez que vi uno, me asombró que pudiera volar; el ala parecía sorprendentemente pequeña.

Pero volaba, aunque pareciera increíble. Una vez en el aire, el Me-163 Komet tenía excelentes cualidades durante el vuelo. Lippisch diseñó las alas delta con ranuras de borde de ataque, que le daban gran estabilidad; era resistente a la pérdida o la barrena. Sin embargo, el diseño del planeo presentó problemas, porque vientos ligeros podían hacer que el avión se levantara en el aire inesperadamente cuando estaba aterrizando, y podía volar en «efecto suelo» y el piloto experimentaba dificultades para hacer que el avión se posase donde él quería. Aparte de eso, el diseño del ala delta fue un gran éxito.

Los nazis distribuyeron esta imagen del bombardero alemán Bf-163. Es un montaje porque solo se construyó un prototipo. El desarrollo del Me-163 se mantuvo en secreto usando el mismo número de identificación de modelo de avión. (Getty Images)

En el despegue, el avión se iba al aire a 320 km/h (200 mph) y subía suavemente mientras alcanzaba la velocidad de maniobra de 670 km/h (420 mph), a partir de la cual podía ascender con un ángulo de casi 70° a una altitud de 12.000 m (39.000 pies) en tres minutos exactos. Entonces el Komet podía acelerar a una velocidad operativa final de 959 km/h (596 mph) o incluso más rápido, de modo que volaba más alto, más rápido y era más maniobrero que cualquier avión convencional. Nada podía compararse con él.

En la práctica, la velocidad y agilidad del Me-163 convertían al Komet en una difícil máquina de guerra. Su velocidad y régimen de subida hacían que alcanzara (y pasara) su posible blanco en cuestión de segundos. El rápido vuelo del Komet significaba que difícilmente podía el piloto ametrallar un lento bombardero. Se desarrolló una solución muy ingeniosa a este inconveniente: el Sondergerät 500 Jägerfaust. Este arma secreta era un grupo de cinco cañones apuntando hacia arriba, que disparaban munición de 50 mm (2 pulgadas), y que se instalaron en cada ala. Se disparaban automáticamente. De hecho, el mecanismo de disparo estaba actuado por una célula fotoeléctrica. Todo lo que el piloto tenía que hacer era volar bajo el blanco elegido y la sombra del bombardero que caía sobre el Komet hacía que los cañones se disparasen automáticamente, apuntando a la panza del avión blanco. Era una idea ingeniosa. De todas formas, solo se derribó un avión con este sistema. Pero la mayoría de los Me-163 normales llevaban dos cañones de 30 mm (1'18 pulgadas) MARK-108, un modelo que fue ampliamente fabricado en Alemania y fuera de ella.

El mayor problema con el Komet era su corto tiempo de vuelo. El máximo periodo de combustión del cohete era solo de 7'5 minutos, lo cual significaba que el avión podía parecer un caza interceptor

El 16 de agosto de 1944 varios Me-163 atacaron a los B-17 de la fuerza aérea de Estados Unidos. Donald Waltz, piloto del B-17 Towering Titan (Titán altísimo), recuerda el *briefing* (breves instrucciones a las tripulaciones antes de la misión), en el cual se prestó especial atención a la amenaza de los Me-163:

«Nuestro grupo de bombardeo había sido advertido durante los diez días precedentes de la posibilidad del ataque por parte de un nuevo «caza a reacción» alemán, el Me 163. En nuestro *briefing* de la mañana temprano del 16 de agosto, el oficial de inteligencia de nuestro grupo volvió a describir el Me-163. Dijo que estaba empezando la producción del avión, que no había tantos operativos como para que viéramos ninguno en aquella misión sobre Leipzig.

También nos indicó que si nos encontrábamos con el Me-163, no tendríamos ningún problema para reconocerlo: «Será el avión más rápido que ninguno de nosotros haya visto jamás», dijo. Recuerdo que aquella misión fue larga y dura».

David Waltz, citado en *Jagdgeschwader 400*,
de S. Ramson y H. H. Cammann

muy intimidador, pero en realidad podía hacer muy poco daño al enemigo. Se modificaron los motores para darle al piloto dos motores-cohete distintos: un cohete muy poderoso para enviarle a su altitud operacional y un motor cohete más pequeño y menos potente para mantener su velocidad de crucero. Estos últimos modelos iban a tener una cabina presurizada para proteger al piloto e incrementar la altitud máxima a 15.800 m (52.000 pies), lo cual daría un tiempo de vuelo propulsado de hasta 12 minutos. Sin embargo, estos modelos mejorados no se probaron antes del fin de la guerra.

El Komet no entró en servicio activo hasta 1944 y su impacto psicológico sobre los aliados fue considerable. Sus efectos en términos de ataques con éxito fueron mucho más limitados. El método usual de ataque era volar a través de los bombarderos aliados a gran velocidad, alcanzar una altitud de 10.000 a 12.000 m (35.000 a 39.000 pies) y entonces picar para volver a pasar entre la formación de bombarderos. El piloto de Komet solo tenía dos breves ocasiones de derribar un enemigo. Como normalmente estaba en una cabina sin presurización, el piloto llevaba una mascarilla de oxígeno muy restrictiva y, con la ropa protectora, era incapaz de responder rápidamente. A pesar de todo el desarrollo y el meticuloso diseño, el avión resultó un fracaso táctico y la mayoría de los aparatos no pudo volar debido a la escasez de combustible. Hubo 16 derribos confirmados de bombarderos por un Komet. El piloto de más éxito, el sargento Siegfried Schubert, solo consiguió tres éxitos.

De todas formas, el avión-cohete Komet fue un diseño realmente innovador y señaló el camino que se abría por delante. La versión de producción tenía 5'7 m (18 pies y 8 pulgadas) de longitud, una envergadura de 9'33 m (30 pies y 7 pulgadas) y una altura de 2'75 m (9 pies). Su peso era de 1.905 kg (4.200 libras) en vacío y de 3.950 kg (8.710 libras) cargado; tenía un alcance operativo de unas 40 km (25 millas). Incluso ahora siguen volando diseños derivados de este pequeño avión. Aviones como el Skybaby son muy populares entre los amantes de los aeromodelos: tiene 1'52 m (5 pies) de altura y una envergadura de 2'18 m (7 pies y 2 pulgadas) y alcanza una velocidad máxima de 298 km/h (185 mph). El Bumble Bee II, diseñado por Robert Starr, tiene 2'7 m (8 pies y 10 pulgadas) de longitud, una envergadura de 1'67 m (5 pies y 6 pulgadas), pesa 180 kg (396 libras) y su velocidad máxima es de 306 km/h (190 mph). Parece que los proyectos de pequeños aviones de la II Guerra Mundial han inspirado a muchos imitadores desde entonces.

También se produjo una versión del Komet en Japón. Se enviaron dos submarinos a Japón con piezas y diseños. Uno no llegó, de modo que los japoneses tuvieron que improvisar algunos componentes. La versión japonesa del Me-163 Komet era el Ki-200 Shusui, producido por Mitsubishi para el ejército imperial japonés. Iba equipado con dos cañones Ho 155-II de 30 mm (1'18 pulgadas). Se fabricó una versión denominada J8M para la marina que voló por primera vez el 7 de julio de 1945, con el capitán de corbeta Toyohiko Inuzuka como piloto. Al volver a la base, el avión chocó con un edificio y se estrelló en llamas, matando al piloto. El 15 de agosto de 1945 terminó la guerra con Japón y también acabó el Komet japonés.

El Komet necesitaba un aeródromo desde el cual despegar, y durante las últimas etapas de la guerra se enviaron aviones aliados a bombardear las pistas alemanas, para impedir que los Komet operasen. La respuesta fue usar un sistema compacto de lanzamiento, como en un cohete; esto sería mucho más difícil de destruir con bombas. Según progresaba el proyecto de diseño, la idea de un caza-cohete de despegue vertical empezó a surgir. Al final de la guerra esta revolucionaria idea se había hecho realidad y ya estaban en producción los prototipos, apodados Natter (Víbora).

EL NATTER

En agosto de 1944, al jefe del Departamento de Desarrollo del Ministerio del Aire alemán *(Reichs-luftfahrtministerium)*, coronel Siegfried Knemayer, se le pidieron nuevas propuestas para un avión de gran capacidad ofensiva y que fuera difícil de incapacitar, y él enumeró las condiciones que ese avión tendría que satisfacer. El resultado fue el Natter. Knemayer decidió coger un avión barato con motor cohete que pudiera volar a casi la velocidad del sonido, dotarle de armamento y proyectarlo desde un lanzador vertical para atacar a los aviones enemigos. No serían necesarios ni un conjunto completo de superficies de control ni un tren de aterrizaje, ya que, en cuanto hubiera terminado el ataque, el piloto simplemente saltaría del aparato y aterrizaría en paracaídas.

El trabajo empezó en la Bachem-Werke de Waldensee en 1944 y el resultado fue el Ba-349 Natter, que se suele traducir como «Víbora». Estaba destinado a ser una de las rarezas de la II Guerra Mundial. Se creó para diezmar las formaciones de bombarderos aliados que estaban machacando incesantemente las fábricas y ciudades de Alemania en los últimos años de la guerra. El Ba-349 se ajustaba a un diseño sencillo que hasta los trabajadores poco cualificados podían fabricar en menos

Los ingenieros desarrollaron el Bachem Ba-349 Natter, un interceptor propulsado por un cohete. Era lanzado verticalmente desde una estructura que era difícil detectar desde el aire. (Cody Images)

Con sus motores cohete, el Natter tenía un régimen de ascenso sin precedentes. Pero no fue un éxito; solo hubo un vuelo de prueba en 1945 y el piloto de pruebas, Lothar Sieber, se mató. (Colección del autor)

EL Mᴇ-163

Uno de los aviones de guerra más secretos de Alemania fue el Me-163 Komet, que demostró la capacidad de los aviones pilotados por un motor-cohete. Sin embargo, era este exceso de potencia lo que le hacía difícil de manejar. Y eso no era todo: su velocidad hacía que a menudo resultase imposible para su piloto atacar a un lento bombardero. Por eso su porcentaje de éxitos era bajo. No obstante, el Me-163 tuvo un marcado efecto sobre los pilotos aliados que lo vieron en acción.

Un Me-163 fotografiado dirigiéndose directamente contra un Spitfire el 27 de agosto de 1944. La *Jagdgeschwader* 400 era el grupo de caza que se creó para operar el Me-163 y a sus hombres se les hacía despegar para atacar a los cazas de escolta de los bombarderos aliados. (EN Archive)

En 1944 el prototipo Me-163A (izquierda) fue fotografiado junto a la versión de combate Me-163B (derecha). Aunque las alas eran esencialmente iguales, el plano de cola y el fuselaje se habían modificado. (EN Archive)

Este Me-163A V4 de octubre de 1941 era uno de los diez prototipos fabricados por la firma Messerschmitt ASG en Augsburgo para demostrar la viabilidad del diseño. El piloto de pruebas elegido fue Heini Dittmar. (Jim Laurier © Osprey Publishing)

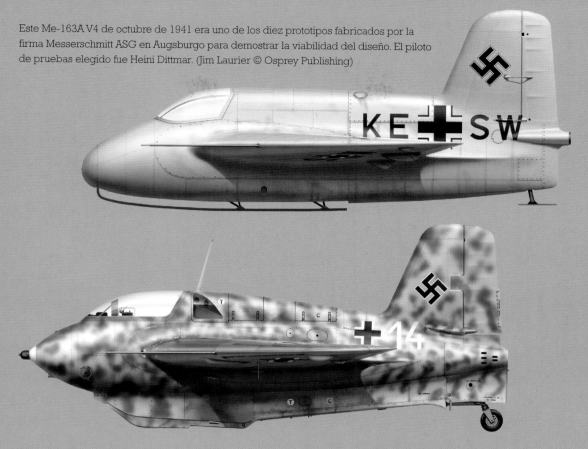

Las versiones de producción del Me-163B eran las variantes armadas y las operacionales. En este perfil se ve el Me-163B «14 blanco», que formó parte de la *Jagdgeschwader* 400. (Jim Laurier © Osprey Publishing)

El Messerschmitt Me-163 estaba propulsado por un motor cohete Walther HWK 509-2. A cada aparato lo remolcaba hasta su lugar de lanzamiento un tractor especialmente construido para la misión. (Cody Images)

de 1.000 horas. Las superficies de control estaban reducidas al empenaje de cola, haciéndolo fácil de volar y sencillo de fabricar. Estaba propulsado por un motor-cohete Walter 109-509A de 1.700 kg (3.700 libras) de empuje y estaba equipado con cuatro cohetes Schmidding 109-533 de combustible sólido, fijados al fuselaje para ayudar al lanzamiento. Completamente cargado, el Natter pesaba 2.177 kg (4.800 libras), de los que 635 kg (1.400 libras) eran combustible. El avión medía 6'5 m (21.3 pies) de longitud e iba armado con dos conjuntos de 12 cohetes de combustible sólido, de 73 mm (2.84 pulgadas), que se disparaban en una sola salva.

Las pruebas en vuelo de los prototipos sin motor empezaron en noviembre de 1944 en Neuburg an der Donau. El primero fue remolcado hasta unos 3.000 m (10.000 pies) de altura por un bombardero He-111, y el piloto de pruebas, Erich Klöckner, informó de que se comportaba bien. En diciembre de 1944 se iniciaron las pruebas de despegues verticales en Truppenübungsplatz, cerca de Lager Heuber, pero el primer vuelo tripulado en marzo de 1945 pronto encontró dificultades, y el piloto de pruebas, Lothar Sieber, se mató cuando su paracaídas no se abrió. Aparecieron problemas desde el principio; incluso con los cohetes aumentadores de empuje, la velocidad del Natter en el despegue era demasiado escasa para que las superficies de control actuasen efectivamente, por lo cual se pusieron aletas de acero para deflectar los gases de escape del cohete. Tenían tendencia a fundirse por el calor, de modo que se rellenaron de agua; aunque el agua hervía y las aletas se fundían por la temperatura de los gases del motor, en ese momento el Natter ya había ganado suficiente velocidad para que se le pudiera controlar de un modo convencional.

Cuando la guerra se estaba acabando, se cerró la fábrica y se envió a un ingeniero holandés llamado Botheder a llevar cuatro de los Natter a una nueva base. Botheder tenía un chalé de esquí, el Einem Achalpe, en las montañas cercanas, y aparentemente se acordó que allí sería donde se reuniría el equipo cuando pasaran los problemas. Pero Botheder fue interceptado de camino a su chalé por las fuerzas norteamericanas en mayo de 1945 y se supo la historia. Botheder explicó que los restantes miembros del equipo eran un piloto de pruebas llamado Zeubert, que había volado con éxito una versión del aparato como planeador sin motor, un ingeniero llamado Granzow, encargado del motor-cohete, y un coordinador que vigilaba los procedimientos de actuación. Su nombre era Schaller, y Botheder dijo que él estaba convencido de que era un miembro del Partido Nazi puesto allí para informar, secretamente, de todo lo que hacían.

En total se construyeron 36 Natters durante la guerra. De estos, se utilizaron 18 como vehículos de pruebas y dos se destruyeron al estrellarse. Diez fueron destruidos al final de la guerra. Un Natter fue capturado por el ejército británico y otro por el ejército soviético. Cuatro de los Natter supervivientes se llevaron a Estados Unidos. Uno de ellos se lanzó en pruebas, sin piloto, desde la Base Aérea de Muroc en 1946. Fue el primer interceptor tripulado superficie-aire. Solo tres de los Natter han sobrevivido. Hay un Ba 349A en el Deutsches Museum, en Múnich, que ahora está pintado con la matrícula de uno de los aparatos de prueba sin piloto. Un segundo Natter forma parte de la colección del National Air & Space Museum en Washington D.C. También hay un Ba-349A exhi-

---

Página siguiente: Un lanzamiento de pruebas demostró que el modelo del Ba349 Natter podía volar. Al final, solo se construyeron 36, de los que 18 se utilizaron en pruebas de vuelo. (Cody Images).

Los ingenieros alemanes diseñaron este Heinkel He-111 como un avión de aerolíneas, pero su verdadero propósito era convertirlo en el bombardero bimotor estándar de la *Luftwaffe*, fotografiado aquí en mayo de 1942. El diseño se mejoró posteriormente para convertirlo en un avión de gran rendimiento. (Apic/Getty Images)

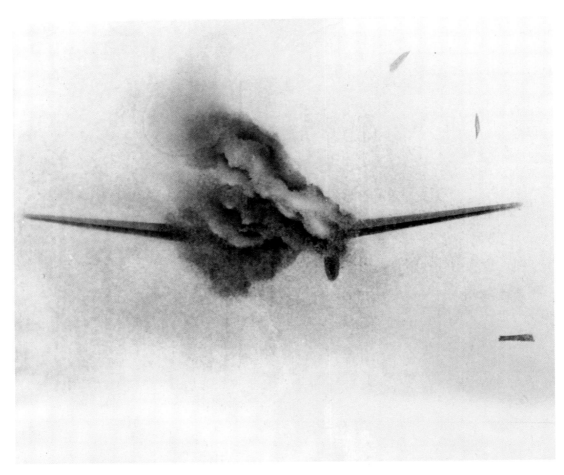

El jefe de escuadrilla Adolph Gysbert Malan tomó esta dramática fotografía según derribaba un He-111 sobre Dunkerque el 21 de mayo de 1940. Fue su primer ataque. Como no vio al bombardero estrellarse contra el suelo, nunca se confirmó. El joven sudafricano llegó a convertirse en uno de los ases británicos. (IWM C 1704)

bido en el Planes of Fame Museum (Museo de Aviones Famosos) de Chino, California, pero se trata de una copia en madera. En Japón, durante los últimos días de la guerra en el Pacífico, la compañía de aviación Mizuno empezó a construir un avión basado en el concepto del Natter. El avión-cohete interceptor Mizuno Shinryu fue el resultado. Hubiera estado armado con cohetes disparados bajo las alas y también se podía equipar con una cabeza explosiva en el morro para utilizarlo como avión cohete.

Y esto proporciona un pensamiento fascinador. La rapidez con que se realizaron estos nuevos diseños parece extraordinaria en este mundo actual, aferrado a la tradición por las directivas de la administración, la burocracia, la salud, la seguridad y la necesidad de ajustarse a las normativas. Desde el punto de vista de la guerra, Alemania empezó demasiado tarde. Si los poderes del Eje hubieran empezado antes a trabajar en sus armas secretas, muchas de estas extraordinarias innovaciones hubieran resultado un éxito y el curso de la guerra podría haber sido muy diferente.

DISEÑOS DE PAZ EN TIEMPOS DE GUERRA

Muchos de los aviones de la II Guerra Mundial diseñados secretamente provenían de orígenes más convencionales. Por ejemplo, el Heinkel He-111 había sido diseñado en tiempo de paz desafiando directamente al Tratado de Versalles. Aunque se decía que era un avión de transporte comercial, subrepticiamente se había diseñado para una rápida transformación para servicios de guerra. Se convirtió en el bombardero bimotor estándar de la *Luftwaffe* y se produjo en cantidad en diferentes versiones. Los modelos típicos tenían una envergadura de 25 m (82 pies) y una longitud de 16 m (52'6 pies), con una velocidad operativa de 450 km/h (280 mph). En 1940 se construyeron 750 de estos aviones; esta cifra se duplicó en 1942, con el resultado de que este bombardero se produjo en mayor número que ningún otro avión alemán durante los primeros años de la guerra. Tomó parte en la batalla de Inglaterra, pero la superioridad de los cazas británicos demostró que su tiempo había pasado. Tenía poca maniobrabilidad, una velocidad operacional limitada y su armamento era inferior. Sin embargo, podía permanecer en vuelo aunque hubiera sido seriamente dañado y por eso se empleó en muchos frentes durante la guerra. Además de servir como bombardero, se utilizó como transporte en los frentes del Este, del Oeste, del Mediterráneo, Oriente Medio y Norte de África, y se utilizó con éxito para lanzar torpedos durante la campaña del Atlántico Norte. Cuando la guerra acabó, el He-111 reapareció de un modo diferente, garantizando que el diseño seguiría en uso muchos años. Se fabricó en España bajo licencia por Construcciones Aeronáuticas S.A., y el primero de estos aviones voló antes de que la guerra acabara en mayo de 1945. Después de la guerra, como los fabricantes no podían conseguir los motores Junkers, se instalaron en su lugar los Rolls-Royce Merlin 500. Solo en 1953 se encargaron más de 170 motores Merlin. Luego se creó una versión de transporte para nueva pasajeros: el 2.111T8. Muchos de estos aviones se utilizaron en películas sobre la II Guerra Mundial, repintados para parecerse a los Heinkel originales. Los aviones españoles continuaron en uso hasta que finalmente se les retiró del servicio en 1973.

La versión más extraña del He-111 fue el modelo supersecreto de alto rendimiento diseñado para remolcar planeadores cargados de tanques, artillería y tropas. Se construyó como un par de aviones He-111 con una parte común del ala, en la que se montó un quinto motor. Tenía una envergadura total de unos 38 m (125 pies) y el piloto volaba el avión desde la cabina en el fuselaje de la izquierda, usando mandos de control idénticos e interconectados. Se dice que este avión con dos fuselajes gemelos voló a 9.100 m (30.000 pies) remolcando un planeador de más de 35 toneladas en 1942. Nunca se produjo este conjunto de tractor y remolque en las cantidades suficientes para realizar invasiones a gran escala. Ciertamente, el manejo y la aerodinámica de este gigante hubieran sido intimidatorios como mínimo.

Siguiendo el éxito del He-111 llegó el He-115, un hidroavión comparable al hidro de canoa Sunderland, que los británicos fabricaron en gran número. El He-116 se diseñó para transporte de cargas a larga distancia y se usó para vuelos a Japón; el He-117 y el He-118 fueron desarrollos tácticos que nunca llegaron a despegar; y el He-119, que podía volar a 600 km (375 mph) e iba a ser propulsado por dos motores DB-603, nunca llegó a entrar en producción.

Se pensó fabricar el He-274, un bombardero revolucionario a gran altitud, que sería un bombardero cuatrimotor con una serie de características muy avanzadas. Su desarrollo empezó en octubre de 1941 y se firmó un contrato para fabricar los prototipos del nuevo bombardeo en Francia, en la fábrica de la Société Anonyme des Usines Farman (SAUF) en Suresnes, cerca de París. El He-274 no llevaba motores gemelos acoplados; en cambio, llevaba cuatro motores DB-603 A-2 independientes, con unas alas de más envergadura y un fuselaje alargado. La cabina iba a tener paneles dobles de vidrio y estaría presurizada para mantener una presión interna correspondiente a una altitud de 2.500 m (8.200 pies). El avión estaba diseñado para ascender hasta 14.300 m (47.000 pies), mucho más alto que ningún caza aliado. En 1937 un monoplano Bristol Type 138 de gran altitud había establecido un récord mundial de altitud con 15.230 m (49.967 pies), pero era un avión experimental; la máxima altitud alcanzada por un Spitfire XIX fue de 13.400 m (44.000 pies).

En consecuencia, el He-274 iba a requerir muy poco armamento defensivo y el avión se diseñó para llevar una ametralladora MG 131 de 13 mm (0'51 pulgadas) que disparase hacia delante, con otras dos ametralladoras del mismo tipo en torretas. La fabricación de los prototipos no empezó hasta 1943 y el avance de las fuerzas aliadas hasta París en julio de 1944 obligó a la evacuación de los técnicos alemanes antes de que tuviera lugar el primer vuelo. También en esto la tecnología alemana apuntaba hacia el futuro. Después de la guerra el ejército del aire francés (Armée de l'Air) acabó de construir el primer He 274 y lo rebautizó AAS-01A. El segundo prototipo voló en diciembre de 1947 como AAS-01B. Ambos prototipos se emplearon como plataformas de pruebas para el lanzamiento de cohetes y aviones a reacción avanzados a gran altitud, y estuvieron en uso hasta que quedaron inutilizados a finales de 1953.

NACIMIENTO DE LOS AVIONES A REACCIÓN

Estos sorprendentes aviones demuestran claramente que Ernst Heinkel era un innovador vanguardista en muchos aspectos, y el mejor ejemplo de esto fue su introducción del caza a reacción. Los aviones de propulsión a reacción podían haber alterado radicalmente el curso de la guerra, pero aparecieron en escena demasiado tarde para marcar una diferencia crucial. El origen del motor a reacción para aviones data de 1926, cuando un joven ingeniero británico llamado A. A. Griffith publicó un documento sobre turbinas a reacción. La idea fue continuada por Frank Whittle, entonces un entusiasta recluta de la *Royal Air Force* (RAF), pero Griffith desechó la idea de un avión a reacción porque estaba convencido de que una turbina nunca podría generar la eficiencia necesaria para el vuelo. Whittle no se dejó intimidar y en enero de 1930 obtuvo una patente para su primer motor a reacción. No despertó mucho interés en la RAF y no se estableció ninguna restricción sobre el concepto. Whittle se convirtió en un gran piloto y, aunque varias compañías mostraron interés en su proyecto de un avión a reacción, ninguna deseaba aportar el dinero necesario para construir un prototipo.

Durante el año 1931 un experimentador italiano llamado Secondo Campini envió un documento sobre la propulsión a chorro a la Real Fuerza Aérea Italiana *(Regia Aeronautica Italiana)* y en 1932 probó un barco propulsado por un motor a reacción en la laguna de Venecia. En 1934 recibió el permiso de la *Regia Aeronautica* para el desarrollo de un avión a reacción. Campini encargó a la fábrica Caproni construir su prototipo. El 27 de agosto de 1940 el piloto de pruebas Mario de Bernardi despegó en el avión y la Federación Aeronáutica Internacional *(Fédération Aéronautique Internationale)* reconoció entonces este vuelo como el primero con éxito de un avión a reacción, hasta que le llegaron noticias del Heinkel He-178 V1. Este aparato había volado por primera vez en agosto de 1939, propulsado por el motor HeS-3B, inventado por el diseñador alemán Hans Joachim Pabst von Ohain. Como se verá, este avión tan innovador daría lugar a una revolución en el diseño de aviones, una que todavía estamos experimentando hoy en día.

Sin embargo, la realidad es que el avión de Campini no llevaba una turbina a reacción. Su diseño utilizaba un motor a pistón Isotta Fraschini de 500 kW (670 hp), que accionaba un compresor de aire que empujaba el aire dentro de la cámara de combustión, donde se mezclaba con el combustible pulverizado. Aunque los gases de escape impulsaban el avión hacia delante, el uso de un motor a pistón como compresor significa que no era una auténtica turbina a reacción. Otro italiano llamado Luigi Stipa diseñó también en 1932 el avión experimental Stipa-Caproni, que tenía un ventilador con un conducto, y también él trató de que se considerara como el primer avión reactor. Tanto su avión como el Caproni-Campini utilizaban un chorro de gases para propulsar el avión hacia delante, pero ninguno de los dos motores era una verdadera turbina a reacción.

Mientras tanto, en Gran Bretaña Whittle estaba todavía tratando de desarrollar su idea del motor a turbina, y en 1934 se le autorizó a seguir un curso de dos años en el Peterhouse College de la Universidad de Cambridge, donde se graduó con un título de primera categoría en Ciencias Mecánicas. Whittle recibió una nota por correo para recordarle que su patente de un motor a reacción se tenía que renovar en enero de 1935. No podía pagar el precio de 5 libras por la renovación. El Ministerio del Aire le dijo que tampoco estaba interesado en financiar la renovación, de modo que la patente caducó. Sin embargo, en septiembre de 1935, a Whittle le presentaron a sir Maurice Bonham-Carter y a Lancelot Law Whyte, dos banqueros inversores de O.T. Falk & Partners. Whittle les explicó que el motor de explosión, con sus componentes metálicos moviéndose a sacudidas arriba y abajo, le parecía que estaba condenado a la extinción. Whyte pensó que esta propuesta era sencillamente genial y en enero de 1936 se creó la empresa Power Jets Ltd.

El Air Commodore (general de brigada) sir Frank Whittle representado en su mesa de despacho. Frente a él hay modelos de los primeros prototipos de aviones a reacción británicos que volaron y el Meteor, el primero que entró en servicio en la RAF. De 1943 a 1946 Whittle estuvo unido a la firma Power Jets Ltd trabajando en el desarrollo de turbinas de gas para aviones a reacción. (IWM TR 3737)

El Gloster Whittle E 28/39 W4041/G pilotado por el jefe de escuadrón (comandante) J. Moloney despega del aeródromo de Farnborough. El E 28/39 fue el primer avión a reacción aliado e hizo su primer vuelo oficial en mayo de 1941, aunque Whittle realizó un breve vuelo el mes anterior. Este prototipo se regaló al Science Museum del Londres en 1946. (IWM CH 14832A)

El 12 de abril de 1937 funcionó por primera vez el motor a reacción de Whittle. Tuvo un éxito pasmoso. Había una sensación creciente de que el motor a reacción tenía un futuro inmensamente prometedor, pero el Ministerio del Aire no ofreció financiación alguna hasta marzo de 1938. Esta financiación fue una bendición y un castigo porque el proyecto quedó entonces bajo la burocracia del ministerio y el Acta de Secretos Oficiales impedía que se debatiera su desarrollo tan ampliamente como antes. Pasó de ser un tema de creciente interés a convertirse en un asunto del máximo secreto. No obstante, se continuó el trabajo para construir un avión a reacción, el Gloster-Whittle E 28/39, y el 7 de abril de 1931 el aparato hizo sus primeros vuelos cerca de Gloucester. El propio Whittle iba a los mandos, pero de hecho le habían ordenado específicamente que no volase la aeronave, ya que el ministerio no quería arriesgar al mismo tiempo al avión y a su inventor, en el caso de que algo fuera mal. Whittle les dijo a los altos funcionarios que él solo iba a hacer rodar un poco el avión para calentar el motor; pero aceleró por la pista y (como luego dijo él) «el avión despegó solo». Al mes siguiente, el 15 de mayo, tuvo lugar el primer vuelo de pruebas oficial en Cranwell a las 7.40 de la tarde. El avión voló durante 17 minutos a velocidades hasta 545 km/h (340 mph). Días más tarde, ya estaba volando a 600 km/h (370 mph) y a 7.600 m (25.000 pies), que era más de lo que podía conseguir ningún avión convencional.

Mientras tanto, varios aviones a reacción estaban tomando forma en Alemania en condiciones de gran secreto. En 1936 el joven y talentoso ingeniero Hans Joachim Pabst von Ohain había obtenido una patente para el uso del empuje del escape de una turbina de gas como modo de propulsión. Habían pasado seis años desde la patente original de Frank Whittle. Ohain le presentó su idea a Heinkel, que estuvo de acuerdo en ayudar a concretar el concepto. Rápidamente se desarrolló y construyó el prototipo, y Ohain realizó una demostración con éxito de su primer motor en 1937. Estaba propulsado por hidrógeno, que quemaba completamente los componentes, y tenía un diseño extremadamente simple, pero demostró que un motor de turbina podía funcionar solo cinco meses después del prototipo de motor de Whittle. Resulta extraordinario pensar en estos dos jóvenes llenos de talento, cada uno de ellos construyendo y probando los primeros motores a reacción del mundo, de modo simultáneo, pero separados en Gran Bretaña y Alemania. Aunque Whittle había sido incapaz de encontrar financiación en Gran Bretaña durante todo un año, en Alemania rápidamente se hicieron planes para construir uno de estos motores para propulsar un avión.

Ohain se había unido a la plantilla de la compañía Heinkel como diseñador, y en consecuencia el desarrollo fue rápido, en absoluto contraste con la falta de interés que mostraron las autoridades británicas por el primer diseño de Whittle. Como el primer motor experimental de Ohain usaba hidrógeno como combustible, ardía con mucho calor y producía poco empuje para que fuera viable operacionalmente. Por eso sus diseños de una versión más compacta estaban creados para quemar combustible convencional. El avión reactor He-178, el primero que fue diseñado en todo el mundo, estaba basado en el tercer diseño de Ohain, el HeS-3, que ahora usaba diésel como combustible. Todas las pruebas en vuelo se llevaron en condiciones de máximo secreto y el 27 de agosto de 1939 se realizó con éxito el primer vuelo del He-178, con Erich Warsitz a los mandos. Todo el proyecto se había llevado a cabo en privado a expensas de Heinkel, y el vuelo de prueba del avión alemán fue dos años antes que el del británico.

El 24 de agosto de 1939 el He-178, primer avión a reacción del mundo, realizó sus primeros saltos en el aire, antes de su vuelo oficial inaugural tres días más tarde. Basado en los diseños de Ohain, llevaba a Erich Warsitz a los mandos. (Bundesarchiv Bild 141-2505)

El aparato era un avión pequeño con un fuselaje metálico de configuración y construcción convencionales. La tobera de entrada del reactor estaba en el morro y el avión tenía un tren de aterrizaje con patín de cola. El tren principal de aterrizaje se había pensado para que fuera retráctil, pero durante los vuelos de pruebas estaba fijo en la posición de tren abajo. Este avión demostró que la idea era factible, pero solo tenía una autonomía de combate de diez minutos, de modo que no iba a entrar en producción en serie. Inspiró el diseño del He-280 con dos reactores gemelos, que se convirtió en el primer prototipo de avión reactor de la Historia. Estos notables diseños fueron financiados privadamente por Heinkel, ya que las autoridades alemanas eran, al igual que las británicas, lentas en dejarse convencer de los méritos del avión propulsado por un reactor.

Aunque se suele olvidar, los rusos estaban ya desarrollando un motor a reacción en este momento. Era producto del ingenio de un pionero de la ingeniería relativamente desconocido, llamado Arkhip Lyulka, de la provincia de Kiev, en Ucrania. Lyulka se interesó primero en el estudio de turboventiladores como compresores para los motores a pistón del bombardero Petlyakov Pe-8. Entre 1939 y 1941 Lyulka trabajó en lo que se iba a convertir en el primer motor turbofan de doble chorro del mundo, que patentó en 1941. Se empezaron los trabajos para construir un prototipo de avión de caza, pero cuando los nazis invadieron Rusia, Lyulka interrumpió sus trabajos y fue evacuado a los Urales.

Heinkel se dio cuenta de que había llegado el momento de convencer al alto mando alemán de la importancia del avión a reacción, y por eso en 1941 se organizó una competición entre el He-280 propulsado por un reactor y el caza Focke-Wulf FW-190 propulsado por una hélice. El He-280 completó cuatro vueltas al circuito antes de que el Fw-190 pudiera completar la tercera. Se había diseñado el avión a reacción para que fuera ligero a fin de ajustarlo al relativamente escaso empuje de los motores a reacción, quemaba queroseno en lugar de la más costosa gasolina de aviación y demostró

Los ingenieros alemanes compitieron en el diseño de aviones reactores producidos en serie. El resultado fue el Me-262B, el diseño de avión de caza más avanzado de toda la guerra. Volaba más rápido que ningún avión aliado y más de 500 aviones aliados fueron derribados por esta impresionante arma de guerra. (Apic/Getty Images)

El Me-262 no parecería fuera de lugar en un aeródromo de hoy en día. Pronto se le dotó de accesorios: tanques de combustible externos para aumentar su alcance y equipo de radar, con las antenas montadas en el morro. (Cody Images)

que los cazas a reacción eran un éxito. Pero los nazis apoyaron un diseño rival de un caza a reacción diseñado por Messerschmitt, el Me-262 Schwalbe (Golondrina) o Sturmvogel (Pájaro de tempestad). En junio de 1944 el Me-262 entró en servicio. Se le proclamó el primer caza a reacción del mundo. El mismo mes entró en servicio el Gloster Meteor; algunos creen que el Meteor entró en servicio algunos días antes que el Messerschmitt, y en tal caso los británicos serían los primeros. Lo que es muy notable es la extremada similitud de las fechas. Hemos visto que los motores a reacción británico y alemán fueron desarrollados exactamente al mismo tiempo y que cada nación tuvo listos los primeros cazas a reacción en las mismas fechas. Las ideas habían progresado en Alemania y Gran Bretaña exactamente al mismo ritmo. ¿Qué avión era el mejor? No hay duda al respecto. El Me-262 era más rápido y estaba mejor armado que el Gloster Meteor. El nuevo reactor británico podía volar a 660 km/h (410 mph), mientras que el Me-262 alemán podía volar a 900 km/h (560 mph). Los cazas a reacción alemanes fueron un éxito incuestionable y los pilotos alemanes reclamaron más de 500 derribos de aviones aliados por 100 Me-262 perdidos. En contraste, a los reactores británicos se les prohibió volar sobre territorio continental europeo para evitar que fueran derribados y revelasen diseños secretos al enemigo. Aunque ayudaron a interceptar las V-1 enviadas contra Londres, tuvieron poco impacto en las operaciones militares. El Meteor estableció un récord mundial de velocidad en noviembre de 1945 sobre Herne Bay en Gran Bretaña, cuando el Group Captain (coronel) H. J. Wilson estableció el primer récord de velocidad del mundo acreditado a un avión a reacción. Voló un Meteor F Mk 4 a 975 km/h (606 mph). El café Macari's, cerca de la playa de Herne Bay, todavía ostenta una placa en la pared para conmemorar el hecho. Al año siguiente el récord se elevó a 991 km/h (616 mph), también por un Gloster Meteor.

Mientras tanto, los ingenieros de Estados Unidos y Canadá habían visitado a Whittle. Los norteamericanos diseñaron su propio avión a reacción, basado en la investigación británica, el Bell

Walter Blume diseñó el Ar-234 Blitz (Relámpago) en 1941 para la pequeña compañía Arado. Concebido como un bombardero a reacción a gran altitud, introdujo un piloto automático, un asiento lanzable y un paracaídas de frenado. Entró en servicio en 1944 y se utilizó para reconocimiento. (Cody Images)

P-59 Airacomet, pero le faltaba la potencia del Gloster Meteor y fue un avión sin éxito. El desarrollo también se llevó a cabo en el *National Research Council of Canada* (Consejo Nacional de Investigación de Canadá). En mayo de 1943 sus resultados se publicaron en un informe del máximo secreto titulado *Informe sobre el desarrollo de la propulsión a chorro en el Reino Unido*, que llegaba a dos importantes conclusiones. Una era la necesidad de establecer un grupo para estudiar motores a reacción en condiciones de frío (un área de investigación que nadie había pensado en abarcar); la otra era la importancia de formar una compañía canadiense de motores a reacción tan rápidamente como fuera posible. En marzo de 1944 se formó Turbo Research en Toronto. Al principio desarrollaron el motor a reacción Whittle de flujo centrífugo, pero pronto progresaron hasta su propio diseño de un nuevo motor de flujo axial, el Chinook. Cuando la guerra estaba llegando a su fin, empezaron a fabricar su motor a reacción Orenda, que tenía varias ventajas cruciales: sus cámaras de combustión más largas y su potencia aumentada significaban que era, en su momento, el motor a reacción más potente del mundo. Los motores que se vendieron valían un cuarto de millón de dólares canadienses.

Los investigadores canadienses fueron más lejos que nadie de los aliados en su investigación de la protección de los pilotos a gran altitud y construyeron la primera cámara experimental de descompresión en Norteamérica para estudiar los efectos de la baja presión en los pilotos. El resultado fue el primer traje anti-G para evitar el «velo negro» en los pilotos. Fue inventado por Wilbur Franks y se conoció como «el Traje Franks». Los primeros en usarlo fueron los pilotos de la *Royal Navy* que protegieron los desembarcos aliados en el Norte de África.

Mientras tanto, en Alemania, durante los últimos meses de la guerra, la compañía Arado fabricó el primer bombardero a reacción, el Ar-234 Blitz (Relámpago). Llevaba motores gemelos y un único piloto y voló principalmente en misiones de reconocimiento a altitudes de unos 11.000 m (36.000 pies), donde era imposible que le siguieran o le interceptaran. El proyecto empezó a finales de 1940, cuando Arado propuso su diseño de un bombardero a reacción con la designación E-370, diseñado por el profesor Walther Blume. Era un avión de motores a reacción con un motor Junkers Jumo 004 instalado debajo de cada ala. El peso de diseño del avión era de 8.000 kg (17.600 libras), y para reducirlo no tenía tren de aterrizaje con ruedas. El avión despegaba sobre un carrillo con tres ruedas que se soltaba después del despegue y luego aterrizaba sobre patines. La velocidad máxima de diseño era de 789 km/h (490 mph) con una altitud operativa de 11.000 m (36.100 pies) y un radio de acción de 1.995 km (1.240 millas). En abril de 1945 fue el último avión que voló sobre territorio británico durante la II Guerra Mundial. El Arado-234 fue bautizado Hecht (Lucio) y se le describió como un «bombardero relámpago», aunque de hecho nunca llevó bombas.

Los pilotos británicos vieron un notable caza a reacción alemán en los últimos meses de la guerra, aunque no hay evidencias de que entrase en combate. Era el Heinkel He-162 Volksjäger (Caza del pueblo o popular), un avión monoplaza, con un empenaje de cola en H. Estaba fabricado con madera encolada por trabajadores semicualificados y podía alcanzar una velocidad máxima de 905 km/h (562 mph) a 6.000 m (19.690 pies). Lo que lo hace más notable es que desde el inicio de su concepción hasta el vuelo de pruebas solo pasaron 90 días.

Los aviones aliados respondieron a la llegada de estos nuevos reactores bombardeando las pistas y fábricas donde se descubrían estos aviones y fue este continuo ataque, unido a la escasez de combustible, lo que hizo que el Me-262, con toda su sofisticación tecnológica y su éxito en combate, tuviera un impacto limitado en el curso de la guerra. No obstante, los diseños alemanes siguieron influyendo en los desarrollos en Estados Unidos, sobre todo en el del Boeing B-47 y el North American F-86, más conocido como el Sabre, que fue desarrollado con una amplia utilización de los datos alemanes de la guerra.

DESPUÉS DE LA GUERRA

En Rusia, el trabajo en los motores a reacción había revivido en los últimos meses de la guerra. Desde 1944 los soviéticos tenían datos de los avances de británicos y alemanes en el diseño de motores a reacción y se animó a Lyulka a que tratara de mejorarlos para su empleo en aviones soviéticos. En 1945 empezó a construir el primer motor a reacción soviético, el TR-1, que pasó todas las pruebas necesarias satisfactoriamente y dio origen a los motores que propulsaron a los exitosos cazas MiG. Los construyó una compañía fundada en diciembre de 1939 por Artem Mikoyan, un joven diseñador de aviación natural de Sanahim, Armenia. Muchos de estos motores rusos estaban copiados de los reactores Junkers y BMW llevados a Rusia desde Alemania al final de la guerra. Luego, en 1946, el nuevo primer ministro británico, Clement Attlee (muy interesado en cimentar unas buenas relaciones con la Unión Soviética), arregló la exportación de 40 motores turborreactores Rolls-Royce Nene. Se esperaba que surgieran muchas más órdenes de compra, pero en lugar de eso los rusos se limitaron a copiar el diseño británico y construyeron una copia pirata del motor para utilizarlo en el Mig-15. Rolls-Royce, con el apoyo de su Gobierno, peleó para reclamar 207 millones de libras como pago por las licencias, pero no tuvo éxito.

Estos cazas MiG-15, utilizados posteriormente en la guerra de Corea, demostraron que eran superiores a todo los que había en el Oeste. El MiG-29 es la cuarta generación de cazas MiG diseñados en la Unión Soviética y se desarrolló a partir de los primeros diseños de la compañía Mikoyan en los años setenta. Este avión entró en servicio en la Fuerza Aérea Soviética en el año 1983 y sigue en uso actualmente en la Fuerza Aérea Rusa y en otros países.

El Ar-231 fue diseñado como hidroavión ligero para llevarlo en un submarino, permitiéndole así atacar a la navegación marítima aliada con el mínimo tiempo de vuelo. Nunca se utilizó en la guerra debido a su inestabilidad y falta de potencia. (Cody Images)

Hans Joachim Pabst von Ohain fue llevado a Estados Unidos en 1947 dentro de la operación supersecreta *Paperclip*. Pabst von Ohain se unió a la plantilla de la Base Aérea

Los giroplaneadores o cometas-autogiros se emplearon para la observación en la II Guerra Mundial, y el Focke-Achgelis Fa-330 se podía desmontar fácilmente para guardarlo en un pequeño contenedor sobre un U-Boat. Se usaba para descubrir barcos a distancia cuando se le remolcaba detrás del submarino. El submarino se podía sumergir rápidamente, habitualmente (pero no siempre) con el piloto del autogiro cometa de nuevo a salvo dentro del submarino. (EN Archive)

de Wright-Patterson y en 1956 se convirtió en el director del Laboratorio de Investigación Aeronáutica. En 1975 se le nombró científico jefe del Laboratorio de Propulsión Aérea. Ohain realizó numerosas contribuciones a la tecnología de combustibles americana y recibió muchos reconocimientos, incluyendo la Citación de Honor de Estados Unidos. Finalmente, Ohain se retiró a Florida, donde murió en 1998.

Mientras tanto, en 1976 Whittle se había divorciado de su esposa británica, Dorothy, y se había casado con una americana, Hazel S. Hall. Emigró a Estados Unidos y se convirtió en profesor de Investigación NAVAIR (Mando de Sistemas Aéreos Navales) en la Academia Naval de Annápolis, Maryland. Luego escribió un libro titulado *Gas Turbine Aero Thermodynamics: With Special Reference to Aircraft Propulsion* (*Aerotermodinámicas de la turbina de gas: con especial relación con la propulsión de aeronaves*), publicado en 1981. Llegó a conocer a Ohain y juntos dieron conferencias. Ohain dijo que si la RAF hubiera tomado en serio el diseño de Whittle cuando se lo envió inicialmente, la II Guerra Mundial no habría tenido lugar. Sir Frank Whittle murió en 1996 en su casa de Columbia, Maryland.

PEQUEÑOS AVIONES DE GUERRA

Una tripulación del Mando Costero de la RAF en Wick, Caithness, inspeccionando un autogiro Cierva Rota C-30 de visita en la base. Diseñado por Juan de la Cierva, realizó su primer vuelo en 1933; se concedieron licencias de fabricación en toda Europa durante la II Guerra Mundial. Esta aeronave, propulsada por una hélice, tenía una velocidad máxima de 177 km/h (110 mph). (IWM CH 5423)

No todas las aeronaves secretas eran rápidas, grandes o impresionantes. Los aviones pequeños y discretos también tuvieron su papel. El Arado 231 era un hidroavión extremadamente ligero que diseñaron los alemanes como avión de exploración y se pensaba llevarlo a bordo de los U-boat Type XIB. El aparato estaba diseñado con una ala parasol ligera e iba propulsado por un motor en línea Hirth HM 501 de 119 kW (160 hp). El avión pesaba 1.000 kg (2.200 libras) y tenía una envergadura de 10 m (33 pies) justos. Se podía plegar en seis minutos y meterlo en un contenedor tubular que medía 2 m (6.27 pies) de diámetro. Aunque era un avión ingenioso, pequeño y portátil, se vio que estaba peligrosamente falto de potencia, era demasiado ligero para manejarlo e inestable en vuelo, incluso cuando el viento estaba en calma. Con pequeñas olas causando inestabilidad en el submarino madre, era casi imposible doblar las alas y guardar el avión. Se construyeron seis prototipos para usarlos en pruebas, pero ninguno actuó en operaciones de guerra.

No obstante, los comandantes de submarinos sabían que era necesario tener algún medio para llevar a cabo reconocimientos. Las limitaciones de aquel momento estaban imponiendo serias restricciones en las campañas de los U-Boat. El alcance de la visión a través de un periscopio es muy limitado y disponer de algún medio de ganar altura (como en el proyecto abandonado del Ar-231) proporcionaba una considerable ventaja. Por tanto, se enfocó el problema hacia la idea de llevar un observador remolcado en algún tipo de cometa. Esta no sería convencional, sino una cometa perfectamente ideada y bien diseñada con alas rotatorias.

El proyecto se encargó a los diseñadores de la Focke-Achgelis Flugzeugbau (una división de la Weser Flugzeugwerke) de Hoykenkamp, en la Baja Sajonia, que tenía experiencia en producción de helicópteros. Como en 1936 habían aparecido algunos helicópteros en su forma actual, su producción se había vuelto rutinaria y compañías como la Focke-Achgelis Flugzeugbau estaban preparadas para resolver el problema. La Weser Flugzeugwerke tenía su sede en el edificio Lloyd de Bremen, y actuó como contratistas del Gobierno para el proyecto. Sin embargo, todo el desarrollo y la fabricación se llevaron a cabo en Hoykenkamp. El resultado fue el giroplaneador o autogiro cometa Focke-Achgelis Fa-330, un aparato que se podía amarrar a la cubierta de un submarino al final de un cable de 150 m (500 pies) de longitud. Un viento relativo de 32 km/h (20 mph) debido al movimiento del submarino hacía que las aspas del rotor girasen a unos 200 rpm, elevando al planeador a 120 m (400 pies) sobre el agua. El observador podía ver objetos a una distancia de hasta 40 km (25 millas), en vez de los 10 km (5'5 millas) de distancia que se podían alcanzar desde la torreta de mando del submarino, e informar en tiempo real por teléfono. Cuando se acababan las observaciones, se recuperaba el Fa-330, los rotores se paraban mediante un freno en el cubo del rotor y se guardaba el aparato en un departamento estanco por delante de la torreta de mando. No era una tarea fácil y podía llevar hasta 20-25 minutos con mala mar.

El Fa-330 fue bautizado Bachstelge (Aguzanieves, o Lavandera, o Andarríos) y se construyeron unos 200 aparatos. Estos pequeños planeadores tuvieron éxito en su uso, pero fueron decepcionantes como armas de guerra. Solo hubo un caso en que se consiguió un hundimiento gracias a su uso: el de un vapor griego en 1943. También creaban problemas los submarinos porque los podía detectar un radar británico y, de este modo, revelar las posiciones de los submarinos. A veces el comandante del submarino se olvidaba del piloto del Fa-330 y se sumergía rápidamente dejando al piloto y su aeronave en medio del agua. Pronto se volvió rutina para los pilotos decir por el telefonillo «¡arriadme!» antes de anunciar que había descubierto un buque enemigo. En mayo de 1944 uno de estos giroplaneadores fue capturado y examinado por los aliados. Los británicos llevaron a cabo experimentos, pero se vio que el helicóptero tenía mayor prioridad y el pequeño giroplaneador no se empleó más. Un diseñador austriaco expatriado, Raoul Hafner, se encargó del diseño del Rotachute, un giroplaneador monoplaza británico. El diseño fue modificado por el profesor Igor Bensen después de haber visto uno de los Fa-330 alemanes y esta versión se hizo popular. Estaba previsto que el Rotachute original fuera remolcado por un avión, pero no estuvo listo hasta 1946. Por su parte, el giroplaneador de Bensen fue un éxito y luego reapareció como un vehículo deportivo. Todavía es popular entre sus entusiastas hoy en día.

El giroplaneador era una forma de aeronave similar a un autogiro. La diferencia esencial era que el movimiento hacia delante del autogiro estaba producido por su propio sistema de propulsión a bordo, mientras que el giroplaneador iba remolcado por un vehículo móvil. Los autogiros eran el invento de Juan de la Cierva, un ingeniero español entusiasta del vuelo. Su primer diseño con éxito, el cuarto con el que experimentó (C-4), voló en 1923. El aparato tenía una hélice y un motor delanteros, y un rotor en un eje vertical. La licencia de fabricación del C-19 se vendió a varios fabricantes de ultramar, incluidos Harold Pitcairn en Estados Unidos y Focke-Achgelis en Alemania. Amelia Earhart voló en un Pitcairn PCA-2 y estableció un récord mundial de altitud al alcanzar 5.613 m (18.415 pies) en 1931.

Durante la guerra, Alemania también empleo el Focke-Wulf Fw-186 y experimentó el Focke-Achgelis Fa-225 y el biplaza Flettner Fl-184. Pero fue el diseño español de Juan de la Cierva C.30A el que tuvo más éxito. Estados Unidos utilizó una versión que denominó Kellet KD-1A; Gran Bretaña y Canadá produjeron sus propios modelos, como el Avro 671 Rota Mark.1, y los franceses llamaron al suyo el Lioré-et-Olivier LeO C.30/31. Los soviéticos tuvieron su propio diseño, el autogiro de observación TsAGI (Kamov) A-7. En el teatro de la guerra del Pacífico los japoneses usaron su Kayaba Ka-1 Autogyro para reconocimiento y como aeronave de observación antisubmarina. Aunque la guerra hizo que los helicópteros se utilizaran como un medio crucial de transportar hombres y material, también debemos recordar el pequeño y secreto «espía en el aire» que fue el autogiro. Los autogiros siguen siendo populares hoy en día, sobre todo como aeronave para aficionados. En su día tuvieron éxito solo por la presión de los desarrollos de las armas secretas durante la guerra.

ALAS VOLANTES

El florecimiento de la innovación en el desarrollo de las armas secretas alemanas durante los años de guerra fue especialmente pronunciado en el campo de la aeronáutica más revolucionaria. Gran Bretaña estaba consumida buscando respuestas a la embestida alemana, pero el alto mando alemán se volvió fanático respecto a la dominación del mundo occidental. Los ingenieros y visionarios llegaron con proyectos sorprendentes y asombrosos, y el ritmo al que progresaron fue increíble. Algunas de las ideas nunca llegaron a cumplirse. Una fue el proyecto 3 x 1.000, destinado a bombardear las ciudades británicas, el objetivo del mariscal del Reich Hermann Göring. Consistía en un bombardero que pudiera llevar 1.000 kg de bombas a 1.000 km de distancia a 1.000 km/h, equivalentes a 2.200 libras de bombas a 625 millas a 625 mph.

LOS HERMANOS HORTEN Y EL HO-229

El nacimiento del «ala volante» tuvo lugar en Estados Unidos, donde Jack Northrop había experimentado con diseños de ala en delta a finales de la década de 1920. Sin embargo, poco salió de ello hasta que la presión de la II Guerra Mundial llevó a nuevas peticiones de diseños de aviones revolucionarios. Tanto Estados Unidos como Gran Bretaña iniciaron su investigación, pero el desarrollo duró más de lo previsto. En Alemania, dos brillantes hermanos, Walter y Reimar Horten, reavivaron el proyecto durante la guerra y lo llevaron a un nivel sin precedentes. Ambos eran miembros de las Juventudes Hitlerianas y luego del Partido Nazi. Primero diseñaron un planeador de ala delta, el Ho-229, para probarlo en vuelo, y su vuelo inicial tuvo lugar en marzo de 1944. Después de estas pruebas con éxito, del desarrollo se encargó la compañía Gothaer Waggonfabrik. Se instaló un asiento lanzable para el piloto y se añadieron sistemas para llevar el aire al motor a reacción para propulsar el avión. Incluso antes de que la aeronave hubiese volado propulsada por el reactor, Göring ya había encargado 40 de estos aviones bajo la denominación Ho-229. Las pruebas en vuelo posteriores demostraron que el avión tenía soberbias cualidades de vuelo, aunque hubo algunos trágicos accidentes durante los vuelos de prueba de los prototipos. Los alemanes estaban fabricando un Ho-229 V3 bimotor cuando los americanos llegaron durante la liberación de Europa al final de la guerra.

Durante las etapas finales del conflicto, Estados Unidos inició militarmente la Operación *Paperclip*, una iniciativa del máximo secreto de las agencias de inteligencia estadounidenses para conseguir información sobre la investigación alemana en armas avanzadas y mantenerla fuera de las manos de las tropas soviéticas que avanzaban. Se embalaron y enviaron a Estados Unidos un planeador de pruebas Horten y el parcialmente construido Ho-229 V3. Además, a los hermanos Horten (pese a su activa participación en el Partido Nazi) se les trasladó a Estados Unidos y se les proporcionó asilo. Sus materiales se enviaron a Jack Northrop.

ALAS VOLANTES EN ESTADOS UNIDOS

El primero de la nueva generación de aviones de Jack Northrop, el N-1M, despegó en julio de 1941 en Baker Dry Lake, California. Estas primeras pruebas en vuelo demostraron claramente que el proyecto tenía futuro, aunque los dos motores Lycoming 0-145 de cuatro cilindros y 48 kW (65 hp) eran de poca potencia y la estructura del aparato era demasiado pesada. Las plantas de potencia fueron reemplazadas por motores Franklin de seis cilindros refrigerados por aire y 88 kW (120 hp) y el diseño se modificó. A pesar de todo ello, el aparato nunca se produjo en serie.

El prototipo Horten IX (Ho-229), el primer planeador de ala delta, hizo su primer vuelo en el mes de marzo de 1944. (Cody Images)

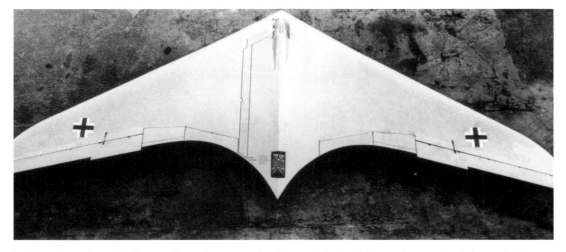

El Horten H IX V1 se utilizó como planeador para probar la aerodinámica del posterior prototipo V6 propulsado por un motor a reacción. Esta fotografía se obtuvo en Göttingen en 1944. (EN Archive)

Northrop Grumman diseñó el B-2 Spirit (*stealth*, el bombardero invisible), que entró en servicio con la USAF en diciembre de 1993. Su diseño se debía en buena parte al trabajo de los hermanos Horten en la Alemania nazi. (US Air Force)

El diseño de ingeniería del primer avión norteamericano de ala en delta empezó en 1942. El avión se construiría con láminas de la última aleación ligera. Llevaría una cabina integrada en el ala delta con literas para que la tripulación durmiera durante vuelos largos. Se instalarían compartimentos de bombas en ambas alas con siete torretas armadas con ametralladoras. Pero el progreso fue muy lento y el XB-35 no hizo su primer vuelo hasta junio de 1946, cuando voló desde Hawthorne, California, hasta Muroc Dry Lake. En mayo de 1948 el avión estaba ya listo para empezar la producción en serie, pero los aviones propulsados por hélices se habían quedado anticuados a la llegada del bombardero a reacción. Se instalaron motores a reacciones en unos cuantos ejemplares, pero no tuvieron éxito, aunque uno de los aviones, designado YRB-49A, se probó como avión de reconocimiento. Aunque la USAF había encargado originalmente 200 aparatos del B-35 original, se vio que no eran satisfactorios y que no valía la pena transformarlos en aeronaves de propulsión a chorro, de modo que se canceló perentoriamente todo el proyecto. Fue una decisión controvertida, y posteriormente Jack Northrop declaró que se debió a que rehusó acceder a los deseos del ministro del Aire, Stuart Symington, que quería que Northrop se fusionara con la compañía Convair. Jack Northrop insistió en que se le estaban imponiendo condiciones injustas y que fue Symington el que canceló de pronto el programa del ala volante. Puede que Northrop estuviera en lo cierto, pues Symington se convirtió en el presidente de la compañía Convair cuando cesó en el Gobierno poco después.

¿EL PRIMER BOMBARDERO INVISIBLE DEL MUNDO?

El legado del diseño original de los hermanos Horten sigue activo. Sus aviones fueron creados no solo para ser aerodinámicamente eficientes, sino también para reducir su «firma radar». Según los británicos empezaron a desarrollar y mejorar la tecnología del radar, los alemanes fueron cada vez más conscientes de la necesidad de vencer a su penetrante capacidad de detección. Los Horten empleaban una cola especial en sus aviones, en lugar de clavos o remaches. Esa cola —un compuesto de carbono— y el bajo perfil significaban que el avión era mucho más difícil de descubrir en el radar. En 2009 se realizó una reproducción a tamaño original del Ho-229 para un documental

El Me-261 Adolphine, matriculado BJ + CR, fotografiado en Lechfeld antes de su vuelo de diez horas de Alemania a Austria y vuelta el 16 de abril de 1943, en el que recorrió unos 4.500 km (2.800 millas). (EN Archive)

El Fw-200 Kondor (Cóndor) fue el primer avión que voló sin escalas de Berlín a Nueva York entre el 10 y el 11 de agosto de 1938 en 24 horas y 56 minutos. Durante la guerra se usó como bombardero marítimo y avión de reconocimiento de largo radio de acción. (Bundesarchiv Bild 10II-405-0555-06)

de la televisión. Costó 250.000 de dólares del entonces y se necesitaron 2.500 horas de trabajo para construirlo, pero se descubrió que su perfil radar era menos del 40% del de un caza de la II Guerra Mundial, como el Messerschmitt Bf-109). No era solo una revolución en el diseño, sino que el avión, si finalmente se hubiera producido en serie, habría sido el primer bombardero invisible (*stealth*).

UNA VISIÓN OLÍMPICA, EL ADOLPHINE

Antes de la guerra ya había surgido la idea de un avión con un alcance muy extendido y al final de la contienda se empezó a pensar en una aeronave que pudiera circunnavegar el globo a gran altitud. Es una notable historia de brillante espíritu aventurero y temerario al mismo tiempo que excedió mucho su demanda.

La historia empezó en 1936 en Berlín, sede de la XI Olimpiada. La ciudad seleccionada para acoger los siguientes Juegos Olímpicos era Tokio, en Japón, y Hitler tuvo una visión del equipo alemán [Según otras fuentes, lo que se iba a transportar no era el equipo olímpico, sino la llama olímpica, que abultaba poco y no pesaba nada. Nota del Traductor] volando directamente hasta Japón en un vuelo sin escalas que batiese todos los récords a bordo de un avión futurista diseñado especialmente para la ocasión. Dio la casualidad de que los planes para la Olimpiada en Tokio se aprobaron en la reunión de la Conferencia del Comité Olímpico Internacional en El Cairo en 1938, pero Japón no asistió a dicho encuentro debido a la guerra chino-japonesa. Por tanto, Japón perdió su derecho a organizar los Juegos, cuyo programa se cambió para celebrarlos en Helsinki, Finlandia. Pero para entonces los alemanes ya estaban diseñando el superavión que Hitler había soñado; el trabajo había empezado en 1937, cuando la compañía Messerschmitt lanzó el proyecto *P-1064*. Se orientó como un desarrollo del caza pesado bimotor Messerschmitt Bf-110 para convertirlo en un avión de reconocimiento con un radio de acción sin precedentes. Concebido con un fuselaje esbelto y dos motores, fue el Messerschmitt Me-261 y fue considerado como la prueba de la superioridad alemana en vuelos a larga distancia. La *Luftwaffe* lo designó 8-261. Como tenía el apoyo del Führer, al avión proyectado se le bautizó Adolphine (Adolfina).

El avión era notablemente futurista para su época. Las alas totalmente metálicas eran gruesas, servían como depósitos de combustible, y estaban unidas al fuselaje con una sección casi rectangular que tenía espacio para cinco tripulantes, con el piloto y el copiloto sentados en la cabina junto al operador de radio, y un navegante y un mecánico en la parte posterior. Los cuatro motores Daimler-Benz DB-601 estaban acoplados de dos en dos y cada par accionaba una hélice mediante una caja de cambios compartida. En 1939 el trabajo estaba en marcha y contaba con el respaldo de las

El Ju-290 se hizo ampliando las alas y el fuselaje del Ju-90 y del Ju-290. Se dijo que había realizado un vuelo de reconocimiento hasta Estados Unidos, pero esta afirmación se puede desechar. (Bundesarchiv Bild 141-0072)

más altas esferas de la estructura nazi, pero con el estallido de la II Guerra Mundial los Juegos Olímpicos de 1940 se cancelaron y el proyecto perdió urgencia y dirección. En agosto de 1939 el trabajo se había detenido. Sin embargo, en un año se vio claro que la guerra no iba a ser un paseo para Alemania, y la *Luftwaffe* empezó de nuevo a incluir los bombarderos de gran radio de acción en su estrategia. De pronto el Adolphine tuvo una parte en esos planes, de modo que se reanudó el trabajo en torno a este avión en condiciones de urgencia. El primer prototipo voló en 1940.

Parecía un avión muy prometedor y, con los motores DB-606, se calculó que su alcance sería de 20.000 km (12.000 millas). Pero los motores eran muy escasos. Se podían fabricar lo más rápidamente posible, pero se les necesitaba para aviones ya en plantilla, con éxito, como el Heinkel He-177. La segunda versión del Me-261 voló en 1941, pero Messerschmitt se dio cuenta de que las alas llenas de combustible creaban un problema radical: no había sitio para instalar armas. Había un plan de hacer que el avión volase hasta Nueva York, donde lanzaría prospectos de propaganda, pero la idea se abandonó cuando un bombardeo aliado destruyó ambos prototipos. Había un tercer prototipo, propulsado por dos motores DB-610 y con espacio para dos tripulantes adicionales. Hizo su primer vuelo a principios de 1943 y en abril de 1943 el Me-261 V-3 voló durante diez horas, durante las cuales recorrió 4.500 km (2.970 millas), la distancia de Europa a América cruzando el Atlántico. Era un logro sin precedentes. Tres meses más tarde el prototipo hizo un aterrizaje muy duro y el tren de aterrizaje resultó dañado. El avión se utilizó para varias misiones de reconocimiento a larga distancia, pero como había desaparecido la necesidad de un aparato que captara la atención del público, finalmente el prototipo se desguazó en 1944.

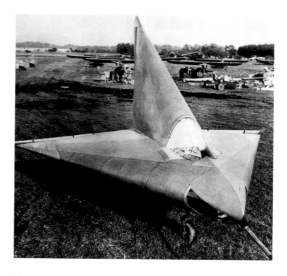

El prototipo del planeador Lippisch DM-1 se utilizó para verificar la viabilidad del Darmstadt D-33 propulsado por un cohete. Aunque se llevó a cabo su desarrollo, el avión nunca llegó a entrar en servicio. El aparato que se ve aquí fue llevado a América después de la guerra y utilizado en las investigaciones espaciales americanas sobre formas de sustentación, que dieron lugar a las lanzaderas espaciales. (EN Archive)

El científico y diseñador del estatorreactor, Dr. Alexander Lippisch, fotografiado en Estados Unidos en noviembre de 1946. (Time Life Pictures/Getty Images)

CRUZANDO EL ATLÁNTICO

La idea de un avión que pudiera cruzar el Atlántico había seguido siendo una preocupación continua para el alto mando alemán durante toda la guerra. El comandante en jefe de la *Luftwaffe*, Hermann Göring, siempre hablaba de su deseo de tener un bombardero que pudiera domeñar la «arrogancia de los americanos». Hubo un primer proyecto utilizando las islas portuguesas de las Azores en medio del Atlántico para repostar. El dictador portugués, Antonio de Oliveira Salazar, había permitido a los alemanes repostar combustible para sus submarinos y buques de superficie en São Miguel en las Azores, pero en 1943 firmó unos acuerdos con los británicos, autorizándoles a usar las islas como base desde la cual patrullar el Atlántico Norte desde el aire.

Los otros diseños eran de aviones que pudieran cruzar el Atlántico y volver sin necesidad de aterrizar. Los que se prepararon a toda prisa fueron el totalmente nuevo Messerschmitt Me-264, versiones mejoradas del ya existente Focke-Wulf Fw-200 conocidas como Fw-300 y Ta-400, una versión mejorada del Junkers Ju-290 (el Ju-390) y el Heinkel He-277. Messerschmitt produjo rápidamente un prototipo del proyectado Me-264, aunque finalmente el Ju-290 fue el escogido para la producción en serie. A primeros de 1944, se dijo que el segundo prototipo del Ju-390 hizo un vuelo transatlántico y llegó hasta 12 millas de la costa de Estados Unidos También se dijo que otro Ju-390 voló de Alemania a África del Sudoeste (la actual Namibia) a principios de 1944. Desgraciadamente, todas estas historias salieron a la luz después de la guerra y ahora es imposible verificarlas.

Muchas compañías aeronáuticas alemanas investigaron el problema de bombardear Estados Unidos; de estas las principales fueron Junkers, Messerschmitt, Heinkel y Focke-Wulf. En general se vio que era imposible construir aviones de largo alcance en el tiempo disponible, de modo que los planes incluían la conquista de instalaciones en las Azores y el uso de estas estratégicas islas como punto de aterrizaje en medio del océano. Los bombarderos, incluyendo el Ju-290, el He-177 y el Me-264, podrían llegar a sus objetivos en Estados Unidos con una carga de bombas de hasta 6'5 toneladas. Se hizo una lista detallada de blancos, que incluía los productores americanos de aleaciones ligeras, motores de aviones y equipo óptico. Otros blancos eran Canadá y una base aliada en Groenlandia. Se calculó que los ataques sobre territorio americano harían que Estados Unidos cambiase sus prioridades a defenderse a sí mismo en lugar de proteger Gran Bretaña. De este modo los alemanes encontrarían menos resistencia de las fuerzas británicas y sería más fácil lograr la ocupación del territorio británico. No obstante, estos planes tan detallados no dieron fruto.

LOS TRIÁNGULOS VOLADORES (AVIONES DE ALA EN DELTA)

La serie DM de aviones de ala en delta fue un proyecto conjunto de las Akafliegs *(Akademische Fliegergruppen,* equipos académicos de investigación en vuelos) de Darmstadt y Múnich. Durante su planeamiento se dejaron de lado todos los límites y lo que puede parecer imposible hoy se consideró seriamente, como el DM-4, con una superficie alar de 70 m² (753 pies²), que fue calculado para alcanzar velocidades de 1.600 km/h (1.000 mph), mucho más allá de la velocidad del sonido.

El avión supersónico de pasajeros anglo-francés Concorde estaba basado en diseños británicos derivados de las investigaciones iniciadas durante la II Guerra Mundial. Capaz de llevar pasajeros al otro lado del Atlántico, el concepto es similar al de un caza a reacción. (Getty Images)

Estos aviones no fueron los únicos con alas en delta concebidos en Alemania durante la guerra. Alexander Lippisch, el distinguido ingeniero nacido en Múnich, propuso desarrollar un caza de defensa propulsado por un estatorreactor, una nueva y muy eficiente forma de unidad de propulsión. En lugar de descansar en el aire comprimido por una turbina giratoria, este nuevo concepto (el estatorreactor) utilizaba la velocidad de avance del avión para absorber y comprimir el aire. Los estatorreactores pueden funcionar con gran eficiencia, pero (como el avión debe estar ya en movimiento para comprimir el aire de entrada) no se pueden utilizar para propulsar el aparato y arrancar desde parado. El estatorreactor solo entraba en funcionamiento cuando el avión había alcanzado ya una cierta velocidad. Lippisch llamó a su diseño *Projekt P-13a*.

Lippisch convenció a la Darmstadt Akaflieg para construir un prototipo a escala normal que volase, que la compañía bautizó Darmstadt D-33. El trabajo estaba en marcha cuando el taller de la Darmstadt Akaflieg fue alcanzado por un bombardeo aliado en septiembre de 1944, por lo que el proyecto se transfirió a la Munich Akaflieg, donde se completó el trabajo. Rebautizaron al D-33 como el Darmstadt Akaflieg/Munich Akaflieg DM-1. Estaba diseñado como un planeador hecho de tubos de acero y madera contrachapada, que fue impregnada con baquelita, lo cual era entonces un proceso muy innovador. El planeador lo descubrieron unos soldados de Estados Unidos cuando llegaron al lugar en mayo de 1945, y el prototipo lo inspeccionó entonces Charles Lindbergh, que se encargó de que lo enviaran a Estados Unidos El prototipo fue probado en el túnel de viento y examinado por los científicos del *National Advisory Committee for Aeronautics* (Comité Nacional Asesor de Aeronáutica, que luego se convirtió en la actual NASA, *National Air and Space Administration*). Entre los aviones inspirados por este diseño alemán, al igual que por el ala volante de los Horten, estaban el Convair XP-92, primer caza americano con ala en delta, y el Convair F-102 Delta Dagger, que voló en Vietnam. Un diseño similar, totalmente en delta, era el Convair F-2Y Sea Dart, que era un caza hidroavión que despegaba sobre unos esquíes flotantes de la superficie del agua.

En Gran Bretaña, la investigación sobre el concepto del ala delta dio lugar al Handley Page HP-115 y al Fairey Delta 2 o FD 2, el primer avión que voló a más de 1.609 km/h (1.000 mph), y luego al gran bombardero Avro Vulcan. Estos fueron los aviones que proporcionaron muchos datos necesarios para desarrollo del Concorde, el avión supersónico de pasajeros que tanto éxito tuvo. Una vez, cuando volaba en el Concorde hacia Nueva York, su comandante me dijo que no era útil pensar en el Concorde como un avión supersónico de pasajeros. Esto no le parecía lógico. Su consejo era considerarlo como un gran caza a reacción supersónico que llevaba pasajeros en lugar de armas. Tenía razón, era mucho más lógico.

DOS AVIONES EN UNO

Un nuevo método de llegar a Estados Unidos desde Alemania era la propuesta de una unión híbrida de dos aviones. Un Heinkel He-177 se usaría para transportar un bombardero Dornier Do-217, equipado con un motor estatorreactor Lorin-Staustrahltriebwerk adicional hasta que los dos aviones estuvieran lo suficientemente cerca de Estados Unidos para que se soltase el Do-217 y volase hacia el objetivo. La idea inicial consistía en que el avión lanzaría su bomba sobre territorio estadounidense, luego amerizaría en el Atlántico y al piloto lo recogería un submarino alemán. Pero la misión era irrealizable porque las distancias eran inalcanzables, de modo que la idea se abandonó muy pronto.

No era un proyecto tan novelesco como puede parecer. Los primeros aviones que fueron llevados como «parásitos» eran pequeños aparatos que podían ser soltados desde los grandes dirigibles de la década de 1920. Durante la década de 1930 los soviéticos experimentaron con la idea de llevar cazas a bordo de aviones más grandes. La serie Zveno se volvió cada vez más compleja, hasta que un Tupolev TB-3 llevó tres cazas Polikarpov I-5: uno montado en cada ala y el otro sobre el fuselaje. En 1935 había volado el Aviamatka, un TB-3/AM-34 que llevaba cinco pequeños cazas dentro. Algunos fueron desplegados una sola vez durante toda la guerra; a mediados del año 1941 se envió una escuadrilla Zveno desde el mar Negro para atacar el puente Negru Voda, situado en el territorio de Rumanía.

La idea de llevar un avión sobre otro más grande reapareció en algún lugar de Alemania durante la II Guerra Mundial. El método fue bautizado Mistel (Muérdago) debido al modo en que se podía llevar un pequeño avión, como una planta parásita, unido con seguridad a uno más grande. El concepto era que el «avión padre» podía llevar al avión de ataque hacia el objetivo, de tal modo que el avión pequeño pudiera llevar a cabo su misión y tener todavía los depósitos de combustible llenos para poder regresar a su base. La primera de estas pruebas recibió el sobrenombre de Huckepack (A cuestas) o «padre e hijo». El avión de ataque iba a ser un caza Focke-Wulf Fw-190 Würger (Alcaudón), que había sido diseñado por Kurt Tank en 1938. Como caza, este aparato se volvió muy conocido como avión de ataque y para hostigar objetivos terrestres. Se llevaría montado sobre un Ju-88 Mark 4, un bombardero basado en el diseño del exitoso Ju-88, pero con motores más potentes. Voló por primera vez a principios de 1940. El Ju-88 Mark 4 tenía una envergadura de 20 m (70 pies), comparados con los 18 m (65 pies y 10.5 pulgadas) de los modelos previos, con una línea más aerodinámica y una cabina algo más grande que ofrecía una visibilidad mejorada.

Los diseñadores alemanes trataron de aumentar el radio de acción operativo construyendo una combinación de dos aviones. Aquí vemos un Focke-Wulf Fw-190 colocado encima de un avión de transporte Ju-88. (Fox Photos/Getty Images)

Aviones Mistel listos para despegar. Las versiones posteriores del proyecto incluían un bombardero lleno de explosivos y controlado desde el avión de caza que se soltaba, creando así una «bomba volante». (Colección del autor)

El primero de estos aviones combinados Mistel estuvo listo a principios de 1944 y el adiestramiento comenzó en Nordhausen. Al principio los dos aviones iban tripulados, pero luego se pensó que el Ju-88 podía ser pilotado desde el pequeño caza y soltado como una «bomba volante». Cuando empezó la invasión de Normandía, la unidad se movió de Nordhausen a St. Dizier con un escuadrón de 12 de los aviones combinados. Se usaron con algún efecto; cuando se estrelló un Ju-88 sin tripulación y cargado de bombas, fue extremadamente enervante para los británicos, y esta curiosa combinación de aviones continuó volando en otras misiones con éxito.

EL AVIÓN DEFINITIVO

Para raides a distancias extremadamente largas, quedaba un proyecto alemán del máximo secreto e inmenso potencial. Era la «bomba de las antípodas», un avión estratosférico que podía dar la vuelta al mundo. Era un producto del ingenio de uno de los más grandes visionarios alemanes, pero también uno de los menos conocidos. Era Eugen Sänger, nacido en Ressnitz, ahora en la República Checa, que había estudiado ingeniería civil en las universidades de Graz y Viena. Cuando era estudiante, Sänger había quedado cautivado por el libro de Hermann Oberth *Die Rakete zu den Planetenräumen* (*El cohete en el espacio planetario*). (Volveremos más adelante sobre Oberth y Sänger en este libro, cuando hablemos más específicamente de las armas propulsadas por cohetes.) Fue el libro de Oberth el que inspiró a Sänger la decisión de dejar de estudiar ingeniería civil para emprender una carrera en la aeronáutica, y como primer paso se unió a la Sociedad para los Viajes por el Espacio, a fin de aprender más de Oberth.

El tema de la tesis de Sänger iba a ser originalmente el vuelo propulsado por cohetes, pero la universidad la rechazó por considerarla irreal. En su lugar se le dirigió para que redactara un estudio ligeramente irrelevante sobre la estática de los largueros de las alas. Pero su trabajo original no se perdió. Sänger siguió hasta publicarlo bajo el título *Raketenflugtechnik* (*Tecnología del vuelo de los cohetes*) en 1933 y lo continuó con varios artículos sobre el vuelo propulsado por cohetes en diversas revistas. Aparecieron en la revista austriaca *Flug* (*Vuelo*) y pronto llamaron la atención del Ministerio del Aire alemán, que podía enfocar las ideas de Sänger como un medio para construir un bombardero que atacara Estados Unidos desde un aeródromo en Alemania.

Los ingenieros austriacos Eugen Sänger e Irene Bredt describiendo el método de «vuelo a saltos» de su propuesto bombardero de las antípodas. (Time Life Pictures/Getty Images)

Uno de los sueños de Sänger era su gran bombardero de las antípodas: un avión suborbital de largo alcance, lanzado por cohetes, que podía dar la vuelta al mundo volando en la estratosfera y llevar una carga útil de bombas al extremo opuesto de la Tierra. Sänger llamaba a su avión Silbervogel (Pájaro de plata) y trabajó en su diseño con una joven y brillante matemática llamada Irene Bredt, de Viena, Austria, con la que luego se casó. Sänger también diseñó los cohetes para que proporcionaran un empuje de 0'3 megaNewton-m (225.000 libras-pie). El pájaro de plata fue conocido como el RaBo (*Raketenbomber* o bombardero cohete) y sería lanzado desde un trineo propulsado por cohetes desde una rampa de lanzamiento de 3 km (2 millas) a unos 2.000 km/h (1.200 mph). Entonces encendería sus propios cohetes y ascendería hasta una altitud de 145 km (90 millas), alcanzando una velocidad de 22.100 km/h (13.700 mph). En ese momento el aparato descendería en una trayectoria suborbital hasta que entrase en la atmósfera superior y, como sus alas y su cuerpo generarían sustentación, volvería a saltar hacia el espacio antes de volver a descender lentamente. Después de varios «saltos», estaría en el punto opuesto de la Tierra. Se había calculado que podría llevar una bomba de 4.000 kg (8.800 libras) a Estados Unidos y luego seguir hasta el Pacífico, donde los japoneses se encargarían de que fuera recogido por los alemanes. El vuelo completo sería de 19-24.000 km (12-15.000 millas).

Era un esquema aventurado y futurista, demasiado para la *Luftwaffe,* que paralizó el desarrollo en 1942. Como ya hemos visto, prefería invertir en tecnología ya comprobada. A Sänger se le asignó para que trabajara en el Instituto Alemán de Investigación sobre Planeadores *(Deutsche Forschungsanstalt für Segelflug),* donde realizó importantes desarrollos en el campo de los cohetes. Continuó siendo una autoridad en cohetes y volvió a un puesto importante cuando la cohetería alemana estaba alcanzando su cénit.

El final del proyecto no fue el final de la idea. Después de la guerra, los cálculos demostraron que el bombardero de las antípodas no habría funcionado. El calor generado por los saltos hubiera originado un calentamiento mucho mayor del que los alemanes habían estimado y el avión se hubiera destruido. Incluso así, los rusos trataron de tentar a Sänger para que se trasladara a Rusia y continuara sus investigaciones allí, pero él declinó la oferta. En cambio, continuó sus investigaciones en Francia, donde fundó la Federación Astronáutica francesa *(Fédération Astronautique)* en 1949. Volvió a pasar sus últimos años en Alemania, trabajando en un proyecto de nave espacial propulsada por un estatorreactor que nunca se realizó. También propuso utilizar fotones solares para propulsión espacial a larga distancia e introdujo el concepto todavía popular de la «vela solar».

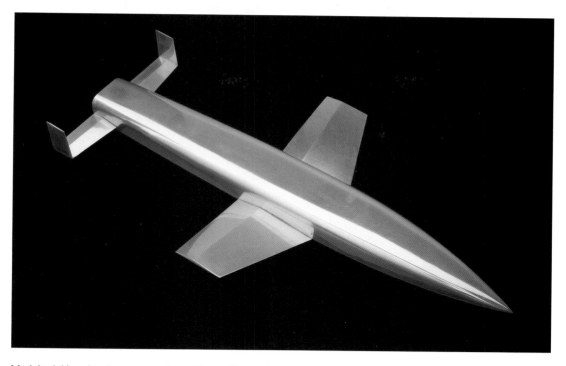

Modelo del bombardero propuesto por Eugen Sänger. Las autoridades nazis detuvieron las investigaciones en 1943, y después de la guerra Sänger trabajó para los franceses. (SSPL/Getty Images)

Pero la importancia de las propiedades de sustentación de un cuerpo que está descendiendo y penetrando en la alta atmósfera permanece hoy en día. El trabajo de Sänger y los cálculos de su mujer tuvieron una importancia significativa en el diseño del avión cohete X-15 de la firma North American, del X-20 Dyna-Soar y, finalmente, en el diseño de la lanzadera espacial, también conocida como *Space Shuttle*.

En octubre de 1985 la organización Messerschmitt-Bölkow-Blohm (MBB) renovó los estudios del sistema de Sänger como el núcleo central de una nave espacial de dos etapas con despegue horizontal. La primera etapa propulsaría la aeronave a una elevada velocidad, y luego sería soltada, permitiendo que la segunda etapa se encendiese y llevase al aparato más lejos hacia el espacio.

Según mi punto de vista, esto resulta muy lógico, y yo he alabado la poco reconocida ingeniosidad de Sänger en la serie de televisión *Weird Weapons of World War II* (*Armas extraordinarias de la II Guerra Mundial*) para el Canal de Historia. Mi punto de vista es que el método actual de lanzar un cohete gasta demasiado combustible porque se usa la energía en levantar la masa del cohete según va cogiendo velocidad. Lanzar el cohete sobre ruedas, corriendo sobre una rampa que luego se curvase hacia arriba para lanzar el cohete al aire, tiene una clara ventaja de diseño porque es la rampa de lanzamiento la que soporta el peso, en lugar del empuje del cohete. Sería posible para el cohete alcanzar las elevadas velocidades de lanzamiento corriendo horizontalmente antes de que su trayectoria se curve hacia arriba, conservando a bordo suficiente combustible para la entrada en el espacio. ¿Quién sabe? Estas ideas secretas de la II Guerra Mundial todavía pueden hacerse realidad.

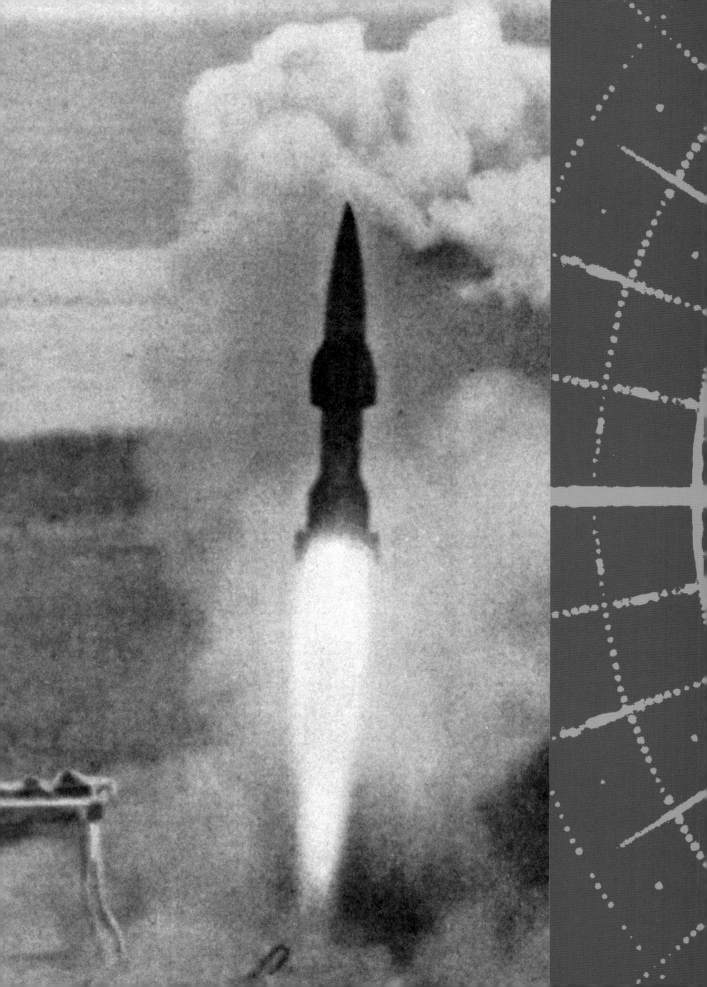

ARMAS VOLADORAS: BOMBAS Y MISILES

COMO SE HA VISTO, HUBO DESARROLLOS impresionantes y poderosos en la tecnología de los aviones durante la II Guerra Mundial. Sin embargo, la denominación «armas volantes o voladoras» no está restringida a los aviones. Muchos de los más extraños artefactos secretos de la guerra eran armas aéreas, y algunos de ellos eran de un diseño increíblemente avanzado, para la época en la que se crearon.

LA BÚSQUEDA DE UNA SUPERBOMBA

Barnes Wallis era una figura seca y autoritaria con unas maneras cálidas y amistosas cuando le conocí en la BBC de Londres durante la década de 1970. Ya que la II Guerra Mundial involucraba a toda Europa, su propuesta era fabricar bombas cada vez más masivas. Wallis razonaba que la manera de poner de rodillas a la máquina de guerra alemana era destruir su capacidad de producción de armas, y él tenía en mente las grandes fábricas del Ruhr. Se dio cuenta de que los nazis tratarían de construir enormes búnkeres de hormigón armado, que serían invulnerables a los explosivos convencionales, y propuso grandes bombas que podrían alcanzar el deseado nivel de producción. Wallis se decantó por una bomba de 10 toneladas que se lanzaría desde gran altura, demolería las construcciones más reforzadas, penetrando profundamente en el terreno antes de detonar, y estallaría desde abajo. En 1940 presentó su propuesta de una bomba de 10.200 kg (22.400 libras), que incluso derribaría las grandes presas de las que dependía la industria alemana.

El Ministerio del Aire admitió que la idea era viable, pero no se realizó porque no había un avión suficientemente grande para cargar semejante bomba. Barnes Wallis respondió diseñando un avión así: el bombardero Victory. Según el diseño tendría una longitud de 23 m (96 pies), una envergadura de 52'4 m (172 pies) y volaría a una altitud de 10.000 m (34.000 pies) a una velocidad de crucero de 566 km (352 mph). Se trataba de un concepto asombroso: en comparación, el B-245 Liberator americano tenía una velocidad de crucero de 344 km (214 mph) a una altitud máxima de 8.534 m (28.000 pies). El nuevo avión de Barnes Wallis llevaría una torreta con cuatro ametralladoras, pero por lo demás no iba defendido, ya que iba a volar más alto y rápido que ningún otro avión existente. No obstante, el proyecto fue rechazado en mayo de 1941. El Ministerio del Aire llegó a la conclusión de que el avión solo tendría una misión, y los proyectos caros y para una única misión eran algo que el Gobierno británico no estaba dispuesto a financiar. Más aún, se calculó que el avión iba a ser tan revolucionario que era improbable que estuviera operativo antes del fin de la guerra.

El rechazo del Ministerio del Aire a dar el permiso para seguir adelante con el bombardero Victory dejó a Barnes Wallis con la ambición de encontrar modos alternativos de destruir las factorías alemanas del Ruhr. Esta había sido la meta de la inteligencia británica desde 1937, y ya antes de las hostilidades hubo algunos esbozos de planes para bombardear las presas situadas valle arriba de las fábricas. El foco central del plan era la presa de Möhne, que se sabía que estaba bien defendida, pero que Barnes Wallis estaba convencido de que se podía destruir con su bomba de 10 toneladas, si había un avión capaz de lanzarla. La única alternativa posible era usar grandes torpedos que pudieran detonar contra el mismo muro de la presa, pero los alemanes eran conscientes del riesgo y tenían las presas del Ruhr bien protegidas con redes antitorpedos para grandes cargas. Un día Wallis paseaba por la orilla del mar, tirando piedras para hacerlas rebotar en la superficie, y de pronto se le ocurrió la idea de una bomba que pudiera rebotar sobre el agua de las presas de modo similar (sobre las redes de protección) e impactar justo en el muro de hormigón. La idea que propuso era una bomba cilíndrica, que girase en sentido contrario a la dirección del lanzamiento, que se lanzaría desde un avión que volara muy bajo. El giro hacia atrás (acoplado con la velocidad hacia delante de la bomba) haría que rebotase sobre la superficie. Si entonces golpeaba contra el muro de la presa, el giro hacia detrás haría que la bomba no se apartara del muro según se hundía, y una espoleta hidrostática sensible a la presión la detonaría a la profundidad óptima. El giro hacia atrás también haría que la velocidad hacia delante de la bomba se redujese con cada rebote, de modo que caería detrás del avión y reduciría las posibilidades de dañar el aparato que la habría lanzado volando bajo.

La *Royal Air Force* (Real Fuerza Aérea) era escéptica al principio, pero Barnes Wallis persistió y produjo películas de sus experimentos con éxito. A principios de 1942 experimentó con una mina suspendida de una estructura metálica para verificar el efecto de las detonaciones submarinas. Destruyó la presa de Nant-Y-Gro cerca de Rhayader, en Gales central, que estaba fuera de servicio, con una mina sumergida de 127 kg (275 libras) para ayudar a asegurar cómo se comportaría una presa ante un ataque similar. Entonces se lanzaron copias de las bombas desde un avión De Havilland Mosquito B Mark IV en Chesil Beach, cerca de la bahía de Weymouth, en el sur de Gran Bretaña, pero se rompieron al tocar el agua y Wallis preguntó al Wing Commander (teniente coronel) Guy Gibson si se podían lanzar desde menos altura, 15 m en lugar de 36 m (50 pies en lugar de 120 pies). Gibson dijo que sí, y entonces siguieron las pruebas de las bombas simuladas en las presas del valle de Elan, en Gales. Finalmente, en febrero de 1943, el Ministerio del Aire aceptó el esquema y se decidió bombardear las presas del Ruhr en primavera, cuando el agua estaría más alta en los pantanos. La misión recibió el nombre en código de Operación *Chastise* y se le asignó al Escuadrón 617, que despegaría desde la Base de la RAF de Scampton, Lincolnshire, con Gibson como jefe. Los bombarderos Lancaster llevaron a cabo numerosas pasadas de entrenamiento, hasta que se acostumbraron a volar sobre un paisaje similar al que iban a encontrar en el raid, e hicieron varias pasadas con éxito a lo largo del valle de Upper Derwent, en Derbyshire. Este trabajo era peligroso; el vuelo se realizaría de noche, con la Luna llena, a no más de 18 m (60 pies) sobre la superficie y todos sabían que el blanco estaría a unas 640 km (400 millas) de su base. Los pilotos se volvieron muy expertos en el vuelo recto y nivelado a menos de 10 m (30 pies) sobre el terreno. Poco más de la altura de una casa.

El Dr. Barnes Wallis, que promovió la bomba rebotadora y la estructura geodésica para los aviones. (IWM HU 92132)

LOS REVENTADORES DE PRESAS

La Operación *Chastise* fue el ataque de la RAF a las presas del valle del Ruhr, concentrado en la presa de Möhne. Desde entonces los reventadores de presas se han convertido en una leyenda, inmortalizada en películas. La operación fue preparada por Barnes Wallis para la RAF. El raid fue el propio del enfoque británico de la guerra: ataques a la producción de guerra alemana. La muerte de miles de prisioneros y civiles ahogados llevó a una modificación de la Convención de Ginebra para prohibir este tipo de ataques en el futuro.

El periódico *The Daily Telegraph*, de Londres, proclamó el éxito de los reventadores de presas en su portada del 18 de mayo de 1943. De hecho, los planes para bombardear las presas del Ruhr se habían empezado a trazar en 1938. (Colección del autor)

Esta bomba rebotadora (en realidad, una carga de profundidad), denominada en clave Upkeep (Mantenimiento), se conserva en el Museo del Aire de Newark. Upkeep tenía 2.994 kg (6.600 libras) de alto explosivo tipo Torpex que detonaba a 9 m (30 pies) bajo la superficie del agua. Antes de lanzarla se la imprimía un giro de 500 rpm en sentido contrario a la marcha, que la hacía rebotar sobre el agua. (Colección del autor)

Antes de la Operación *Chastise*, el Escuadrón 617 practicó el lanzamiento de la bomba Upkeep en el campo de tiro Reculver en la costa de Kent. Los observadores vigilan cuando la bomba rebota hacia la línea de la costa. Barnes Wallis, en el extremo izquierdo del grupo, parece que está exhortando a la bomba a que tenga éxito. (IWM FLM 2343)

Los dramáticos resultados del éxito del raid se ven en esta fotografía, descubierta en los archivos alemanes después de la guerra. Esta era la presa de Möhne, situada en Renania del Norte-Westfalia. (Keystone/Getty Images)

El reconocimiento aéreo británico mostró la brecha que el raid del 16 de mayo de 1943 causó en la presa Möhne. Esta espectacular demostración de bombardeo de precisión tuvo un tremendo valor de propaganda para el esfuerzo de guerra aliado, aunque sus efectos prácticos fueron limitados. (IWM CH 9687)

Los bombarderos fueron adaptados mecánicamente para llevar las bombas y se les instalaron unos motores eléctricos para hacerlas girar antes de lanzarlas. Barnes Wallis sabía que era vital que las bombas se lanzasen a una distancia exacta del muro de la presa o saltarían por encima de él. Para facilitar la operación diseñó un sencillo visor de madera en forma de Y que el oficial bombardero usaría para alinearse con los dos extremos del muro. Se colocaron cuidadosamente un par de luces apuntando hacia abajo, de modo que los haces de las dos luces se unían cuando el avión estaba a la altura exacta sobre la superficie del agua. Con la presa en el visor del bombardero y los focos correctamente alineados, estaba asegurado que el avión volaría dentro de los estrechos márgenes de tolerancia de la misión. Cuando las tripulaciones siguieron practicando, muchos de ellos crearon sus propios sistemas para adaptar los aparatos para que estuvieran a su gusto. Una solución era atar gomas en los montantes del parabrisas, tirando de ellas como del elástico de un tirador, para dar la distancia de las torres en cada extremo de la presa.

Finalmente, el ataque se realizó el 16 de mayo de 1943. En el vuelo de ida mantuvieron niveles de vuelo muy bajos durante todo el recorrido. Se perdieron varios aviones, incluido uno que chocó con unos cables de alta tensión a las 23.50, a unas 4 km (2'5 millas) al noroeste de Rees, en la zona alemana del Bajo Rhin. Por supuesto que esta fue la consecuencia de la aproximación a muy baja altura, igual que el caso de otro Lancaster, que rozó la superficie del Zuider Zee en Holanda arrancando la bomba de sus enganches y rociando de agua de mar el fuselaje antes de que su piloto consiguiera recuperar altura. Gibson fue el primero en lanzar la bomba, pero apuntó mal y la bomba cayó lejos del blanco. Un segundo avión fue alcanzado por la antiaérea y la bomba cayó más allá del objetivo y su explosión alcanzó al avión que la había lanzado. Después de eso Gibson voló con cada avión que atacaba para desviar el fuego, hasta que finalmente una bomba consiguió su objetivo y la presa de Möhne se derrumbó con un rugido. En contraste, la presa de Eder no estaba bien defendida: los alemanes habían supuesto que era imposible atacarla porque estaba en un valle muy profundo. Los pilotos restantes dieron varias pasadas hasta que estuvieron seguros de que podían alcanzar bien el muro, y solo entonces soltaron sus bombas. Finalmente se rompió la presa del Eder y (con ambas presas destruidas) las fábricas que se encontraban río abajo resultaron seriamente dañadas. La cercana presa de Sorpe estaba en un valle muy serpenteante, que era inadecuado para las bombas rebotadoras, y por eso se atacó lanzando las bombas como armas convencionales de inercia; aunque se la alcanzó, no quedó dañada significativamente. Como resultado del ataque, se interrumpió el suministro de electricidad desde las presas y se consiguió una importante victoria de propaganda. La supremacía de las armas secretas británicas fue muy celebrada en Gran Bretaña, aunque los nazis publicaron como una victoria que eran capaces de minimizar la interrupción del suministro de energía eléctrica y el hecho de que los ingleses no pudieron derribar el muro de la presa de Sorpe.

DESPUÉS DE LOS REVENTADORES DE PRESAS

Aunque en Gran Bretaña se vieron los raides como un éxito asombroso y heroico, hubo trágicas pérdidas de vidas civiles. Más de 1.650 personas murieron en las inundaciones posteriores, la mayoría prisioneros aliados y trabajadores forzados recluidos en campos de prisioneros nazis. Por lo menos 500 eran prisioneras soviéticas. Este raid fue uno de los incidentes que dieron origen al artículo 56 de la Enmienda a la Convención de Ginebra que se aprobó en 1957, que prohibía los ataques a

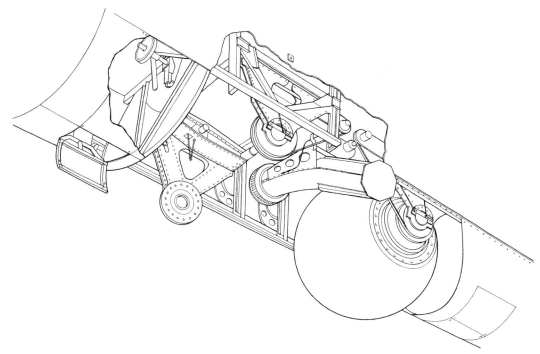

La bomba rebotadora cilíndrica es bien conocida, pero hubo un diseño alternativo conocido con el nombre en clave de Highball (Whisky con soda). Era una bomba esférica creada para utilizarla contra los buques enemigos. Pesaba 581 kg (1.280 libras), incluidos 272 kg (660 libras) de explosivo Torpex, e iba colgada bajo un bombardero Mosquito B IV. Los problemas de la sincronización, y también los de la suelta de la bomba, no se resolvieron hasta 1944. En Choctawhatchee Bay, Florida, una versión americana (rebautizada *Baseball bomb* o Bomba pelota de beisbol) rebotó y destruyó el avión americano que la había lanzado. (John Batchelor)

presas «si tales ataques pueden causar la liberación de fuerzas peligrosas de las factorías o instalaciones y causar por ello serias pérdidas entre la población civil». Lo que en su tiempo se consideró como un acto heroico de inmensa dificultad, ahora se calificaría como un crimen de guerra contra civiles indefensos. Sin embargo, es difícil ver cómo se podía haber incapacitado el Ruhr de otra manera, especialmente cuando se considera bajo la presión de una guerra mundial. Cuando se tuvo conocimiento de las pérdidas de vidas civiles, hubo una gran aflicción en Londres, y a Barnes Wallis hubo que medicarlo porque era incapaz de dormir. Los aliados no continuaron los raides; los bombardeos convencionales a gran altitud podían haber impedido que los alemanes reparasen las presas para volver a usarlas, pero no se llevaron a efecto los planes para ello. Aunque Barnes Wallis escribió que Alemania había recibido un golpe del que tardaría años en reponerse, el 27 de julio del mismo año se había recuperado la capacidad de almacenar agua, y la planta hidroeléctrica ya estaba generando corriente. En realidad el daño mayor lo soportaron las residencias domésticas y los campos de trabajadores, así como la agricultura alemana. Las granjas y el ganado quedaron arrastrados por las aguas y tardaron años en recuperarse.

¿Y qué repercusiones tuvo el raid a largo plazo? Los británicos planificaron versiones más pequeñas de bombas de rebote para utilizarlas contra barcos. La bomba Highball (Whisky con soda) se ajustaba en una plataforma que colgaba debajo de un Mosquito B IV, aunque nunca llegó a entrar en servicio. Aunque las bombas de rebote no se convirtieron en un arma característica

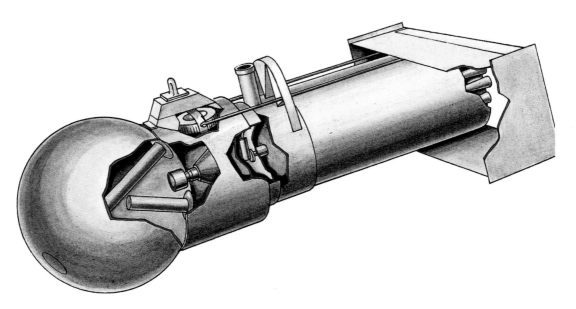

Después de los raides de los reventadores de presas británicos sobre Alemania, los alemanes intentaron construir una versión propia denominada Kurt, que pesaba 385 kg (850 libras). No se fijaron en que la bomba británica tenía un giro contrario a la marcha y pusieron en la suya un cohete que se soltaba cuando tocaba el agua. La bomba rebotaba unos 460 m (500 yardas) más, hasta que chocaba con su blanco, y entonces se hundiría y explotaría. Kurt no fue usada nunca en operaciones de guerra y se canceló en 1944. (John Batchelor)

de la estrategia militar después de la guerra, la leyenda del raid de los reventadores de presas se perpetuó en libros y películas. La película británica en blanco y negro de 1955 *The Dam Busters* (*Los reventadores de presas*) se convirtió en uno de los filmes de guerra con más éxito, y todavía sigue siéndolo[2].

LA BOMBA REBOTADORA ALEMANA

Hubo una inmediata respuesta alemana a la bomba rebotadora. Del Lancaster que se estrelló al chocar con las líneas de alta tensión, la mina intacta fue recuperada de los restos del avión por las tropas alemanas locales, que al principio creyeron que era un tanque de combustible adicional. Una vez que se descubrió su verdadera naturaleza, en tan solo diez días los alemanes diseñaron proyectos detallados de todas las características deseadas, y empezaron a construir su propia bomba. La primera que se llevó a cabo recibió el nombre en clave de Kurt y fue una bomba de 385 kg (850 libras) construida en el Centro Experimental de la *Luftwaffe* en Travemünde. Las pruebas iniciales se hicieron desde un Fw-190, pero los diseñadores no reconocieron la importancia del giro en sentido contrario y la bomba rebotó muy alto después de soltarla, creando peligro para el avión. Posteriormente, los

---

[2] (Nota del Autor) Esta película tuvo hasta secuelas de las denominadas *spin-offs*, ya que algunos extractos de ella se incluyeron en la película de Pink Floyd *The Wall (El muro)*. Incluso tuvo aún más influencia en algunas escenas de la película de Steven Spielberg *Star Wars, Episode IV: A New Hope (La Guerra de las Galaxias, Episodio IV: Nueva esperanza)*. Extractos de las bandas sonoras de cada película se han ajustado a vídeos de la otra y los aficionados los pueden encontrar en YouTube:
Dam Wars (Las guerras malditas): las imágenes de *The Dam Busters* se emparejaron con partes del sonido de *Star Wars:* http://www.youtube.com/watch?v=_NMfBKrdEry.
Star Wars a la *The Dam Busters:* en esta menos profesional se hace sonar la banda sonora de *The Dam Busters* sobre escenas de *Star Wars:* http://www.youtube.com/watch?v=-q47GIgmQWo.

Cuando la oleada principal del Escuadrón 617 se dirigía hacia la presa de Möhne durante la noche del 16 de mayo de 1943, varios bombarderos cayeron bajo el fuego enemigo. Cuando el maltrecho Lancaster en esta visión del artista se dirigía hacia el blanco, los artilleros de la antiaérea de la presa ajustaron su alcance y sus proyectiles hicieron blanco, prendiendo fuego a los dos motores de la izquierda y a los tanques de combustible del ala. (Mark Postlethwaite © Osprey Publishing)

ingenieros alemanes produjeron una bomba similar con un cohete acelerador, que golpeaba la superficie del agua a gran velocidad y saltaba hasta cierta distancia; pero no fue un éxito y finalmente en 1944 se abandonaron los trabajos de desarrollo.

El hecho de que los alemanes encontrasen una bomba intacta fue debido a un factor vital en el que no cayeron los diseñadores británicos. Como ya se ha visto, estas bombas eran esencialmente minas dotadas de cargas de profundidad. La bomba nunca entró en el agua, por lo que no llegó a explotar y fue recuperada intacta. Se debía haber instalado una espoleta convencional de tiempo, y entonces el arma hubiera funcionado como una bomba convencional si hubiera caído fuera de la presa. Además, los alemanes no cayeron en algo crucial: el hecho de que la bomba caía girando. Era ese giro hacia atrás el que daba a las «bombas rebotadoras» su capacidad de rebotar tan lejos sobre el agua. Esto siguió siendo un secreto militar durante mucho tiempo después de la guerra; de hecho el lector se dará cuenta de que ni se menciona la rotación en la película *Los reventadores de presas*. Aunque Barnes Wallis fue un asesor de la película, que es cuidadosamente exacta en muchos aspectos, se le prohibió revelar esta vital información y el público nunca la conoció.

Al final se perdieron todos los dibujos y diagramas y se guardaron pocos detalles técnicos. En 2011 Ian Duncan, un director de la compañía documentaria británica, Windfall Films, volvió a crear una versión a escala de la bomba rebotadora, con el Dr. Hugh Hunt de la Universidad de Cambridge a cargo de los experimentos. Lógicamente empezaron (como hizo Barnes Wallis) con pequeñas esferas, que les condujeron a proyectiles cada vez mayores, para finalizar con una bomba rebotadora de la mitad del tamaño, con la cual apuntaron con éxito a una presa construida ex profeso. Los datos físicos fueron interesantes: tal y como Barnes Wallis había calculado, cuanto más bajo se soltase la bomba, más lejos llegaba.

Los americanos habían tratado de hacer uso de este principio inmediatamente después de la II Guerra Mundial. Como se les transmitieron todos los secretos militares británicos, los diseñadores conocían la necesidad del giro hacia atrás y también sabían que una baja altura de lanzamiento ayudaba a aumentar la trayectoria de la mina giratoria. Copiaron el diseño del arma Highball británica, rebautizándola Baseball. Las investigaciones iniciales fueron prometedoras. Para aumentar la distancia que recorrería la bomba decidieron lanzarla a 7,6 m (25 pies), a menos de la mitad de altura que los reventadores de presas británicos. Fue un éxito tal que los funcionarios del Gobierno decidieron que los pilotos deberían volar aún más bajo y ver lo que hacía la bomba en este caso. Cuando el avión volaba sobre el agua a la peligrosamente baja altura de 3 m (10 pies) se lanzó la bomba y rebotó perfectamente, tanto que pasó a través del fuselaje, cortando por completo la cola del avión. El avión siguió volando unos momentos y luego se deshizo en mil pedazos cuando impactó contra el agua a toda velocidad. La película que se tomó del incidente muestra de forma tan obviamente predecible el resultado que uno no puede hacer otra cosa que compadecerse del sumiso piloto, que o bien pensó en su momento que sería una buena idea o estaba simplemente cumpliendo órdenes.

LA BÚSQUEDA CONTINÚA

Mientras tanto, el Escuadrón 617 de Guy Gibson no se disolvió y a sus integrantes se les dio la oportunidad de utilizar las últimas armas de Barnes Wallis. La bomba Cookie de 5 toneladas era transportada por los bombarderos Lancaster y se usó con grandes efectos para atacar los refugios de submarinos en Francia y las bases de los buques de guerra alemanes en Noruega. Aunque fue un éxito, no era nada más que una bomba explosiva convencional. Barnes Wallis tenía en mente un arma secreta muy diferente, que penetraría en la tierra y produciría unas ondas de choque tan fuertes que derribaría edificios y búnkeres a considerable distancia. Mientras que una bomba convencional (sin que importase su tamaño) causaba daños mediante la onda expansiva en el aire, la revolucionaria nueva bomba de Barnes Wallis generaría un terremoto en miniatura, creando grandes ondas de energía en el terreno. Estas ondas podrían demoler un edificio desde abajo.

Se buscaron otras soluciones para aumentar el poder de las bombas de alto explosivo. Hacia el final de la guerra, el capitán de navío de la *Royal Navy* Edward Terrell diseñó una bomba de alto impacto ayudada por un cohete. El cohete podía proporcionar a una pequeña bomba la velocidad suficiente para penetrar en un buen espesor de hormigón. El arma pesaba solo 2.000 kg (4.500 libras) y se podía lanzar desde una altitud de seguridad de unos 6.000 m (20.000 pies). Cuando había descendido a 1.500 m (5.000 pies), una espoleta barométrica pondría en marcha un cohete en la

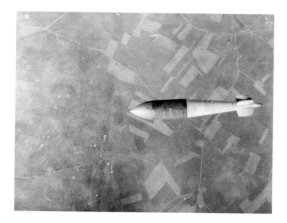

Una bomba MC Tallboy (Chico alto) de 5.400 kg (12.000 libras) es lanzada desde el Avro Lancaster B Mark I, JB139 del Escuadrón 617, sobre el almacén de V-1 en Watten, Francia, en julio de 1944. (IWM CH 15380)

Bombas Grand Slam de la RAF, creadoras de terremotos, en junio de 1945. Eran tan valiosas que si un bombardero no podía lanzarlas durante un ataque, se tenían que devolver intactas a la base, en lugar de lanzarlas sobre el mar. (Keystone-France/Getty Images)

Un oficial de la RAF inspecciona el daño causado por una bomba Grand Slam que perforó el techo de hormigón armado de los refugios de submarinos alemanes en Farge, al norte de Bremen, en Alemania. Este fue el resultado de un raid a la luz del día realizado por 18 Avro Lancaster del Escuadrón 617 el 27 de marzo de 1945, en el cual consiguieron dos impactos directos con las bombas Grand Slam, que causaron el colapso del techo parcialmente completado. (IWM CL 2607)

La compañía Rheinmetall-Borsig diseñó el Rheintotcher (Doncella del Rhin), primer misil superficie-aire (SAM) en 1942. Era un ingenioso diseño con un alcance similar al de los misiles Enzian (Genciana) y Schmetterling (Mariposa), aunque solo alcanzaba la mitad de su altura operacional. Era un cohete de dos etapas, con una longitud de 6'3 m (20 pies y 8 pulgadas) y 0'54 m (1 pie y 9 pulgadas) de diámetro, y con una velocidad máxima de 1.080 km/h (671 mph). Nunca se usó en misiones de guerra y su producción se canceló en diciembre de 1944. (John Batchelor)

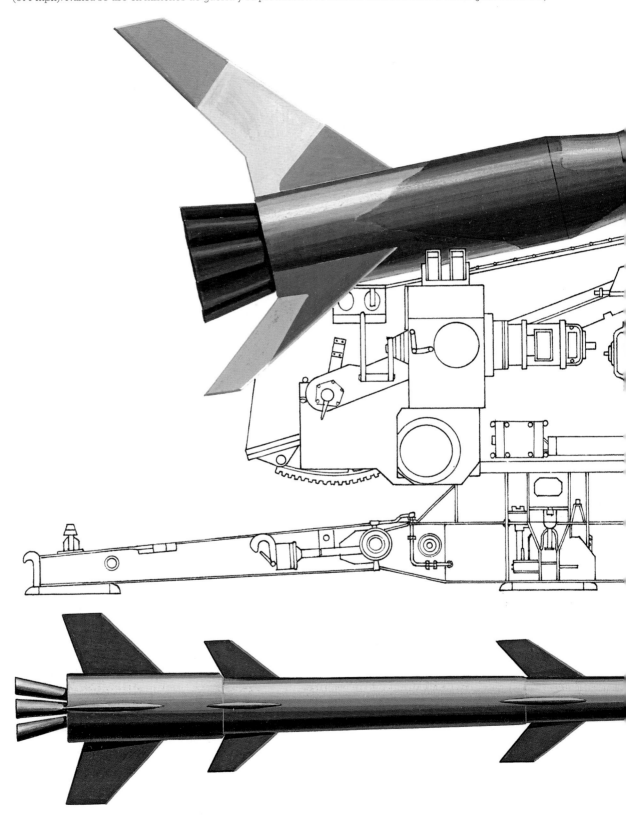

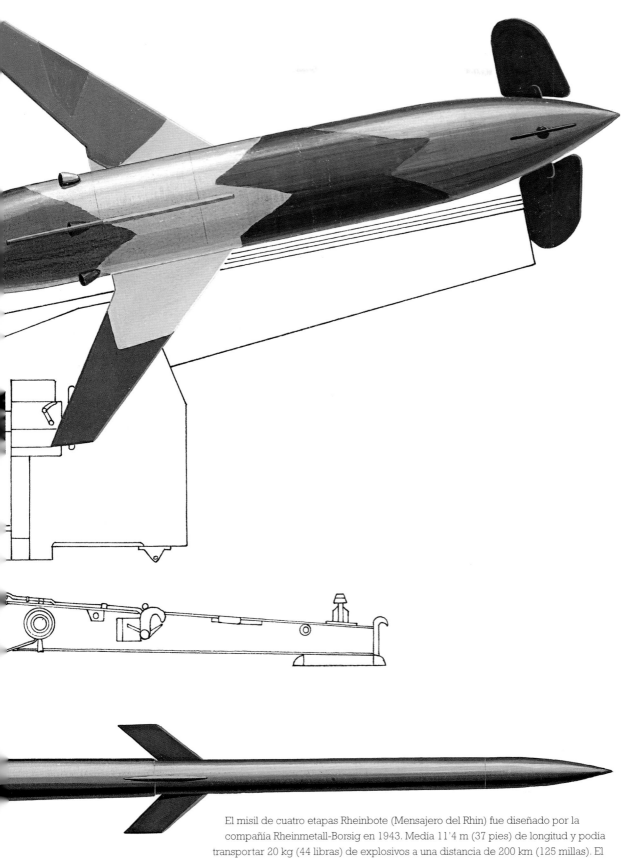

El misil de cuatro etapas Rheinbote (Mensajero del Rhin) fue diseñado por la compañía Rheinmetall-Borsig en 1943. Medía 11'4 m (37 pies) de longitud y podía transportar 20 kg (44 libras) de explosivos a una distancia de 200 km (125 millas). El cráter de la explosión resultante producía un mínimo de daños, pero el misil consumía vital acero y utilizaba 580 kg (1.280 libras) de combustible sólido en cada lanzamiento. Los expertos alemanes en cohetes lo consideraron altamente ineficiente, pero Hitler ordenó su producción. (John Batchelor)

cola. Esto aceleraría la bomba hasta darle una velocidad final de 730 m/seg (2.400 pies/seg). Esta arma secreta se llevó por primera vez bajo las alas de un B-17 Flying Fortress del 92.º Grupo de Bombardeo el 10 de febrero de 1945 contra los refugios de los submarinos alemanes en Ijmuiden, Holanda. En total se utilizaron operacionalmente 158 de estas bombas, denominadas Disney-bombs, hacia el final de la guerra en Europa.

Barnes Wallis rebajó sus propuestas para su bomba de penetración asistida por gravedad y en 1944 diseñó en su lugar la Tallboy (Chico alto), una bomba que podían llevar los bombarderos ya en servicio. Al final de la guerra, el Avro Lancaster mejoró tanto que podía aguantar una carga de 10 toneladas y así, como ya se verá, entró finalmente en producción la bomba Grand Slam (nombre de la jugada del *bridge* en la que se ganan todas las bazas) de 10.000 kg (22.000 libras). Era un arma secreta de un poder sin precedentes. Como en el caso de la bomba Tallboy, la Grand Slam se estabilizaba mediante rotación inducida por sus aletas y estaba construida con una fuerte carcasa de acero especial para que penetrase mucho en el terreno sin deformarse. Lanzada desde gran altitud, impactaría a casi la velocidad del sonido. Durante su fabricación, el explosivo líquido Torpex se vertía hasta llenar la carcasa y luego se dejaba durante un mes para que se enfriara y se solidificara. El Torpex, así llamado porque se había desarrollado como EXplosivo para un TORpedo (TORpedo EXplosive) tenía más de un 150% de la fuerza del TNT. La bomba terminada era tan valiosa que el avión que no pudiera lanzarla sobre el objetivo y tuviera que abortar la misión tenía que regresar con ella a su base y aterrizar con la bomba intacta, en lugar de lanzarla sobre el mar. Barnes Wallis había planeado crear un arma de 10 toneladas en 1941, pero la bomba no estuvo lista para su uso hasta junio de 1944. Primero se lanzó sobre el túnel de ferrocarril de Saumur desde los bombarderos Lancaster de Escuadrón 617. No se perdieron aviones en este raid, y una de las bombas penetró 18 m (60 pies) a través de la roca hasta llegar al túnel, bloqueándolo por completo. Estas masivas bombas terremoto también se utilizaron contra las grandes estructuras de hormigón que los alemanes estaban construyendo para proteger los búnkeres en que almacenaban sus cohetes y los refugios para submarinos, y causaron un daño considerable. Los refugios Valentin para submarinos de Bremen, Alemania, se construyeron con techos de hormigón armado de unos 7 m (23 pies) de espesor, pero fueron perforados por dos bombas *Grand Slam* en marzo de 1945.

ÚLTIMAS BOMBAS DE PENETRACIÓN

Las bombas de penetración en el terreno son una de las armas secretas que han continuado dando origen a desarrollos hasta hoy en día. Estados Unidos añadió el guiado remoto a la bomba Tallboy durante la guerra de Corea. El resultado fue la bomba Tarzon (también llamada Tarzán en la prensa de la época) de 5.400 kg (12.000 libras) que se usó con efectos devastadores contra un centro de control profundamente enterrado cerca de Kangye. También se lanzaron bombas reventadoras de búnkeres sobre la base aérea de Ali Salem en Kuwait, en 1991, como parte de la Operación *Desert Storm* (Tormenta del Desierto). Al principio de la primera guerra del Golfo ninguna de las naciones de la OTAN tenía tal tipo de armas, de modo que se sacaron algunas de las bombas de Barnes Wallis de los museos y se utilizaron como modelos para construir bombas de 2 toneladas. Fueron guiadas por láser por las fuerzas de Estados Unidos y demostraron ser muy efectivas.

A fines de la década de 1990 Estados Unidos diseñó una bomba nuclear para su uso táctico en la guerra. Conocida como Robust Nuclear Earth Penetrator (Robusto penetrador nuclear en tierra), fue motivo de mucha investigación y desarrollo, incluso aunque el uso de armas nucleares estaba prohibido por acuerdos internacionales. El trabajo en este proyecto continuó hasta que fue cancelado por el Senado en 2005. En 2007 la compañía Boeing anunció que, mientras tanto, había llevado a cabo pruebas con éxito de su arma Massive Ordnance Penetrator (MOP) en el polígono de tiro de misiles de White Sands, Nuevo México. También conocida como Big Blu (Gran bomba explosiva), Big Blue (Gran azul) y Direct Hard Target Strike Weapon (Arma de impacto directo contra blancos reforzados), es una bomba de 14.000 kg (30.000 libras) diseñada para ser lanzada desde un B-52 Stratofortress o un bombardero furtivo B-2 contra objetivos subterráneos fuertemente protegidos. Es un proyecto para la United States Threat Reduction Agency (Agencia de reducción de amenazas de Estados Unidos) y está diseñada para llegar al suelo a velocidad supersónica de modo que pueda penetrar profundamente antes de detonar. La mayor parte del peso corresponde a la carcasa, no al componente explosivo. Todos estos sistemas derivan de los trabajos de Barnes Wallis durante la II Guerra Mundial, de modo que una vez más el legado de estas armas continúa con nosotros hoy en día.

MISILES VOLADORES

Llevar artillería y municiones hasta el frente es un asunto tedioso que consume mucho tiempo. Es mucho mejor, como descubrieron los alemanes, que las armas se trasladen por sí solas al frente. Desde el principio de la guerra (e incluso en la guerra civil española, que fue un preludio de la II Guerra Mundial) los alemanes empezaron a buscar modos de llevar los explosivos por avión, y el bombardeo en picado pronto se convirtió en una estrategia previa al planear un ataque. Pero los bombarderos eran vulnerables y las pérdidas empezaron a aumentar rápidamente. Por eso los alemanes empezaron a pensar en aviones sin piloto. Estas ideas llegaron muy lejos porque como no había tripulaciones cuyas vidas estuvieran en peligro, los aviones en sí podían ser fungibles. No se debía omitir nada en la búsqueda de una respuesta.

RHINE MAIDEN Y RHINE MESSENGER

En 1942, la firma Rheinmetall-Borsig AG se había enfrentado al reto y anunció el diseño de su misil superficie-aire Rheintotcher (Doncella del Rhin). Era un artefacto notable, un vehículo superficie-aire de dos etapas que fue bautizado con un nombre del famoso ciclo de *El anillo de los nibelungos*, de Wagner. El Rheintotcher se diseñó con un fuselaje cilíndrico con cuatro aletas de dirección redondeadas operadas por servomecanismos. Cuatro grandes aletas en flecha hacia atrás en la primera etapa mantenían a este dispositivo propulsado por un cohete de combustible sólido estable en su trayectoria. Una modificación posterior sustituyó el motor por uno de combustible líquido, pero ni esto proporcionó las prestaciones deseadas y, aunque se lanzaron muchas unidades, el proyecto nunca llegó a ser totalmente operativo y finalmente se canceló en diciembre de 1944.

En 1943 se anunció el desarrollo del sucesor del Rheintotcher, el Rheinbote (Mensajero del Rhin), y fue construido por la compañía Rheinmetall-Borsig. Este diseño era un cohete más esbelto, de 11'4 m (37 pies) de longitud, que podía llevar una modesta carga explosiva a una distancia de 200 km (125 millas). El propulsor sólido iba a ser dinitrato de diglicol y el misil sería un cohete de cuatro etapas: la primera etapa lanzaría al cohete principal desde el suelo antes de separarse; la segunda y tercera etapas se encenderían en sucesión, llevando la carga explosiva hacia la altura, y la cuarta y última etapas lo llevarían hacia su altura máxima, donde pondría rumbo a su objetivo.

Sin embargo, había un problema serio con la puntería. Cada una de las cuatro etapas estaba estabilizada por cuatro aletas al final del cohete y las etapas se prendían por turno cuando la carga de combustible de la etapa precedente llegaba a su fin. Este era claramente un cohete de interés limitado, porque consumía 2 toneladas de acero en su fabricación, con todas la necesidades de energía correspondientes, y exigía más de media tonelada de combustible propulsor, pero no podía llevar más que 20 kg (44 libras) de explosivo hasta el blanco. No producía daño por los fragmentos y solo podía hacer un cráter de 1'5 m (5 pies) de diámetro. Otros proyectos, como el diseño de Herbert Alois Wagner del misil Schmetterling (Mariposa), parecían mucho más prometedores y la opinión informada era que el cohete no tenía valor militar. Esto no le importaba al alto mando; el arma era sencilla de entender y un dispositivo de cuatro etapas era sencillamente demasiado bueno para perderlo. Hitler y el general Hans Kammler (que dependía directamente del Reichsführer Heinrich Himmler) ordenaron inmediatamente la producción de este misil sin valor. Se llevaron a cabo las pruebas, pero se vio que era imposible calcular la precisión porque los cráteres de los impactos eran tan pequeños que no se podían encontrar.

La única ventaja del sistema era que las etapas se podían retirar si la distancia a alcanzar era más reducida. El Rheinbote parecía espectacular, y se utilizaron más de 200 contra el estratégicamente importante puerto belga de Amberes. Causaron zonas limitadas de daños en áreas impredecibles de la ciudad, pero este misil era de poca utilidad para nadie y solo existió debido a una caprichosa decisión del Führer.

LA ERA DEL MISIL PLANEADOR

A todos nos resultan familiares los misiles que descienden en planeo. Aunque el término tiene un aura de modernidad y suena como un arma de tecnología punta del siglo XXI, es un concepto que en realidad nació durante la I Guerra Mundial. En octubre de 1914 Wilhelm von Siemens propuso un nuevo y revolucionario concepto que se iba a convertir en el torpedo planeador. En un principio era un torpedo convencional con un primitivo planeador sin piloto enganchado encima. El planeador llevaba unas bengalas para permitir al atacante seguir su trayectoria y estaba controlado por unos finos cables que desenrollaba el controlador. La compañía Siemens-Schuckertwerke ya había experimentado con canoas de ataque radiocontroladas, los Fernlenkboote (FL-boote) y las pruebas en vuelo del propuesto torpedo aéreo guiado empezaron en 1915. Estaba previsto que el artefacto planeara en su ruta hacia el blanco, donde el planeador se desprendería al recibir una señal del operador y el torpedo caería al agua en ruta a su objetivo. El dispositivo estaba justo listo para su producción al final de la I Guerra Mundial, pero no se utilizó en acciones de guerra.

Con la reaparición de los aviones sin piloto en la II Guerra Mundial, se necesitaba urgentemente un sistema de guiado fiable. La radiación infrarroja debida al calor del motor se podía detectar, y esto ofrecía el mejor sistema para que un misil se dirigiera contra un avión enemigo. Como la luz, la radiación infrarroja viaja a inmensas distancias y en línea recta. Los alemanes pronto se dieron cuenta de que un sistema que se orientara hacia la emisión infrarroja producida por un motor podía seguir al enemigo durante varias millas.

El primer misil del mundo que usó un equipo seguidor por infrarrojos fue el llamado Enzian (nombre en alemán de la *Gentiana clusii*, la flor de la genciana). Como ya se ha comentado, el primer caza cohete, el Messerschmitt Me-163 Komet, presentaba varios problemas prácticos para el piloto. Tenía un tiempo de vuelo muy corto y una alta velocidad de 959 km/h (596 mph) a 12.000 m (39.000 pies) que hacía difícil para sus pilotos encontrar su blanco y atacarlo a tiempo. Los diseñadores de Messerschmitt decidieron construir un avión similar que pudiese llevar una gran carga explosiva contra su blanco y que no tuviese necesidad de un piloto a bordo. El Enzian se lanzaría desde una rampa en pendiente con la ayuda de cuatro cohetes aceleradores para alcanzar una velocidad máxima de casi 1.000 km/h (600 mph). Tendría 4 m (12 pies) de longitud y pesaría unos 2.000 kg (4.350 libras) con un alcance de unas 30 km (18 millas).

En lugar de arriesgar un piloto, se propuso controlar el vuelo del Enzian desde el suelo. El operador lo guiaría frente a un bombardero enemigo y luego lo haría detonar con gran fuerza destructiva. El plan era crear una bomba con un radio letal de unos 45 m (150 pies), que se podía

Durante la guerra escaseaba el aluminio, por eso la compañía Messerschmitt diseñó el misil Enzian con una estructura de madera. El resultado era un cohete muy ligero que podía subir hasta la altura de los bombarderos aliados y detonar media tonelada de explosivo frente a un avión. Hubo problemas con la planta de potencia y hasta 1945 el diseño no cumplió las especificaciones. El sistema de guiado se adaptó luego por los americanos a su misil Sidewinder. (John Batchelor)

Un lanzamiento de pruebas del cohete antiaéreo Enzian desarrollado por Messerschmitt en su centro de investigaciones de Oberammergau. El misil fue el primero del mundo que usó un sistema de guiado por infrarrojos. (EN Archive).

hacer detonar mediante una espoleta de proximidad. El trabajo empezó en septiembre de 1943 y en mayo de 1944 se habían fabricado unos 60 fuselajes. El problema que aún había que resolver era la falta de un motor cohete adecuado. Como el trabajo en el misil Rheintotcher estaba progresando sin problemas, se seleccionó este motor para el Enzian y con unas modificaciones se empezó a producir una serie de motores para los vuelos de pruebas. Las pruebas progresaron bien, aunque se vio que la espoleta de proximidad creaba problemas. En este punto se desarrolló un nuevo dispositivo, sorprendentemente simple, llamado Madrid. Constaba de una célula fotoeléctrica sensible a la luz fijada al frente de un espejo orientable, una serie de aspas rodeaba la célula y la señal del blanco (una sombra) se mantenía siempre en el medio. El sistema de guiado del Enzian seguía a la sombra en el espejo y efectuaba los ajustes correspondientes en la trayectoria, de modo que siempre se seguía al blanco. A medida que la guerra se volvía cada vez más contraria a los alemanes, estos se dieron cuenta de que no había tiempo para perfeccionar el sistema, y por ese motivo el dispositivo nunca llegó a entrar en uso. Después de la guerra, con los científicos que lo desarrollaban llevados a Estados Unidos en la Operación *Paperclip*, el trabajo continuó y finalmente se perfeccionó el dispositivo. Fue utilizado por la US Navy para el guiado de su misil AIM-9 Sidewinder. Es el misil aire-aire más ampliamente utilizado del mundo occidental y se dice que continuará en uso durante muchas décadas, pero surgió de la tecnología alemana de la II Guerra Mundial.

FLYING FRITZ (FRITZ EL VOLADOR)

Durante la guerra civil española de 1936-1939, se diseñaron bombas que penetraran en acero, lo cual demostró su efectividad contra los buques, pero la *Luftwaffe* pronto descubrió lo difícil que era acertar de lleno a un navío que se movía. Se empezó a pensar en una bomba controlada por radio que se pudiera dirigir durante su vuelo en caída libre contra el objetivo, y los primeros experimentos empezaron en 1938. En 1939 se diseñó la primera bomba con aletas de cola y guiada por alerones tipo spoilers controlados por radio. Estos alerones permitían que el que apuntaba la bomba controlara su trayectoria y aumentara al máximo las posibilidades de alcanzar el blanco. La compañía Ruhrstahl, ya experta en el diseño y producción de bombas, fue la encargada de llevar el desarrollo hasta la etapa de producción. El resultado fue la exitosa bomba Fritz-X, que era controlada por los spoilers instalados en las cuatro aletas de cola. Se probó en varias configuraciones y se vio que la cola cruciforme era la más adaptable, por lo que finalmente fue la que se utilizó también para otras armas de guerra controlables.

En las primeras pruebas del Fritz-X el avión portador fue un He-111 y algunos de los He-177 fueron adaptados para llevar esta arma, aunque nunca estuvieron operativos. Cuando el Fritz entró en servicio operativo fue a bordo del bombardero Do-217. En julio de 1943 se lanzó el primer Fritz-X en un raid contra Augusta, en Sicilia. Al mes siguiente, seis de los bombarderos atacaron a la flota italiana, que estaba navegando por el Mediterráneo hacia Malta, ya que los italianos habían firmado el armisticio con los aliados. El infamante Armisticio de Cassibile se había firmado después de los éxitos aliados en el Norte de África en 1943, después de lo cual los aliados desembarcaron en Italia, ocuparon Sicilia e incluso bombardearon Roma. Se acordó que los buques italianos se trasladaran a Malta, y los alemanes estaban decididos a que no estuvieran disponibles para su uso por los aliados. Y por eso, el 9 de septiembre de 1943 el acorazado *Roma* fue atacado por bombas guiadas Fritz-X lanzadas desde bombarderos Dornier. Sus pañoles

La bomba de control remoto Fritz-X (PC 1400 X) de 1.588 kg (3.500 libras) se podía instalar bajo el fuselaje de numerosos aviones de la *Luftwaffe*, pero cuando entró en servicio, la llevaba el Dornier Do-217. Era especialmente efectiva cuando se usaba para seguir blancos móviles, como los buques aliados.

explotaron de una forma catastrófica con la muerte de 1.255 tripulantes. Ente ellos estaba el almirante Carlo Bergamini. Aunque el *Italia*, gemelo del *Roma*, también fue alcanzado, consiguió entrar renqueando en el puerto de La Valetta, Malta.

Dos días más tarde un ataque alemán con bombas Fritz-X fue dirigido contra un convoy de buques de Estados Unidos que incluía el USS *Savannah*, uno de los mejores cruceros ligeros americanos. Los observadores descubrieron a un bombardero Dornier volando directamente hacia el USS *Philadelphia*. Una bomba dirigida al buque falló por muy poco y explotó a unos 15 m (50 pies). El *Savannah* inmediatamente aumentó su velocidad a 37 km/h (20 nudos) y entonces vio a un segundo Do-217 K-2 que atacaba desde el Sol, a una altura de 5.700 m (18.700 pies). Los artilleros abrieron fuego, pero no alcanzaron al avión y se vio al Fritz-X volando hacia el buque americano, dejando una estela de humo de sus bengalas según volaba. Su diseño perforante del acero hizo que la bomba alcanzase al navío y pasase directamente a través de tres cubiertas, antes de explotar en las profundidades del barco. La explosión provocó un agujero en la quilla y abrió hacia afuera el costado de babor del buque. El fuego empezó en los pañoles y durante media hora una continua serie de explosiones impidió a las brigadas contraincendios dominar las llamas. Casi 400 marinos murieron en el ataque. La tripulación respondió brillantemente, sellando los compartimentos anegados y corrigiendo la inclinación del buque a babor. Después de ocho horas de frenética actividad, volvieron a encender sus calderas y el buque pudo navegar hacia Malta para efectuar reparaciones

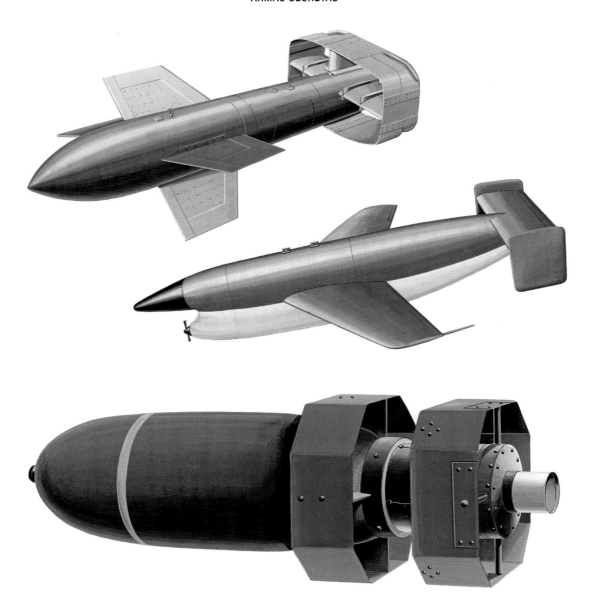

Arriba: Fritz fue el apodo de varias armas. El Ruhrstahl SD-1400 fue conocido como el Fritz-X. Lanzado desde gran altura cogía velocidad a medida que descendía e iba radiocontrolado para alcanzar buques y pasar a través de varias cubiertas, para explotar en el interior, donde pudiera causar el máximo de daños. Varios buques aliados fueron seriamente dañados por esta arma, especialmente el USS *Savannah*, el HMS *Warspite* y el HMS *Uganda*. (John Batchelor)

Centro: La mayoría de las versiones de este misil aire-aire HS-298 se produjo con aletas de cola redondeadas, aunque esta variante llevaba un conjunto rectangular. Propulsado por un motor cohete Schmidding 109-543 de combustible sólido, y lanzado desde los bombarderos Ju-88 y Do-217, podría haber alcanzado 685 km/h (427 mph) para hacer impactar una cabeza explosiva de 45 kg (100 lb) mediante radiocontrol. Esta arma nunca se llegó a utilizar en combate porque fue sustituida por el misil X-4 Kramer. (John Batchelor)

Abajo: Después del éxito de las bombas alemanas Fritz-X contra los buques aliados, Estados Unidos desarrolló la serie V8 de bombas guiadas. Se las conoció como bombas Azon (de *azimuth only* o solo acimut, ya que únicamente podían variar su trayectoria a la izquierda o derecha, pero no hacia arriba o abajo). Las versiones posteriores tenían sistemas de guiado mejorados y se conocieron como Razon (de *range plus azimuth only* o solo alcance y acimut). Se construyeron unas 15.000 en 1944. (John Batchelor)

Derecha: El cohete R4M –del alemán Rakete (cohete) 4-Kilogram Minnenkopf (cabeza de mina)– fue apodado el misil Orkan (Huracán). Pesaba 3'85 kg (8'5 libras), medía 812 mm (32 pulgadas) de longitud y 55 mm (2'16 pulgadas). Fue desarrollado en 1945 y unas cuantas unidades se instalaron en aviones Me-262 y Fw-190. Era muy efectivo y en abril de 1945 se informó de que un escuadrón de cazas a reacción Me-262 había derribado 30 bombarderos B-17 americanos en una sola misión. (John Batchelor)

Abajo: El Lark (Alondra) americano tuvo mucho éxito como misil superficie-aire. Su desarrollo empezó en el otoño de 1944 en la compañía Fairchild y en junio de 1945 se encargaron 100 unidades a Consolidated-Vultee. El Lark tenía un alcance de 55 km (34 millas) y su velocidad era de 1.046 km/h (650 mph). Llevaba una cabeza de guerra de 45 kg (100 libras). El misil tenía 4'2 m (14 pies) de longitud, con una envergadura de 1'6 m (5 pies y 2 pulgadas) y pesaba 598 kg (1.120 libras). Se usó en la década de 1950. (John Batchelor)

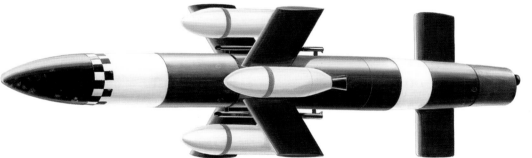

de emergencia. Cuatro días más tarde se descubrió a cuatro marineros atrapados en uno de los compartimentos que habían sido sellados por las puertas estancas. Después de regresar a Estados Unidos, se tardaron ocho meses en reparar los daños causados por una sola bomba guiada.

El siguiente en ser atacado fue el crucero británico HMS *Uganda*, que fue alcanzado por un Fritz-X cerca de Salerno el 13 de septiembre de 1943. La bomba guiada impactó a toda velocidad y penetró a través de siete cubiertas antes de explotar, volando una sección de la quilla. Posteriormente, el acorazado HMS *Warspite* fue alcanzado; el Fritz-X penetró a través de seis cubiertas y explotó en un cuarto de calderas.

Al principio se creyó que los ataques habían sido efectuados con armas convencionales, pero las trayectorias angulares marcadas por las trazas de humo pronto revelaron que las bombas eran radiocontroladas. El sistema alemán constaba de un transmisor Kehl, operado por el piloto atacante, y un receptor en la bomba. El sistema había sido diseñado para usarlo en el Hs-293 y se podía escoger entre 18 frecuencias del Kehl/Straßburg. Tan pronto como los aliados descubrieron las frecuencias de radio, empezaron a interceptarlas. No fue un éxito. Raramente se seleccionaba la frecuencia correcta; además, otros aviones que atacasen simultáneamente escogerían frecuencias diferentes y los defensores solo podían interferir una cada vez. Rápidamente se veían sobrepasados.

Al fin los aliados obtuvieron algunos ejemplos de los misiles Fritz-X sin explotar, examinaron en detalle su mecanismo de guiado y lo entendieron mejor. Después de varios meses los británicos diseñaron y construyeron el transmisor Type 600, que trabajaba en la frecuencia común de 3 MHz, que era utilizada como la frecuencia básica de comunicaciones para todas las transmisiones a las bombas. Esto funcionaba en todos los ataques y no descansaba en hallar la frecuencia de mando individual para cada bomba. Debido a que las contramedidas aliadas eran cada vez más eficientes, los alemanes no utilizaron estas bombas durante los desembarcos en Normandía, aunque su carrera inicial en la II Guerra Mundial tuvo mucho éxito.

El Fritz-X necesitaba una altura de lanzamiento adecuada para poder perforar varias cubiertas de los buques aliados. La altura de lanzamiento mínima era de 4.000 m (13.000 pies) y la distancia mínima de vuelo era de 5 km (3 millas) del blanco. En la práctica la altitud elegida era de 5.500 m (18.000 pies). Esto planteaba un problema para el piloto del avión que lanzaba la bomba: el avión podía fácilmente volar más allá de la trayectoria del misil perdiendo el contacto visual. Los pilotos tendían a subir en un suave ascenso, reduciendo así la velocidad sobre la superficie, de modo que continuaban viendo al misil y podían guiarlo. Cuando los aliados descubrieron la táctica, los bombarderos se convirtieron en blancos más asequibles para los antiaéreos aliados. Cuando esta treta funcionaba, lo hacía bien; los pilotos lograban un alto porcentaje de aciertos y el tiro sobre los bombarderos que habían lanzado un Friz-X se volvieron más fáciles con el tiempo.

HS-293

Como al principio de la guerra se había reconocido la vulnerabilidad del piloto, los ingenieros alemanes habían tratado de encontrar una solución. Y, según se fue desarrollando el Fritz-X como un misil controlado, la investigación se orientó a lograr un arma voladora que pudiera regulase por sí misma en lugar de ser dirigida por un piloto. En 1939 la firma Gustav Schwarz Propellerwerke produjo diseños para una bomba que planeara. No llevaba un sistema de radiocontrol en tiempo real, así que el bombardero que la lanzaba no tenía que permanecer en la zona. En lugar de ello tenía su propio piloto automático a bordo, que la hacía volar recto y nivelado hacia el objetivo. Era un invento del profesor Herbert Wagner, diseñador jefe de la compañía Henschel, que inmediatamente se hizo cargo del proyecto. Wagner era un diseñador industrial austriaco que había recibido su doctorado por la Universidad de Berlín cuando tenía 23 años. Decidió dotar a la versión de producción con un cohete HWK-109, que podía proporcionar 600 kg (13.200 libras) de empuje durante diez segundos. Primero se lanzaron versiones sin motor del planeador desde un avión He-111, y los lanzamientos propulsados de pruebas se completaron antes de finales de 1940. La versión final fue el Hs-293, diseñado para llevar una bomba de 500 kg (1.100 libras).

Cuando se vio que un rumbo fijado por un piloto automático era una limitación, se probó un sistema de radiocontrol. Era el sistema Kehl/Straßburg de 18 canales que había tenido tanto éxito y que se había instalado en la bomba Fritz-X ya descrita. A diferencia del Fritz-X, la cabeza explosiva iba en una carcasa de acero normal (este no era un misil perforante de acero). Pero el Hs-293 era vulnerable a las crecientemente sofisticadas técnicas de interferencias de los aliados, que ya no las llevaban a cabo solo los ingleses, sino también los canadienses y los estadounidenses. Un ejemplo especialmente exitoso era el *interferidor* MAS, que podía interceptar las señales y tomar el control del Hs-193 y hacerlo caer al mar. Incluso así, desde 1942 hasta el final de la guerra se fabricaron más de 1.000 misiles Hs-193 y estas bombas planeadoras fueron un arma de guerra de notable éxito.

EL AZON DEVUELVE EL GOLPE

La única versión aliada de un misil radiocontrolado apareció al final de la guerra. Era el misil guiado americano Azon. Llevaba un conjunto octogonal de aletas en la cola, que permitía el control remoto de su posición de navegación sobre la tierra, su acimut (el nombre en código derivaba de AZimut ONly o solo acimut; su designación oficial era VB-1, que significaba bomba vertical) y llevaba una bomba de 450 kg (1.000 libras). Como en el caso del Fritz-X, se fijó una bengala brillante en la cola para que la tripulación del avión lanzador pudiera seguir su trayectoria. Otros modelos vinieron a continuación. La serie se extendió hasta la VB-13 Tarzon, que era una bomba planeadora muy sofisticada, que se estaba construyendo cuando acabó la II Guerra Mundial, y continuó para ser utilizada en la guerra de Corea.

El diseño original era la obra de dos ingenieros americanos, el comandante Henry Rand y Thomas O'Donnell del 458.º Grupo de Bombardeo, como medio de atacar el ferrocarril de Birmania, y se lanzaba desde un B-24 Liberator especialmente modificado para llevar esta arma. Se usaron muy pocas durante la guerra. Fueron las bombas alemanas las que probaron que era posible su uso, y la versión aliada apareció demasiado tarde para marcar una diferencia. La versión producida por los alemanes demostró que la bomba planeadora radiocontrolada era un arma viable y se ha mantenido como un pilar de la guerra actual.

Los alemanes también produjeron armas cohete más sencillas. Sus misiles R4M eran armas aire-aire que se podían lanzar desde lanzadores bajo las alas de los Fw-190 y Me-262. Se utilizaron para romper las formaciones de bombarderos americanos en los últimos meses de la guerra.

En Estados Unidos se empezaron a desarrollar misiles guiados más sofisticados al final de la guerra y algunos de sus diseños eran notablemente futuristas. La Consolidated Vultee Aircraft Corporation diseñó y produjo el misil Lark (Alondra), un ingenio superficie-aire diseñado para lanzarlo desde la cubierta de los buques con cohetes aceleradores de combustible sólido. Su alcance era de hasta 55 km (40 millas) y llevaba una cabeza explosiva de 45 kg (100 libras). El trabajo en el proyecto empezó en 1944, pero este no estuvo listo para su uso en la II Guerra Mundial. Durante 1946-1950 se usó para refinar sistemas de misiles y fue el primer misil superficie-aire americano que durante las pruebas derribó a un avión sin piloto en vuelo.

LOS Hs-293 Y Hs-294

El arte de John Batchelor nos muestra cómo se diseñaron armas secretas de varias maneras según progresó el desarrollo. Se ven varias versiones del Hs-293; dieron lugar al Hs-294 (imagen central). Eran misiles planeadores que se lanzaban desde el He-111 y se controlaban por radio hacia blancos determinados. Estas armas se podían interferir por el radar aliado.

De los diversos diseños del Hs-293, la versión inferior era la más utilizada. Se lanzaban los misiles desde unos 1.500 m (4.900 pies) y tenían un alcance de varias millas, controlados por radio desde el «avión madre». Docenas de buques aliados resultaron destrozados por estas armas secretas, que fueron los primeros misiles guiados del mundo. Aunque los ingenieros aliados crearon modos de interferir las señales de radio que los controlaban, siguieron en servicio durante toda la II Guerra Mundial. (John Batchelor)

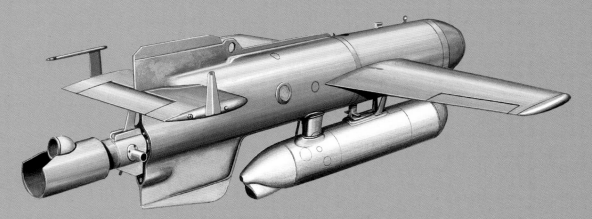

Henschel und Sohn diseñó primero un misil Hs-293 para usarlo contra los buques aliados en 1939. Después de las pruebas con planeadores, en 1940 se instaló un cohete de combustible líquido para 590 kg (1.300 libras) de empuje y el misil siguió en producción durante el resto de la guerra, con modificaciones y mejoras continuas del diseño. Con una velocidad máxima de 933 km/h (580 mph) y una longitud de 3'82 m (12 pies y 6 pulgadas), el Hs-293 sirvió para muchos ataques con éxito; el último fue en diciembre de 1944. (John Batchelor)

Los misiles Henschel Hs-294 eran torpedos aéreos basados en el éxito del Hs-293. El Hs-294 apareció por primera vez en 1943 y se le hacía volar hacia el buque enemigo antes de que se sumergiera en el mar, rompiendo las alas, para continuar bajo la superficie como un torpedo. Su carga explosiva era explosionada por la misma espoleta de proximidad que las instaladas en los torpedos convencionales. Aunque este diseño tuvo éxito en combate, nada por el estilo está actualmente en producción.

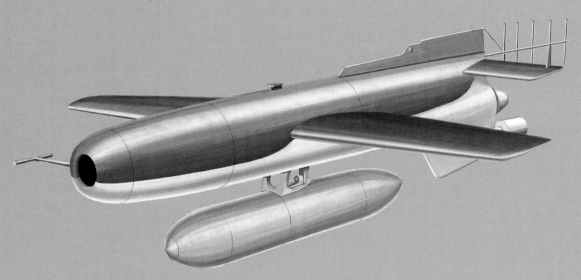

La llamativa antena de la cola de este misil era una antena emisora de televisión porque iba guiado con la ayuda de una cámara de televisión a bordo del misil. Su motor-cohete Walter HWK 109-507B de combustible líquido creaba un empuje de 590 kg (1.300 libras), que le proporcionaba una velocidad máxima de 491 km/h (280 mph) y podía llevar una carga explosiva de 295 kg (650 libras) a una distancia de 12'5 km (7'5 millas). (John Batchelor)

THE X-4

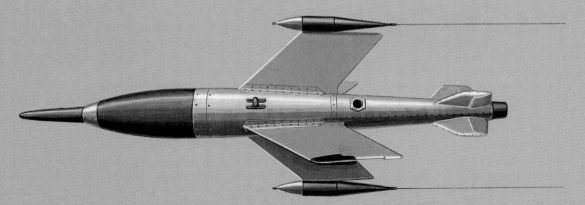

Guiado por un cable que se desenrollaba según volaba, el misil aire-aire X-4 8-344 fue diseñado por Max Kramer en Ruhrstahl en 1943. Iba propulsado por un motor-cohete BMW 109-548 y llevaba una cabeza de guerra que contenía 20 kg (44 libras) de alto explosivo con un alcance destructivo de 7'6 m (25 pies). Este misil tenía una velocidad máxima de 1.152 km/h (716 mph) y el cable de control tenía 5'5 km (3'4 millas) de largo. Aunque se fabricaron unos 1.000, el misil Kramer no se usó nunca en la guerra. (John Batchelor)

EL HECHT (LUCIO) Y EL FEUERLILIE (LIRIO DE FUEGO)

Desde el principio de la guerra la compañía Rheinmetall-Borsig había iniciado el diseño del misil antiaéreo Hecht (Lucio). El Hecht-2700 fue concebido como un misil de 2'5 m (8 pies) de longitud que pesaba 136 kg (300 libras), con cuatro aletas estabilizadoras, y diseñado para volar a 800 km/h (500 mph). En dos años se clausuró el proyecto y nunca se construyeron misiles de este tipo.

Pero las ideas sobrevivieron y dieron origen al Feuerlilie (Lirio de Fuego), sobre el cual empezó a trabajar en 1940 el Instituto Alemán de Investigación para la Aviación *(Deutsche Forschungsanstalt für Luftfahrt)* creado por Göring. La primera versión que se probó fue el Feuerlilie (4.4F), un modelo a escala diseñado para verificar el principio. De este nació el F-25, producido conjuntamente por el Instituto Alemán de Investigación en Planeadores *(Deutsche Forschungsanstalt für Segelflug)* y el Departamento de Investigación de Correos *(Reichspost-Forschungsamt)*. A principios de 1943 se habían vencido los problemas con el sistema de control remoto y las pruebas en el túnel de viento prosiguieron con arreglo a lo previsto. Se encontraron más dificultades al desarrollar el sistema de propulsión, y hasta 1943 no se intentó el primer lanzamiento de pruebas en Leba, Polonia, en el mar Báltico. En un año se hicieron cuatro pruebas, aunque ninguna de ellas fue verdaderamente satisfactoria.

A estas alturas, el interés se desplazó a su sucesor: el F-55. Iba a ser un dispositivo radiocontrolado de dos etapas, con una primera etapa de combustible sólido y una segunda etapa supersónica de combustible líquido. Se lanzaría de manera similar a un avión, con una rampa de lanzamiento en pendiente para el despegue. A la compañía Ardelt de Breslau se le asignó el contrato para la pro-

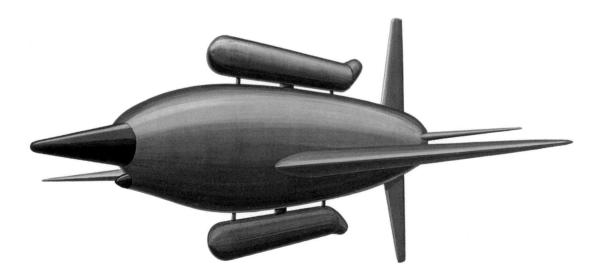

Conocido originalmente como el Hs-297, este misil Schmetterling (Mariposa) fue diseñado primeramente en 1941 y reactivado en marzo de 1943 como el misil Hs-117. Estaba construido de madera, acero y una aleación de aluminio y magnesio, e iba propulsado por un motor-cohete BMW 109-558. El Schmetterling se lanzaba con la ayuda de dos cohetes aceleradores Schmidding 109-553 y tenía una velocidad máxima de 1.046 km/h (650 mph), casi rompiendo la barrera del sonido. Se desplegó en marzo de 1945, demasiado tarde para tener algún efecto sobre la guerra. (John Batchelor)

ducción de cinco cohetes de prueba en enero de 1943, pero los problemas con la unidad de propulsión y el sistema de control remoto persistieron. El contrato inicial de 25 misiles se redujo a solo 11 a finales de 1944 y a principios del año siguiente se acordó utilizar las unidades de control diseñadas para el exitoso Hs-293 que ya se sabía que eran fiables. Sin embargo, la toma de decisiones siguió siendo impredecible y a principios de 1945 se desechó todo el proyecto.

LA MARIPOSA

Tan pronto como el profesor Herbert Wagner vio realizado con éxito su proyecto para el Henschel Hs-293, propuso el concepto de un nuevo misil al Ministerio del Aire alemán. Wagner podía ver un tremendo futuro para los misiles guiados y su nueva invención fue el Hs-117: el Schmetterling (Mariposa). Este iba a constituir una nueva etapa después del Hs-293. La idea era que dos personas pilotarían lo que era en esencia un avión miniatura explosivo. El piloto volaría en un Junkers Ju-188, un Ju-388 o en un Dornier Do-217 que estaría modificado específicamente para lanzar el misil, mientras el otro tripulante estaría dedicado únicamente a dirigir el misil contra su objetivo.

El Schmetterling era un gran avance; en lugar de ser dirigido mientras planeaba hacia su blanco, el misil podría volar hasta donde su controlador desease y atacar a un enemigo a 5 km (3 millas) de distancia, incluso aunque estuviera a una altitud muy superior a la del avión lanzador. El éxito de los misiles de crucero de hoy en día consiste en esta clase de tecnología llevada al extremo. Era una intuición brillante y la historia ha demostrado cuán oportuno fue el ingenioso concepto de Wagner.

Incluso así no impresionó a los nazis. Hitler estaba convencido de que iba a vencer rápidamente y pensó que su Gobierno había invertido más que bastante en el desarrollo de nuevos misiles guiados. El trabajo se redujo y pronto el desarrollo se detuvo. El alto mando cambió su idea en 1943, cuando los ataques a gran escala sobre Alemania empezaron a hacer cambiar el sentido de la guerra. Ahora Hitler quería todo lo que pudiera lanzar contra los aliados, así que después de todo se revivió bruscamente el misil Schmetterling, y con la mayor urgencia. Durante 1944 muchos de los lanzamientos de pruebas de prototipos revelaron problemas de diseño que fueron metódicamente rectificados, y a finales del año se preparó el inicio de la producción en serie. La orden se firmó en diciembre, programando los misiles para que entrasen en servicio en 1945, pero en febrero estaba claro que el tiempo se estaba acabando y el contrato se canceló definitivamente.

WASSERFALL FERNGELENKTE FLAKRAKETE

Este futurista misil guiado superficie aire Wasserfall Ferngelenkte Flakrakete (en español, el cohete antiaéreo a control remoto Catarata) fue diseñado y desarrollado en Peenemünde, en la costa del Báltico. En algunos aspectos era similar a la V-2. Por ejemplo, estaba diseñado para llevar cuatro aletas en la cola, pero también llevaba otras cuatro cerca del punto central del cuerpo para añadir control en vuelo. Sin embargo, tenía la cuarta parte de su tamaño, con 7'9 m (26 pies) de longitud y un alcance efectivo de 27 km (17 millas). Pero a diferencia de su famoso gran primo, se podía controlar por radio durante toda la trayectoria de vuelo, por lo que no era un misil balístico. Otra diferencia crucial era que la V-2, como los modernos cohetes del espacio, se cargaba con oxígeno líquido inmediatamente antes del despegue, mientras que el Wasserfall estaba previsto

El misil guiado superficie-aire Wasserfall era esencialmente un cohete antiaéreo. El cohete más claramente relacionado con él era la V-2, pero a diferencia de este misil, estaba dotado con un sistema de radioguiado. (Bundesarchiv Bild 141-1898)

para utilizar combustibles almacenados hasta que se necesitara su acción y entonces se podría lanzar con muy poco preaviso. En realidad estaba previsto que el Wasserfall estuviese preparado durante periodos de hasta un mes y se disparara cuando se ordenase, por lo que el combustible escogido para el nuevo motor-cohete iba a ser una mezcla de éter-isobutil-vinilo (Visol) y SV-Stoff, que comprendía un 94% de ácido nítrico fumante y un 6% de tetróxido de dinitrógeno. Estos estaban almacenados en tanques junto al misil y se cargaban rápidamente empujándolos con nitrógeno a presión.

El sistema Rheinland de guiado del misil era especialmente ingenioso. Utilizaba una simple unidad de radar para seguir la trayectoria del blanco y un transpondedor en el misil que era seguido por un localizador de dirección en la plataforma de lanzamiento. El operador vería los dos ecos en la pantalla y dirigiría el misil contra el blanco para que los dos puntos se uniesen. Los gases del cohete se podían orientar a un lado u otro mediante cuatro compuertas de grafito situadas en la tobera de salida de gases (el mismo sistema que finalmente utilizaba la V-2) a fin de mantenerlo en vuelo controlado. Luego, como el grafito se iba quemando, se usaban cuatro alerones en las aletas de cola para controlar la trayectoria. Como en los ejemplos que ya se han visto, el control por radio se conseguía utilizando el ya comprobado sistema de 18 canales Kehl/Straßburg. Se diseñó una modificación posterior, en la cual el misil se orientaría sobre un haz radar que estaría apuntado hacia el blanco (por el operador) y que recibirían los transpondedores del Wasserfall.

La primera propuesta había sido equipar el misil con una cabeza de guerra de 100 kg (220 libras), pero pronto se comprobó que solo un impacto directo (en un blanco vulnerable) sería efectivo. Las propuestas posteriores consistían en una carga explosiva de 300 kg (660 libras) de explosivo líquido. Estaba previsto que esta versión creara un daño relativamente amplio en un escuadrón de bombarderos y derribara un buen número de aviones enemigos. Era un arma para la cual existía una demanda clara y los trabajos de diseño empezaron en 1941. En un año se había llegado a un acuerdo sobre los detalles de las especificaciones finales y los primeros lanzamientos de prueba empezaron en marzo de 1943. Hubo retrasos por los bombardeos aliados de la Operación *Hydra* y los escasos recursos se desviaron del desarrollo de Wasserfall durante un tiempo. Hasta febrero de 1945 no hubo un lanzamiento con éxito, que alcanzó una velocidad de 2.800 km/h (1.740 mph) en vuelo vertical. Hubo unos 35 vuelos de prueba antes de que Peenemünde se evacuase en febrero de 1945 ante el avance aliado.

El Wasserfall nunca llegó a estar desplegado, pero representó un tipo avanzado de misil de control remoto y preparó el camino para desarrollos posteriores. Después de la guerra se llevaron los prototipos a Estados Unidos y los lanzamientos de prueba tuvieron lugar con un nombre nuevo: el Wasserfall W-10 era ahora el misil americano Hermes A-1. Se hicieron varias modificaciones del diseño hasta que se canceló el proyecto. Para entonces el A-3 ya estaba listo para las pruebas, el proyecto había costado decenas de millones de dólares y ¡ya era 1954!

En 1941 la compañía RCA de Estados Unidos concibió la idea de un arma guiada pilotada mediante una cámara de televisión a bordo. El resultado fue la llamada Bat Bomb, que podía llevar una cabeza de guerra de 450 kg (1.000 libras). Los modelos posteriores se lanzaron desde 7.600 m (25.000 pies), aceleró hasta 390 km/h (240 mph) y tuvo éxito en destruir buques japoneses en 1945. (John Batchelor)

LA BOMBA VOLANTE AMERICANA

John y Joseph Kennedy retratados con sus uniformes de oficiales de marina. Joe Kennedy murió cuando un avión B-24 Liberator, lleno de explosivos como bomba volante, explotó prematuramente en 1944. (Hulton Archive/Getty Images)

Los norteamericanos no tenían una super-bomba comparable a la Tallboy de Barnes Wallis, pero desarrollaron una idea que esperaban que proporcionara un enfoque alternativo. Durante 1944 el desarrollo de un sistema fiable de guiado remoto dio origen a una propuesta particularmente económica: aviones viejos que habían llegado al final de su vida operativa se llenarían de explosivos y volarían pilotados por control remoto contra blancos enemigos. Recibió el nombre en código de Operación *Aphrodite* (Afrodita) y lo desarrolló la 8.ª Fuerza Aérea de Estados Unidos en condiciones de secreto total. Cogieron viejos bombarderos B-17 y PB4Y que todavía estaban en vuelo, pero que ya no eran reparables, y les retiraron todo el equipo que no era necesario y los llenaron de explosivos al máximo de su capacidad.

Se instalaron cámaras de televisión sencillas, de tal modo que la vista desde la cabina se pudiera recibir desde el avión CQ-17 que hacía de «madre acompañante». Cada avión, cargado con el doble de explosivos que había llevado cuando era un bombardero, despegaría pilotado por su piloto y copiloto, quienes luego se lanzarían en paracaídas dejando el resto del vuelo bajo el control del piloto del «avión madre», que llevaría al viejo bombardero sobre el blanco. Los americanos vieron estos aviones reciclados como una alternativa a las bombas Tallboy que fabricaba la *Royal Air Force*, aunque carecían de su poder de penetración y demostraron que eran menos útiles. Se consideró que la operación no valía la pena, debido a la incapacidad de incorporar la tecnología más moderna. Se desarrolló de agosto a diciembre de 1944, pero pocas de las misiones tuvieron éxito.

La Operación *Anvil* (Yunque) era una idea similar de la marina de Estados Unidos sobre el mar del Norte, entre Gran Bretaña y Alemania. Convirtieron viejos bombarderos B-24 en bombas volantes, cuyo control se llevaba desde un avión acompañante PB-1 Ventura. La primera misión acabó en un desastre cuando el avión sufrió una tremenda explosión ya en el aire. Los dos tripulantes, los tenientes de navío Wilford J. Willy y Joseph P. Kennedy Jr., saltaron en pedazos. El joven Joe Kennedy estaba siendo preparado para ocupar la presidencia de Estados Unidos y su trágica muerte hizo que su hermano más joven, John Fitzgerald Kennedy, ocupara su plaza. La segunda misión infligió daños en las instalaciones alemanas de Heligoland, pero no alcanzó el blanco previsto y, por tanto, no se continuó con el programa.

Al mismo tiempo, se convirtió en bombas volantes radiocontroladas a un lote de bombarderos B-24 D/J Liberator sobrantes, que se utilizarían contra las instalaciones fortificadas de las islas del Pacífico ocupadas por los japoneses. Del mismo modo que en la Operación *Aphrodite*, se retiró de esos bombarderos todo el equipo innecesario y se les llenó de explosivos antes de que una tripulación de dos pilotos los llevaran a una altitud operativa, que entonces saltarían en paracaídas. Cualquiera de estas armas voladoras contenía 11.300 kg (25.000 libras) de alto explosivo Torpex, pero la campaña contra los japoneses no se inició.

APARECE LA BOMBA ZUMBADORA

La idea de un avión sin piloto había surgido por primera vez en 1937, cuando el Ministerio del Aire alemán firmó un contrato con la compañía Fieseler para que le suministrara un avión sin piloto radiocontrolado que se pudiera usar como blanco aéreo. La compañía fabricó los prototipos de lo que luego fue el Fi-157, un monoplano de ala baja hecho de madera e ideado para lanzarlo desde la panza de un bombardero. También fabricó una única unidad del Fi-158, una versión pilotada, pensada para probar sistemas de guiado. Todos los prototipos fallaron y se estrellaron descontrolados. Otro enfoque del problema fue investigado por Fritz Gosslau, de la Argus Motoren GmbH, que empezó a desarrollar un avión sin piloto en la planta de Argus-Flugmotorenwerke en Berlín-Rei-nickendorf durante el mismo año. Su diseño fue el As-292 y fue designado Flakzielgerät 43 (Aparato blanco para la antiaérea 43). Voló por primera vez en junio de 1937 y en mayo de 1939 fue aprobado guiado por control remoto con éxito. Entonces se hicieron algunas modificaciones para instalarle cámaras y para el mes de octubre de 1939 ya estaba obteniendo fotografías de reconocimiento muy útiles. A finales de 1939 se firmó una orden de compra de 100 de estos aviones y las entregas empezaron en 1942.

Cuando estalló la II Guerra Mundial, una de las primeras decisiones del Ministerio del Aire alemán fue investigar el diseño y desarrollo de aviones sin piloto que pudieran llevar una carga explosiva de 1.000 kg (2.200 libras) a una distancia de 500 km (310 millas). Fritz Gosslau de Argus se unió en un proyecto común con Arado Flugzeugwerke y Lorenz AG para desarrollar el proyecto como una aventura privada. En abril de 1940 presentaron su diseño provisional para descubrir apenas un mes después que el Ministerio del Aire ya no quería esta arma. La guerra estaba yendo bien para Alemania, parecía que iba a haber pocas oportunidades de usar esta arma en operaciones de combate y no había mucha convicción de que el pequeño avión sin piloto se pudiera controlar por radio con seguridad. Sin embargo, el trabajo sobre el proyecto no se detuvo porque Gosslau podía ver el prometedor futuro de su invento y estaba decidido a tener algo preparado cuando cambiase la opinión del Ministerio. Los ingenieros de Argus habían presentado el diseño de un motor estatorreactor y Gosslau propuso utilizar dos como unidades de propulsión para su máquina voladora.

El estatorreactor es un dispositivo muy sencillo. Tiene la forma de un conducto tubular de un reactor, que está cerrado por delante mediante un sistema de lo que parecen las hojas de una persiana veneciana. Se inyecta una mezcla de combustible en el tubo y se enciende con una bujía. Al encenderse, las persianillas se cierran cuando el combustible explota y una bocanada de gases calientes sale por la parte trasera del tubo. En vuelo esto lo empuja hacia adelante ganando velocidad. La

LA V-1

El Fi-103 V-1 sigue siendo una de las armas más reconocibles de la II Guerra Mundial, y marcó una nueva era de los misiles de crucero autopilotados. Causaron terror en toda Gran Bretaña, especialmente en el sur, porque los nazis lanzaban por lo menos 100 de estos artefactos todos los días durante julio de 1944.

Durante la guerra, ambos bandos trataron de descubrir las armas secretas del otro. Cuando una V-1 cayó en las manos de los norteamericanos en 1944, Estados Unidos creó rápidamente su propia copia: el JB-2. Aquí vemos un modelo durante las pruebas en el túnel de viento. (NARA)

Una V-1 fotografiada según cae sobre Piccadilly el 22 de junio de 1944, al principio de los ataques con misiles sobre Londres. (NARA)

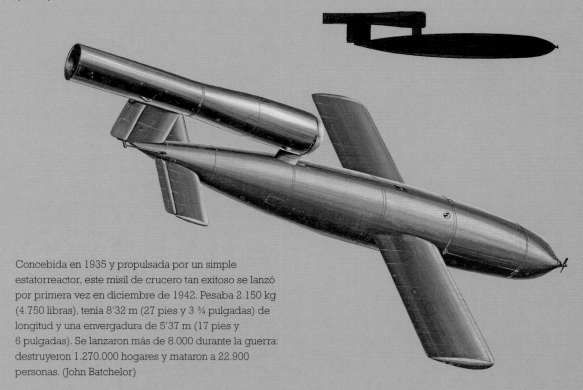

Concebida en 1935 y propulsada por un simple estatorreactor, este misil de crucero tan exitoso se lanzó por primera vez en diciembre de 1942. Pesaba 2.150 kg (4.750 libras), tenía 8'32 m (27 pies y 3 ¾ pulgadas) de longitud y una envergadura de 5'37 m (17 pies y 6 pulgadas). Se lanzaron más de 8.000 durante la guerra: destruyeron 1.270.000 hogares y mataron a 22.900 personas. (John Batchelor)

Vista del morro de una V-1 Doodlebug (Bomba volante) instalada en la rampa de lanzamiento. La parte posterior de esta fotografía fue oscurecida por la censura alemana. (Keystone/Getty Images)

Esta escena representa un lanzamiento nocturno de un Fi-103 A-1 sobre el mar del Norte desde un He-111H-22 de la Kampfgeschwader 3 (Ala de bombardeo) de la *Luftwaffe*. El Heinkel vira para alejarse porque los lanzamientos eran visibles desde gran distancia y podían atraer la atención de los cazas nocturnos Mosquito de la RAF. (Jim Laurier© Osprey Publishing)

falta de aire en el tubo, consumido por la combustión, hace ahora que el fuego se apague; la presión del aire contra las persianillas las abre, entra una nueva carga de aire fresco, la nueva carga de combustible se prende, tiene lugar una nueva explosión de la mezcla de combustible y aire, las persianillas se cierran de nuevo y así continúa el proceso todo el vuelo. El sonido es el de una serie de explosiones apagadas repetidas 50 veces por segundo y parece un motor de cortadora de césped que necesita reparación o el de un pequeño automóvil con una junta rota. El término bomba zumbadora es un apelativo inevitable para un arma que produce un sonido como ese. En Alemania se le bautizó (por instigación de Hitler) como Maikäfer (Abejorro).

Según avanzaba el trabajo, se acordó reducir el número de estatorreactores de dos a uno y, como Argus no era un especialista en construcción de fuselajes, se consiguió la ayuda de Robert Lusser, director técnico de Heinkel. En 1942 el mariscal del Aire Gerhard Milch dio la autorización del ministro para que el desarrollo prosiguiera con máxima prioridad y secreto. Al final de ese año ya se estaba probando en vuelo una versión sin motor. Las versiones propulsadas presentaron el problema del arranque porque un estatorreactor depende del movimiento hacia delante de todo el dispositivo para seguir funcionando; el reactor tiene que volar a una velocidad mínima de 240 km/h (150 mph) para mantenerse en marcha. El arranque se conseguía llenando el tubo de acetileno y encendiéndolo gracias a una batería exterior. Entonces se lanzaba todo el aparato mediante un carrillo en una rampa y (una vez que ya estaba en vuelo) continuaba volando. Los carrillos iban propulsados por peróxido de oxígeno (T-Stoff) y permanganato de potasio (Z-Stoff), que generaban un chorro de gases que aceleraba la bomba hasta una velocidad de despegue de 580 km/h (360 mph).

Una vez en el aire, la V-1, como se llamó normalmente al misil, iba guiada por un piloto automático creado por la compañía Askania de Berlín. Un péndulo de inercia estaba conectado a una brújula estabilizado por un giroscopio y las aletas estaban controladas por el aire comprimido de dos grandes tanques redondos presurizados a 150 atmósferas (15.000 kPa) antes del lanzamiento. La misma presión se utilizaba para inyectar el combustible en el motor. Los primeros misiles V-1 enviados hacia Londres estaban dotados de pequeños transmisores de radio para poder seguir su avance. Una pequeña hélice en el morro del aparato estaba fijada a un cuentakilómetros que contaba las revoluciones (cada 30 rotaciones de la hélice el marcador retrocedía un paso). El ajuste inicial se hacía para adaptar la distancia que debía volar el avión sin piloto; cuando había retrocedido hasta cero, estaba sobre su destino y había alcanzado el blanco previsto. En ese momento estallaba una serie de cartuchos explosivos situados en el mecanismo de control y la V-1 empezaba a picar hacia el blanco. Muchos creían que el cuentakilómetros cortaba el suministro de combustible, ya que la V-1 dejaba de sonar cuando empezaba a caer. No era así; el silencio se debía a que la brusca caída del morro impedía que llegase el combustible. El modelo de V-1 que se lanzaba posteriormente corrigió el problema, de modo que el motor continuaba funcionando hasta que el aparato chocaba con el suelo.

Y de este modo la bomba zumbadora entró en los anales de la historia de las armas secretas. El Fieseler Fi-103 V-1 era una bomba volante que pesaba 2.150 kg (4.750 libras), y medía 8'32 m (27 pies y 3 ¾ pulgadas) de longitud, 5'37 m (17 pies y 6 pulgadas) de punta de ala a punta de ala y solo

1'42 m (4 pies y 8 pulgadas) de altura. Llevaba 850 kg (1.870 libras) del explosivo Amatol-39 e iba propulsada por un estatorreactor Argus As 109-014 con un alcance máximo de 250 km (150 millas) y una velocidad operacional de 640 km/h (400 mph) a una altitud de de 600 a 900 m (2.000 a 3.000 pies). La bomba zumbadora era una de las más toscas, baratas y simples armas secretas que jamás se hayan creado y, sin embargo, sigue siendo una de las más conocidas.

Esta fue la primera arma de represalia de Hitler, y también fue el primer misil de crucero del mundo con éxito. Conocido por los alemanes como la Vergeltungswaffe-1 (Arma de represalia 1) y apodada «bomba volante» por los británicos, fue diseñada en Peenemünde por la *Luftwaffe* durante la II Guerra Mundial como un arma de terror con la cual atacar grandes ciudades (el principal objetivo era Londres). La primera V-1 se lanzó contra la capital británica el 13 de junio de 1944 y alcanzó un puente de ferrocarril en Grove Road, Mile End. Murieron ocho residentes. En un mes, se mandaban más de 100 armas V-1 para que cayeran sobre Londres cada día. En números redondos se fabricaron unas 3.000 V-1, cada una de las cuales necesitaba 350 horas por hombre de trabajo y costaba solo un 4% de una V-2. En total 9.521 bombas volantes cayeron sobre Gran Bretaña antes de que los aliados ocuparan la última de las instalaciones de lanzamiento originales en octubre de 1944. Entonces los últimos lanzadores disponibles apuntaron a Amberes, que recibió 2.448 ataques hasta marzo de 1945, cuando los aliados capturaron la última rampa de lanzamiento. Las V-1 mataron a un total de 22.892 personas, casi todas ellas civiles. Fue un bombardeo de terror continuado, una campaña cruel y vengativa contra un enemigo desafiante.

Los británicos no sabían cómo defenderse contra los implacables ataques. Empezaron a utilizar barreras de globos, formadas por grandes globos no rígidos rellenos de hidrógeno, como los ya mencionados al principio de este libro, con una larga red de cables de acero colgando de ellos. Estaban

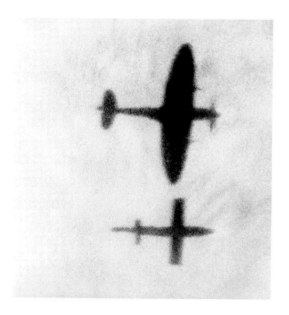 

Un caza Supermarine Spitfire de la RAF entrando en posición para ladear el ala de una bomba volante V-1 a fin de alterar su rumbo. La segunda fotografía muestra al Spitfire haciendo contacto. Esto se conocía como «inclinar una V-1», lo cual requería una notable habilidad y valor por parte del piloto. (IWM CH 16280 e IWM CH 16281)

pensadas para interceptar a las bombas volantes según se acercaban, pero el borde de ataque de las alas de las bombas era capaz de cortar los cables y se supone que las barreras de globos solo derribaron unas 300 bombas zumbadoras. Los aliados también empezaron a utilizar sencillas computadoras analógicas para calcular la puntería de los cañones antiaéreos en junio de 1944. Durante la primera semana solo se había derribado el 17% de las bombas volantes mediante el fuego de los antiaéreos en la costa del sur, pero con la ayuda de las sencillas computadoras esta cifra subió al 60% el 23 de agosto y al 74% al final de ese mes. El mejor día los antiaéreos aliados derribaron el 82% de las V-1 lanzadas.

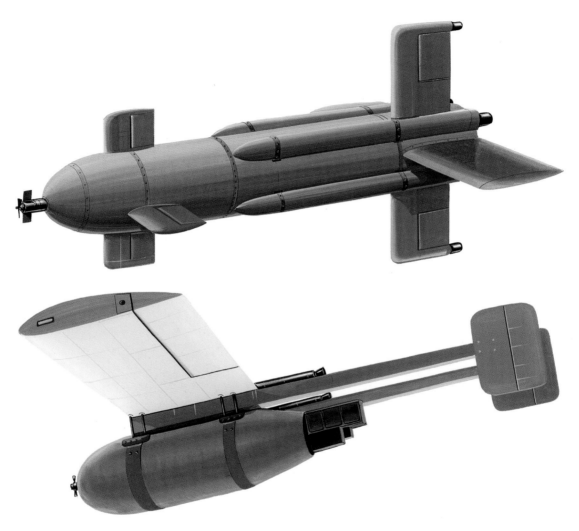

Arriba: Little Joe (El pequeño Pepe), el misil KAN-1, fue desarrollado por Estados Unidos en respuesta a los ataques de los kamikazes japoneses. Fue el primer misil guiado superficie-aire y fue diseñado rápidamente en 1945, mientras el más complejo Lark estaba todavía en desarrollo. Usando para el despegue cohetes ya existentes, pesaba 550 kg (1.210 libras), tenía 3'45 m (11 pies y 4 pulgadas) de largo y 58 cm (22'7 pulgadas) de diámetro. Se canceló en 1948. (John Batchelor)
Abajo: La bomba planeadora Aeronca GB-1 fue introducida por Estados Unidos en 1943. Aparte de una barra de acero a lo largo de las alas, el fuselaje y los largueros gemelos estaban construidos de madera. Un Boeing B-17 podía transportar dos de estas armas, una colgando de cada ala. Aunque estas bombas planeadoras podían llevar una cabeza de guerra de 907 kg (2.000 libras), eran difíciles de dirigir y tuvieron poco efecto sobre la guerra. (John Batchelor)

Los aviones eran relativamente inefectivos contra las V-1. Los cazas que eran lo suficientemente rápidos para alcanzarlas eran el Hawker Tempest, el Mustang y el Spitfire XIV con motor Griffon. En varias ocasiones (pero no muchas) se derribó una V-1 levantando la punta de su plano con la punta del ala del avión que volaba a su lado. En los últimos meses de guerra, el caza a reacción Gloster Meteor entró rápidamente en servicio con el Escuadrón 616 para alcanzar y derribar las V-1. Este nuevo caza británico derribó unas 13 bombas zumbadoras.

LOS PILOTOS

Pese a su avanzada tecnología, surgieron imprevistos con la V-1. Un piloto alemán recuerda los problemas a los que tuvieron que enfrentarse:

«Como no quedaban lugares de lanzamiento en Francia y Bélgica, los cohetes V-1 estaban teniendo problemas para alcanzar Londres, por eso en octubre [de 1944] empezamos a lanzarlos en vuelo. El gran problema era el viento. Si no calculábamos bien el viento, no alcanzábamos Londres. Además, muchas de nuestras V-1 eran derribadas por la antiaérea británica. Nosotros teníamos que ascender a 500 m antes de poder lanzar la V-1, eso si los cazas británicos no nos cazaban antes… Cuando llegaron las V-1, teníamos una pequeña esperanza de ganar la guerra, pero no mucha, porque el poder aéreo aliado era muy superior».

Ernst Eberling, Imperial War Museum Sound 11389

Según iba amentando el número de V-1 sobre Gran Bretaña, los pilotos de la RAF buscaron métodos alternativos de enfrentarse a ellas en vez de confiar en el fuego de la antiaérea. De los primeros 144 misiles que llegaron a la costa en el primer ataque con V-1, siete fueron derribados por pilotos de caza británicos. Se descubrió que el Hawker Tempest era el mejor avión para derribar los cohetes debido a su velocidad y a su cañón de 20 mm, pero a finales de junio los pilotos se dieron cuenta de que también podían desequilibrar de costado a las V-1 volando en formación con ellas y levantando con la punta de su ala el ala de la V-1. El misil no podía hacer frente a un cambio tan brusco y caía al suelo. El jefe de escuadrón (comandante) Berry fue el que tuvo más éxito en derribar bombas volantes, apuntándose 60 derribos de V-1:

«Está teniendo lugar un nuevo tipo de batalla en los cielos sobre Londres: Spitfires contra las bombas volantes alemanas… Te advierto que puedo decir por mi experiencia personal que las bombas volantes no caen fácilmente… Tienes que apuntar al motor; es el largo tubo de estufa, como lo llamamos nosotros, en la cola. Si tu alcance y puntería son exactos, puedes ver trozos que salen volando del tubo de estufa. La gran llama blanca del final se apaga y la bomba cae».

Jefe de escuadrón (comandante) Joseph Berry, entrevistado por la radio de la BBC

Esta V-1 fue una de las muchas que se estrellaron prematuramente en los campos de Francia poco después del lanzamiento. El fuselaje se ha abierto y muestra una de sus dos botellas de aire a presión. (NARA)

En 1944 hubo debates sobre cómo engañar a los alemanes acerca de los resultados de sus ataques con las V-1. El modo más obvio de proporcionar falsa información era el de informar que las armas estaban cayendo más lejos de lo debido; los alemanes (si se creían los informes) ajustarían sus tiempos de vuelo para compensarlo y esto haría que los misiles cayeran sobre Kent, en lugar de caer en la capital. Sin embargo, la idea no se consideró realista. Los lugares de los impactos figuraban en los periódicos nacionales y locales, a los cuales los alemanes tenían acceso a través de las naciones neutrales. En lugar de esto se decidió informar sobre todos los impactos genuinos al norte de Londres. El efecto acumulativo podría hacer que los alemanes llegaran a la conclusión de que estaban disparando demasiado lejos para alcanzar la capital, y los informes serían confirmados por lo que ellos vieran en los periódicos. Parece que esta treta sí funcionó y los cálculos posteriores a la guerra aseguran que como resultado se redujo el número de muertos a la mitad. De todas maneras, fue una V-1 la que realizó el último ataque sobre territorio británico en toda la guerra, cuando el último misil alcanzó Datchworth, Hertfordshire, el 29 de marzo de 1945.

El estatorreactor se aplicó también a otros diseños. Uno fue para un navío de ataque lleno de explosivos. Así, se construyó un prototipo de un Sprengboot (una motora de madera llena de alto explosivo) con un estatorreactor atornillado en el techo. No funcionó y desde entonces este tipo de buques fue dotado de motores convencionales de pistón. Los japoneses también utilizaron estatorreactores. En 1943 se llevó a Japón un estatorreactor Argus por mar y el resultado fue el Kawanishi Baika, aunque solo existió como diseño y no se construyó nunca. Los japoneses también propusieron construir el Mizuno Shinryu, un avión kamikaze propulsado por un estatorreactor, aunque tampoco se construyó este aparato. Tras la guerra Francia fabricó sus propias versiones (modificadas de los proyectos iniciales alemanes) para usarlos como aviones blanco sin piloto bajo la denominación CT-10, algunos de los cuales se vendieron posteriormente a Gran Bretaña y Estados Unidos

Los soviéticos se llevaron componentes de las V-1 cuando ocuparon Blizna, en Polonia. La versión producida en Rusia era el Izdeliye-10 y los lanzamientos de pruebas se realizaron en un polígono en Tashkent. También estudiaron la producción en masa de una versión pilotada, pero estos planes se abandonaron cuando su jefe de pilotos de pruebas murió en un Izdeliye-10 modificado que se estrelló. Continuaron trabajando sobre el diseño de la V-1 hasta los años 1950, cuando la observación por la televisión de a bordo estaba ofreciendo ideas radicalmente nuevas para el diseño de misiles de crucero.

Estados Unidos comenzó a trabajar en su versión de una V-1 antes de que acabase la guerra. En 1944 envió partes de misiles V-1 recuperadas a América desde Gran Bretaña y en septiembre había construido su propia versión, un prototipo Republic-Ford JB-2, conocido como Loon (Bobo). El diseño era casi idéntico a la V-1 alemana, pero con una superficie alar ligeramente incrementada, ya que el JB-2 tenía 5'6 m² (61 pies²), en comparación con los 5'1 m² (55 pies²) de la V-1 original. La envergadura era 6'4 cm (2'5 pulgadas) mayor y el fuselaje era 0'6 m (2 pies) más largo. La intención original fue usar estos misiles diseñados por los alemanes como un componente clave de lo que recibió el nombre de Operación *Downfall* (Ruina). Una versión para la marina, el KGW-1, estaba también diseñada y lista. Estaban preparados los planes para producir 1.000 de estos misiles al mes, así como un contrato de 75.000 unidades, pero cuando acabó la guerra ni un misil había sido disparado en acción de guerra por Estados Unidos. En unos pocos años la investigación se fue transfiriendo a proyectos más modernos, pero la influencia de la V-1 continúa todavía. Fue el primer misil de crucero del mundo con éxito y todos los que le han seguido deben mucho a la investigación original alemana. Los misiles de crucero de hoy en día están equipados con tecnología sofisticada de navegación y comunicaciones, y se pueden vigilar y controlar a una gran distancia. Gracias a Internet y a los satélites, el operador ya no tiene que estar en el mismo continente que el misil. Pero cuando consideramos el armamento de hoy en día, es muy sencillo recordar cómo empezó todo e imaginar el amenazante gruñido de una V-1 aproximándose durante la II Guerra Mundial. De aquello a los misiles de crucero actuales hay un salto en el tiempo, pero no en los principios.

EL COHETE

ALEMANIA EMPEZÓ SU RECUPERACIÓN de la I Guerra Mundial cuando las especialidades consolidadas (después de pararse en seco en sus trayectorias cuando acabó esa guerra) empezaron lentamente a recobrarse. La industria de Alemania ya había demostrado su preeminencia en algunos campos, como la ingeniería química, particularmente en fármacos y tintes, y en las manufacturas, donde nombres como Mercedes, Daimler, Benz y Diesel han permanecido hasta hoy en día como marcas ejemplares de la excelencia e innovación alemanas. Estos campos cruciales habían fomentado que la ingeniería ocupase una elevada posición en la sociedad germana. Ser llamado ingeniero en Alemania está tan bien considerado como ser cirujano o director de cine. En muchas sociedades occidentales un ingeniero es la persona que cambia la correa de transmisión de una lavadora o cobra una factura excesiva por lo que hubiera debido ser un servicio de rutina en un coche. Para los alemanes el modo de resolver los problemas y las disciplinas mentales del proceso de diseño están entre los rasgos más importantes y admirables. Esto es tan verdad hoy como lo fue en el siglo pasado.

Un sentido de reafirmación fue la reacción inevitable a las desgracias impuestas por el Tratado de Versalles. Durante la República de Weimar, que existió entre 1919 y la subida de Hitler al poder en 1933, Alemania había vivido con las humillantes restricciones de Versalles. Había listas de restricciones sobre la maquinaria de guerra, pero solo sirvieron para conseguir el óptimo esfuerzo alemán en los años posteriores a la I Guerra Mundial. El ejército alemán se tuvo que ajustar a un límite máximo de 100.000 soldados y por eso, debido a esta gravosa restricción, las autoridades tuvieron que asegurarse de que cada miembro de las fuerzas armadas fuera de la mayor calidad posible. En consecuencia, aunque el ejército alemán era uno de los más pequeños, pronto llegó a ser el mejor cualificado y más eficiente del mundo. Había estrictos límites sobre la artillería y la fabricación de cañones, de modo que se puso un enorme énfasis en maximizar cada aspecto del desarrollo en ambos campos. Como hubo muy poco interés militar en los cohetes durante la I Guerra Mundial, estos artefactos se omitieron por completo en las provisiones del Tratado de Versalles. Este curioso hecho ayudó a apuntalar el progreso hacia la II Guerra Mundial y a moldear la conducción de todas las futuras guerras. Quienquiera que fuese el responsable de esta omisión dio un ímpetu masivo al estudio de los cohetes y, finalmente, al aterrizaje del hombre en la Luna. La historia del cohete es un ejemplo del desarrollo de la guerra moderna y del inesperado legado de unas restricciones mal elaboradas impuestas por las naciones victoriosas sobre el enemigo vencido.

La joven élite alemana de la República de Weimar no estaba pensando simplemente en el papel de Alemania durante aquellos años, sino que estaban mirando al futuro. Por todo el mundo se extendía una idea de renacimiento. En una era en la que parecía que se había terminado definitivamente la brutalidad de la guerra, se abrieron nuevos horizontes para los valientes. El zar y su familia habían sido eliminados en Rusia y el reinado del káiser había terminado en Alemania. En esta resurgente nación alemana, parecía que quizá los sueños pudieran hacerse realidad. El mayor de todos los sueños era que quizá los hombres pudieran abandonar la Tierra y viajar al espacio, y de pronto incluso esto pareció al borde de lo posible en las mentes de muchos. El siglo XX marcará el momento en que los cohetes espaciales pasaron de ser un hito de la ciencia ficción a convertirse en realidad, y fueron las presiones de la II Guerra Mundial las que hicieron que surgiesen. La cohetería alemana durante la II Guerra Mundial hizo más que ningún otro aspecto de la guerra para dar forma al mundo posterior a la contienda, y su historia está llena de resonancias de la cultura nacional y del momento. Es oportuno buscar los orígenes de esta nueva y gran aventura, y se podrá ver también cómo el resurgir se recibió en Alemania de manera diferente a como lo hizo el resto del mundo. En esto hay lecciones que aprender. No es sorprendente que la palabra que se emplea para describir este sentido del tiempo no sea inglesa, sino alemana: *Zeitgeist* (el espíritu del tiempo).

LOS PRIMEROS COHETES

A ningún lector le sorprenderá que los orígenes de los cohetes como arma de guerra estén en China. Se han encontrado referencias a fuegos artificiales en la Antigüedad, aunque nadie está seguro de si se trataba de algo más que el uso de artefactos incendiarios. Hacía tiempo que se fabricaba pólvora, y puede asegurarse que los alquimistas habían experimentado con pólvoras inflamables antes de que se perfeccionaran los explosivos. Existe acuerdo generalizado acerca de que el descubrimiento de la pólvora negra se logró en la China se siglo IX. Los primeros cohetes se fabricaron introduciendo pólvora negra en cañas de bambú, y el monarca mongol Gengis Kan y su hijo Ögedei los utilizaron con éxito contra los europeos en el siglo XIII. Así pues, los cohetes se utilizaron para la guerra hace 700 años.

Pero fue en la India donde se diseñaron y fabricaron los primeros cohetes metálicos. La Compañía Británica de las Indias Orientales luchó durante décadas para dominar el Reino de Mysore y en 1792 se diseñaron y construyeron cohetes de hierro para los soberanos de Mysore, Hayder Alí y su hijo Tipoo Sultán. Las carcasas de metal eran de unos 20 cm (8 pulgadas) de longitud y les daban a estos cohetes un alcance de más de 2 km (1 milla). Estos ingenios sorprendieron tanto a los británicos que intentaron copiarlos. Se enviaron algunos ejemplares al Real Arsenal de Woolwich, en Londres, donde sir William Congreve desarrolló el diseño e introdujo el más conocido cohete Congreve que tanto éxito obtuvo en las guerras napoleónicas. Aunque el cohete Congreve merece un lugar en la historia de la cohetería, fueron los artesanos indios los que produjeron los primeros cohetes de hierro con éxito. Se lanzaron a miles y merecen su lugar en la Historia.

Estos cohetes se estabilizaban mediante una varilla que salía de la parte posterior, como los cohetes que se lanzan hoy en día. En 1844 un inventor autodidacta británico, William Hale, mejoró el diseño de modo que el empuje estaba ligeramente orientado para producir un giro a lo largo del eje de avance como la bala de un rifle. La trayectoria de vuelo se estabilizó debido a este cambio de diseño y ya no se necesitó la varilla nunca más. Los cohetes Congreve más grandes habían pesado hasta 15 kg (32 libras) y los diseños de Hale permitieron doblar ese peso hasta unos 28 kg (60 libras). Fueron utilizados por los estadounidenses durante la guerra de México contra Estados Unidos de 1846-1848. Asimismo el ejército británico usó cohetes Hale durante la guerra de Crimea de 1853-1856.

LOS PRIMEROS COHETES RUSOS Y FRANCESES

En los primeros años del siglo XX la cohetería se empezó a desarrollar en varias naciones. Un profesor de matemáticas de las altas escuelas rusas, Konstantin Tsiolkovsky, publicó un documento titulado

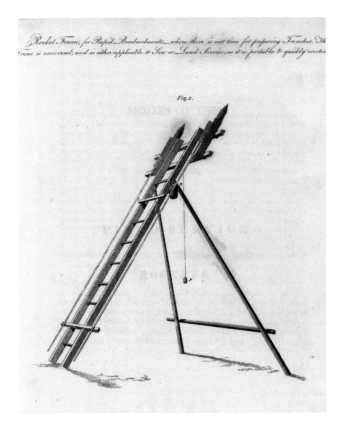

Sir William Congreve publicó esta lámina en *A Concise Account of the Origin and Progress of the Rocket System (Un relato conciso del origen y progreso del sistema de cohetes)* en 1810. Congreve probó con éxito un cohete de combustible sólido, basado en los diseños de los ingenieros indios. (SSPL/Getty Images)

La exploración del espacio cósmico por medio de dispositivos a reacción, que fue el primer tratado científico sobre cohetería. Propuso el uso de hidrógeno líquido y oxígeno como propulsores y calculó la máxima velocidad de salida que podrían generar. La fecha de publicación de este libro con visión de futuro fue 1903.

Sin conocer nada de este predecesor ruso, un aviador francés llamado Robert Esnault-Pelterie impartió en 1912 en la Sociedad Francesa de Física *(Societé Française de Physique)* una conferencia titulada *Consideración de los resultados de un ilimitado aligeramiento de los motores.* En ella incluyó cálculos similares sobre la potencia de los motores cohete e incluso preconizó la energía nuclear (de media tonelada de radio) como una forma de energía para viajar por el espacio a largas distancias. Esnault-Pelterie se puso luego en contacto con el físico de origen rumano Hermann Oberth (en realidad Oberth nació en la ciudad de Hermannstadt,

nombre alemán, o Nagyszeben, nombre húngaro, en Transilvania, entonces parte de Hungría), y siempre se consideró ciudadano del imperio austrohúngaro y luego austriaco, aunque su ciudad natal ahora sea parte de Rumanía y se llame Sibu) que estaba destinado a ser uno de las mayores autoridades de Alemania en cohetes militares.

EL PRIMER COHETE AMERICANO

También en 1912 el entusiasta estadounidense Robert Goddard empezó sus estudios sobre los cohetes. Propuso una pequeña cámara de combustión como la mejor fuente de potencia e incluso delineó el empleo de cohetes multietapas. Goddard era un visionario muy emprendedor y se aseguró de patentar sus ideas en 1914. Patentó dos inventos. El primero fue el de un cohete que usaba combustible líquido; el segundo era el de un cohete propulsado por combustible sólido, que podía tener dos o incluso tres etapas. Dos años más tarde redactó un documento sobre cohetería en el Clark College de Worcester, Massachusetts. En 1919 la Smithsonian Institution publicó este documento como un pequeño libro titulado *A Method of Reaching Extreme Altitudes (Un método para alcanzar altitudes extremas).* Al año siguiente la prestigiosa revista de ciencia *Nature* publicó un artículo de Goddard que empezaba así:

Konstantin Tsiolkowsky, pionero ruso de la cohetería y de la investigación. En la década de 1920 expandió sus teorías sobre los cohetes de muchas etapas y el vuelo de los reactores. (Foto de SSPL/Getty Images)

El pionero francés de la aviación Robert-Albert-Charles Esnault-Pelterie tenía ideas sobre los motores-cohete y la energía nuclear que estaban por delante de su tiempo. (Popperfoto/Getty Images)

«El propósito del presente artículo es manifestar los principios generales y las posibilidades del método para alcanzar grandes altitudes con cohetes de carga múltiple, de los cuales se eyectan los gases de la explosión con gran eficiencia»[3].

Goddard se pasó mucho tiempo durante los años siguientes perfeccionando su diseño de un cohete de combustible líquido y el primer vuelo con éxito de un aparato suyo tuvo lugar el 16 de marzo de 1926 en Auburn, Massachusetts. Salió desde una torre de lanzamiento de 1'8 m (6 pies) y tuvo un vuelo explosivo y corto que no duró más de tres o cuatro segundos, pero probó que el concepto funcionaba. En tres años sus especificaciones mejoradas proporcionaron resultados que progresaban con regularidad. Así, sus pequeños cohetes podían recorrer ahora unos 70 m (200 pies) a velocidades de hasta unos 95 km/h (60 mph). En 1930 alcanzó una altitud de 600 m (2.000 pies) y una velocidad de 800 km/h (500 mph). Fue un avance verdaderamente asombroso.

En su tiempo el trabajo de Goddard despertó poco interés y los comentarios que se publicaron sobre él no fueron muy entusiastas. Goddard nunca tuvo la satisfacción de ver que sus ideas arraigaban. Los que sabían de su trabajo le consideraban un chalado.

---

[3] Goddard, Robert H., «*A Method of Reaching Extreme altitudes*», *Nature*, n.° 105, pp. 809-811, 1920.

El Dr. Robert H. Goddard fue un pionero de los cohetes de combustible líquido en Auburn, Massachusetts. Lanzó este pequeño cohete en marzo de 1926 y anotó: «Subió a 41 pies y recorrió 184 pies en 2'5 segundos, después de que se quemó la parte inferior de la tobera». En 1937 sus cohetes habían alcanzado 2.700 m (9.000 pies). (Colección del autor)

Uno de los inventos de Goddard que tuvo más influencia fue una granada portátil propulsada por un cohete que podía lanzar un soldado. Con un colega, Clarence Hickman, Goddard dio una demostración con éxito de su invento en el polígono de pruebas del Cuerpo de Transmisiones de Estados Unidos en Aberdeen, Maryland, en noviembre de 1918. La demostración fue un éxito, pero la guerra acabó dos días más tarde y la propuesta no triunfó. Se reavivó en la II Guerra Mundial y dio lugar al bazuca, que se convirtió en uno de los artefactos propulsados por cohetes más conocidos de toda la Historia.

Goddard había declarado sus sentimientos en el discurso que pronunció en su graduación en 1904: «A menudo se ha demostrado que el sueño de ayer es la esperanza de hoy y la realidad de mañana». El siglo XX y los notables hechos de la II Guerra Mundial demostrarían lo ciertas que eran estas palabras.

VISIONARIOS DE LOS COHETES

Los cohetes se habían utilizado durante la I Guerra Mundial, primero por los franceses. En abril de 1916 los cohetes Le Prieur disparados desde los montantes de un caza Nieuport habían derribado al zepelín LZ-77 lleno de hidrógeno en llamas. Luego, el piloto belga Willy Coppens y un piloto británico, Albert Ball, usaron pequeños cohetes experimentales contra los globos alemanes. En ninguno de los casos se consiguió nada y se vio que las balas incendiarias eran más efectivas.

Durante la década de 1920, había entusiastas estudiando cohetería en Rusia, Francia y Estados Unidos, pero había poco sentido de propósito común. Sin embargo, en Alemania el floreciente nacionalismo empezó a impregnar la opinión popular. Hermann Oberth era uno de los mayores visionarios. Había estudiado medicina en Múnich, y en 1922 escribió a Goddard en América pidiéndole separatas de sus escritos sobre cohetería. Oberth estaba escribiendo un libro, que se publicó en 1923 como *Die Rakete zu den Planetenraümen* (*El cohete en el espacio interplanetario*) en el cual hacía hincapié en lo mucho que le habían impresionado los escritos de Goddard, pero continuaba diciendo que en este libro no había plagiado a su predecesor americano. El interés sobre esta cuestión estaba creciendo en Alemania. Al año siguiente Max Valier publicó *Der Vorstross in Weltraum* (*El empuje hacia el espacio interplanetario*) y un año más tarde Walter Hohmann publicó *Die Erreichbarkeit der Himmelskörper* (*La accesibilidad de los cuerpos celestes*). Este libro era tan detallado técnicamente que décadas más tarde todavía lo estaba consultando la NASA. En 1926 Willy Ley editó su popular libro *Die Fahrt ins Weltall* (*Viaje al Universo*) y en junio de 1927 un grupo de entusiastas aficionados a la cohetería (ingenieros, científicos, doctores y estudiantes) se reunieron en un restaurante en Breslau para lanzar la Sociedad para los Viajes Espaciales (*Verein für Raumschiffahrt*, conocida como VfR), con Hermann Oberth en su núcleo central. Hay que recalcar que era una asociación, no un departamento de la universidad. Aunque de pronto los cohetes se habían puesto de moda, seguían siendo un tema para aficionados.

LA SOCIEDAD ALEMANA PARA LOS VIAJES ESPACIALES

A las pocas semanas de su creación en junio de 1927, la Sociedad para los Viajes Espaciales reclutó un nuevo miembro, el joven Wernher von Braun, que estaba destinado a ser el más influyente de todos los diseñadores de cohetes. El número de miembros de la sociedad (la mayoría jóvenes científicos e ingenieros) creció hasta las 500 personas y empezaron a publicar una revista, *Die Rakete* (*El Cohete*). Von Braun pertenecía al grupo (otros eran Walter Hohmann, Klaus Riedel, Eugen Sänger, Rudolf Nebel y Max Valier, así como Hermann Oberth y Willy Ley) que estaba popularizando la ciencia de los cohetes. Valier organizó pruebas de cohetes en automóviles, planeadores, vagones de tren e incluso trineos. Las primeras pruebas tuvieron lugar en un antiguo depósito de municiones en Reinickendorf, que pronto se ganó el apodo de Raketenflugplatz (Aeródromo de los cohetes) y actualmente es el aeropuerto de Tegel.

Hermann Oberth situado a la izquierda, de pie junto a su cohete con dos asistentes en el año 1930. Aseguró que su cohete podía llevar el correo hasta la ciudad de Nueva York desde Berlín en 24 minutos y ascender a 100 km (62 millas) en la estratosfera. (Getty Images)

Hermann Oberth estaba considerado como uno de los padres de la astronáutica moderna. Experimentó sobre la ingravidez y diseñó un cohete de largo alcance de combustible líquido. En 1941 fue un ayudante del ingeniero de cohetes alemán Werner von Braun. (SSPL/Getty Images)

En 1930 la Sociedad para los Viajes Espaciales estaba tan bien establecida que sus miembros crearon una oficina permanente en Berlín y acordaron diseñar un motor cohete propulsado por gasolina y oxígeno líquido. Fue el Mirak-1. Tenía su cámara de combustión rodeada por el tanque de oxígeno líquido. El combustible líquido se suministraba desde un bastón hueco en la cola que actuaba como depósito. La cabeza del cohete tenía 30 cm (1 pie) de largo y la cola medía 1 m (3 pies) de largo. El primer lanzamiento experimental tuvo éxito, pero el tanque de oxígeno explotó en la segunda prueba.

A principios de 1931 Karl Poggensee presentó su diseño de un cohete de combustible sólido cerca de Berlín. Le instaló cámaras, un velocímetro y un altímetro que mostró que había ascendido a 450 m (1.500 pies) antes de aterrizar en paracaídas. El primer cohete alemán de combustible líquido lo lanzaron ese mismo año Johannes Winkler y Hugo Huckel, que eran dos entusiastas independientes y no miembros de la sociedad. Eligieron como combustible oxígeno líquido y metano quemado en un cohete de unos 60 cm (2 pies) de largo. Tal y como había pasado con el Mirak-1, la primera prueba cerca de Dessau fue un éxito (el cohete ascendió a 300 m, unos 1.000 pies), pero el segundo lanzamiento de pruebas falló cuando salió fuego del cohete y se estrelló después de alcanzar una altura de poco más de 3 m (10 pies). En abril de 1931 Reinhold Tiling probó una serie de cuatro cohetes de combustible sólido en Osnabrück. Uno detonó a unos 150 m (500 pies), pero los otros ascendieron con éxito. Uno llegó a alcanzar los 2.000 m (6.600 pies) a

Max Valier fotografiado en su coche-cohete, diseñado en 1929. Experimentó con vehículos propulsados por cohetes y murió cuando un automóvil cohete propulsado por alcohol explotó en 1938. (Bundesarchiv Bild 1020-01350)

una velocidad máxima de 1.100 km/h (700 mph). Se dice que uno de sus últimos cohetes llegó a 3.505 m (11.500 pies).

Las investigaciones de la Sociedad para los Viajes Espaciales estaban avanzando. Su nuevo diseño de cohetes fue propuesto por Willy Ley, que los llamó Repulsors (Repulsores). El nombre elegido era muy revelador. Los primeros cohetes llevaban nombres neutrales o (como los cohetes de Huckel/Winkler) llevaban el de sus inventores. Repulsor suena mucho más como un cohete militar; quizá Willy Ley ya estaba pensando en utilizar el presupuesto militar para continuar sus investigaciones. Como los cohetes Mirak, el Repulsor quemaba una combinación de oxígeno líquido y gasolina, pero la cámara de combustión estaba enfriada por agua dentro de una doble camisa metálica, en lugar de estar refrigerada por el oxígeno líquido. Era un diseño inherentemente más seguro. En mayo de 1931 dos de los cohetes Repulsor alcanzaron una altura de 61 m (200 pies). Con el desarrollo del Repulsor-3 se alcanzó una altitud de 600 m (2.000 pies) y posteriormente, en el mismo año 1931, se informó de que los cohetes Repulsor-4 estaban ascendiendo 1.600 m (1 milla) en el cielo. Aunque internacionalmente se miraba con indiferencia a la cohetería (y habitualmente se la rechazaba, incluso ridiculizaba, cada vez que aparecía), en Alemania estaba permitiendo a nuevas y frescas mentes encontrar una satisfacción.

En 1932 la Sociedad para los Viajes Espaciales empezó a llamar la atención de las autoridades. Esto no fue debido a que considerasen que los entusiastas eran unos jóvenes muy brillantes, sino a que había habido protestas de los vecinos de la zona respecto a las pruebas de los cohetes debido al ruido. Los miembros de la sociedad no tenían una autorización específica para llevar a cabo pruebas y, además, había un temor creciente respecto a la creciente in fluencia de Hitler. Cuando su influencia empezó a crecer, Hitler había empezado a impartir directivas que restringían las actividades de todas las direcciones que tenían lazos significativos con el mundo exterior. Los miembros de la sociedad empezaron a ponerse nerviosos y comenzaron a desertar. En un periodo de colapso económico, la sociedad no podía arreglarse para cumplir sus obligaciones financieras. Sin las cuotas de sus miembros a finales de 1933 se clausuró la Sociedad para los Viajes Espaciales. Es sorprendente darse cuenta de que la primera organización de cohetería del mundo (cuyos resultados iban a revolucionar la guerra) se cerró principalmente por la presión de las autoridades.

LA INVESTIGACIÓN CIVIL CONTINÚA

Incluso después de la disolución de la Sociedad para los Viajes Espaciales, algunos de sus integrantes pudieron continuar sus actividades. Parte de los altos jefes del ejército alemán habían sido persuadidos de que la cohetería podía demostrar que era importante y ya en 1931 habían autorizado a los miembros de la sociedad a llevar a cabo un lanzamiento de pruebas en el polígono de ensayos del ejército en Kummersdorf. El cohete cuyo lanzamiento habían autorizado era un Repulsor. No cabe duda de que su nombre le gustó al militar Carl Becker. Tan pronto como vio que la gente de Kummersdorf apoyaba el desarrollo de cohetes, Wernher von Braun pidió permiso para continuar con sus experimentos como apoyo de su tesis doctoral sobre la propulsión de cohetes. Estaba de suerte y se le autorizó a seguir usando la instalación de Kummersdorf. Pese al colapso de la sociedad, la pasión privada de Von Braun se salvó.

Mientras tanto, un ingeniero llamado Franz Mengering, que vivía en la ciudad de Magdeburgo, se había vuelto un devoto adorador de los escritos de Paul Bender. Este propugnaba la *Hohlweltlehr* (la doctrina del mundo hueco), que decía que el mundo, en vez de ser un globo, era una esfera hueca. En lugar de volar por el camino más largo a Australia, Bender aseguraba que sería mucho más rápido volar directamente hacia arriba por el aire; de este modo un cohete podía alcanzar fácilmente Nueva Zelanda. Mengering estaba convencido de que sería fácil de demostrar, usando un pequeño cohete con un mensaje desde Alemania. Si la teoría de Bender era correcta, entonces el misil aterrizaría cerca de Isla Sur, de Nueva Zelanda. Franz Mengering incluso llegó a convencer a las autoridades de Magdeburgo de que financiaran algunos experimentos de prueba. Rudolf Nebel, uno de los fundadores de la Sociedad para los Viajes Espaciales, solicitó con éxito una ayuda de 25.000 marcos para financiar el diseño del cohete.

Nebel se había unido al Partido Nazi y se hizo simpático a las autoridades y declaró su ambición de hacer volar a un hombre en un cohete a 1 km (más de media milla) sobre la superficie de la Tierra, después de lo cual bajaría en paracaídas. El cohete lo diseñaría con su socio Herbert Schäfer. Proponían lanzar su cohete en junio de 1933 como parte de una gran feria para promover la ciudad de Magdeburgo. La idea era adaptar el diseño del Repulsor con un voluntario instalado con seguridad en un aditamento aerodinámico con forma de torpedo debajo del motor. Los combustibles se almacenarían en dos largos tubos que irían colgando detrás del cohete. Tendría 7'6 m (25 pies) de altura y se usaría un prototipo sin pasajero de 4'6 m (14 pies) para demostrar que la idea funcionaba.

En junio de 1933 se intentó el primer lanzamiento de un cohete de pruebas en el cercano Wolmirstedt, pero ni siquiera abandonó los 10 m (30 pies) de la torre de lanzamiento. Su único lanzamiento con éxito fue en la isla Lindwerder, en uno de los numerosos lagos que rodean Berlín. Está registrado que alcanzó 1.000 m (3.000 pies) de altura antes de estrellarse contra el suelo a solo 100 m (300 pies) de la plataforma de lanzamiento, lo cual debió ser una experiencia muy estimulante para el equipo de lanzamiento dominado por el pánico. Se realizaron algunas pruebas más desde una barca amarrada en el lago Schwielow en agosto de 1933, pero los resultados fueron decepcionantes con algunos de los cohetes dando vueltas incontrolablemente por el cielo. Finalmente, se canceló todo el proyecto *Magdeburgo* y Nebel recibió solo 3.600 marcos de la ayuda que le habían prometido por sus esfuerzos.

LOS COHETES NAZIS

El coronel Carl Becker, jefe de la Oficina de Municiones del Ejército *(Heereswaffenamt),* era un experto en balística. En 1926 había redactado un corto párrafo sobre cohetes militares para el *Libro de texto del ejército sobre balística* y en 1929 dio instrucciones de contactar con cualquier sociedad de amantes de los cohetes cuyos entusiastas miembros tuvieran ideas útiles sobre cómo se podrían desarrollar los cohetes. Becker sabía que los cohetes no se habían mencionado en el Tratado de Versalles y que no habría restricciones en continuar las investigaciones en esta potencialmente importante área de la balística. Al año siguiente el capitán (luego general de división) Walther Dörnberger se unió a la oficina de Becker para empezar a trabajar en un posible nuevo cohete de combustible sólido con un alcance de hasta 8 km (5 millas).

La burocracia fue muy rápida en actuar. Se decidió que las propuestas de cohetes de combustible sólido podrían ir más rápidamente si hubiera una instalación oficial de desarrollo y pruebas, y el resultado fue la creación del Departamento de Investigación y Desarrollo de la Oficina de Municiones del Ejército *(Heereswaffenamt-Prüfwesen*, abreviado a Wa Prüf) en Versuchsstelle Kummersdorf-West. Este se convertiría en un laboratorio de desarrollo y un polígono de pruebas para misiles. El *Heereswaffenamt-Prüfwesen* se había establecido en 1919 dentro del *Reichswaffenamt* (RWA) y adoptó el nombre *Heereswaffenamt* en 1922. A medida que el Partido Nazi fue afianzando su posición y Alemania empezó a moverse hacia una postura de guerra durante la década de 1930, la tarea de supervisar el rearmamento se pasó a la Organización de Aceptación del Ejército (*Heeresabnahmestelle*, abreviada a *Abnahme*), una subsidiaria de la Oficina de Municiones del Ejército. Si alguno de los afectados entendió esto, todavía está muy poco claro.

Durante algún tiempo, Dörnberger proporcionó subrepticiamente fondos a la Sociedad para los Viajes Espaciales, pero esto se acabó cuando entraron en conflicto su interés por la cohetería militar con los entusiastas únicamente de los vuelos espaciales. Sin embargo, sus ingenieros fueron pragmáticos, y la investigación sobre los cohetes de combustible sólido rápidamente demostró que sus aplicaciones siempre serían limitadas.

Dörnberger pronto advirtió que por su cuenta no iban a llegar a ningún lado. Comprendió que tenía que volver a hablar con los entusiastas de los viajes espaciales. Muchos de ellos tenían un interés académico en la tecnología del desarrollo de los cohetes de combustible líquido. También se había dado cuenta de que construir cohetes es un asunto muy caro y de que la Sociedad para los Viajes Espaciales estaba siempre mal de fondos. Cuando en 1932 se le ofreció a Von Braun la posibilidad de convertirse en un desarrollador profesional de cohetes en lugar de seguir siendo un aficionado entusiasta, estuvo encantado de aceptar. Sus ambiciones de desarrollar cohetes mayores y mejores estaban de pronto a su alcance, mientras Dörnberger sabía que estaba estableciendo una nueva instalación que le llevaría a una alta posición militar. Cuando Von Braun se unió al centro, había poco interés oficial por la cohetería, pero las crecientes tensiones militares le permitieron a la administración de Kummersdorf reclamar un presupuesto creciente. En 1936 el personal destinado era ya de 60 personas y cuando empezó la guerra había casi 300. Eran la flor y nata de los alemanes

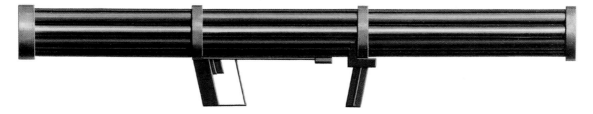

La empresa Hugo Schneider AG de Leipzig produjo el Fliegerfaust (Puño volador), un lanzador de cohetes tierra-aire, en 1944. La versión de producción tenía ocho cámaras, una longitud de 150 cm (3 pies y 3 pulgadas), y pesaba 6'5 kg (14 libras). Los cohetes se disparaban desde tubos alternativos en una secuencia cronometrada para evitar que los gases del primer cohete disparado interfirieran con los que le seguían. Se encargaron 10.000, pero solo se utilizaron 60. Nunca entró en servicio. (John Batchelor)

entusiastas de la cohetería y formaban una nueva casta; también lo eran las armas que estaban empezando a desarrollar.

Dörnberger y Von Braun tenían diferentes prioridades personales. Dörnberger podía imaginar la crucial influencia de los misiles en el área militar, mientras Von Braun siempre quería (más que nadie en el mundo) construir cohetes de mayor tamaño y mejores. Cuando los nazis ascendieron al poder en 1933, Dörnberger percibió que la demanda final era de supremacía militar, y él sabía que la nueva generación de entusiastas por la cohetería podían ofrecer incontables beneficios al ejército de un estado expansionista. Estas nuevas armas podían llevar a Alemania hacia el dominio del mundo. Para Von Braun era diferente. Lo que a él le motivaba era la majestad de los cohetes del espacio. Dörnberger podía ver que su carrera militar le ofrecía la oportunidad de un espectacular éxito profesional, mientras que Von Braun reconocía que el creciente poderío de la máquina militar alemana podía ser bienvenida por todo el apoyo financiero, todo el apoyo técnico y toda la seguridad que sus pasiones privadas pedían.

CONSTRUYENDO LA A-1 Y LA A-2

Bajo la dirección de Dörnberger, el instituto de investigación de Kummersdorf se había convertido en una gran instalación para el desarrollo y las pruebas de un buen número de unidades de ayuda al despegue de aviones utilizando cohetes de combustible sólido. Von Braun se encontró como responsable de dirigir las pruebas bajo el comandante Wolfram von Richthofen y Ernst Heinkel. Bajo la dirección de Dörnberger, el equipo diseñó y construyó su primer cohete Aggregate-1 (A-1) de combustible líquido. Estaba impulsado por oxígeno líquido y alcohol. El combustible y el oxidante se introducían en la cámara de combustión empujados por la presión de un tanque de nitrógeno líquido; así, el cohete podía desarrollar un empuje de unas 300 kg (660 libras). En el cono de morro se había instalado un pesado giróscopo para estabilizar el cohete durante el vuelo. Las pruebas mostraron que el diseño del A-1 era defectuoso.

El pequeño tanque de oxígeno líquido que iba dentro del tanque de alcohol tenía tendencia a fallar, con consecuencias catastróficas. Además, el giróscopo estaba demasiado lejos del centro del cohete para estabilizarlo efectivamente. Como resultado, se abandonó el A-1.

El A-2, que le siguió poco después, llevaba tanques de alcohol y oxígeno líquido que estaban separados con seguridad uno de otro, y el giróscopo estaba colocado casi en el medio del cohete, entre los dos depósitos de combustible. En diciembre de 1934 estaban listos los dos primeros cohetes AS-2. Se les bautizó Max y Moritz, en recuerdo de dos personajes de una tira de historietas alemana. Las historietas habían aparecido en 1865, dibujadas por el caricaturista alemán Wilhelm Busch, del que se dijo que tuvo gran influencia sobre la entonces naciente industria de historietas cómicas en Estados Unidos. Los dos cohetes que llevaban estos cariñosos nombres fueron lanzados

---

Página anterior: Con su brazo enyesado y en una férula debido a un accidente de motocicleta, Von Braun fue fotografiado en mayo de 1945 por los funcionarios norteamericanos. Esta foto es interesante porque también figuran en ella el general de división Walter Dörnberger, jefe del Centro del Ejército en Peenemünde; el teniente coronel Herbert Axter, jefe de la plana mayor militar de Peenemünde; y Hans Lindenber, el diseñador de cámaras de combustión de cohetes. (NARA)

desde Borkum, una isla alemana cerca de la costa holandesa del mar del Norte. Ambos alcanzaron unos 2.000 m (6.500 pies) de altura y las autoridades militares estuvieron satisfechas con los resultados. En 1935 Carl Becker (que ya era general) redactó una propuesta a Hitler en la cual pedía el desarrollo de un gran cohete de largo alcance para bombardear el territorio enemigo. Esto proporcionaría, explicó al Führer, un arma muy intimidante contra cualquier futuro enemigo del Reich. Hitler consideró la propuesta y la rechazó de plano. No había futuro para los grandes cohetes en el mundo militar de Alemania, decidió el Führer. Cuando quisieran dominar una nación, usarían el poder político o el poderío militar para conseguirlo. Los misiles del ejército no tenían cabida en sus planes.

SÄNGER SE UNE AL EQUIPO

No obstante, Eugen Sänger, cuyas propuestas para el bombardero de las antípodas ya se han mencionado, era considerado por la hermandad de los ingenieros como una de las máximas figuras en el campo del desarrollo de los cohetes y por eso se le invitó a unirse a los equipos del centro de investigación de la Fuerza Aérea en Trauen (entre Berlín y Bremen) para investigar la mejora del diseño de los motores cohete. Evitando los combustibles muy volátiles, y decidido a trabajar con ingredientes más prosaicos, Sänger diseñó un motor cohete que funcionaba con gasóleo diésel y oxígeno líquido. Pronto consiguió motores que funcionaban en un banco de pruebas durante media hora, que en esta época era una proeza increíble. Se asignaron otros especialistas a desarrollar áreas específicas (telemetría, sistemas de control, combinaciones de combustibles y cosas así), de tal modo que los diseñadores de cohetes tuvieran una base de conocimientos crecientemente detallados de la cual pudieran fiarse. La mayoría de los trabajadores de la investigación no tenían ni idea de que estuvieran desarrollando conjuntamente un mecanismo que finalmente se podría utilizar en gigantescos cohetes; se les contrataba para un proyecto específico de investigación y se mantenía estrictamente el secreto sobre su propósito final. Para los estrategas militares, e incluso (en aquel momento) para el alto mando alemán, los cohetes eran algo raro y todavía parecían útiles sobre todo para entregar pequeñas cargas o ayudar al despegue de aviones de un portaaviones. Los ingenieros eran conscientes de que necesitaban mantener la investigación avanzando, incluso si el Führer no veía su utilidad; por eso los planes para construir cohetes gigantes iban a aparecer pronto.

NACE PEENEMÜNDE

Las protestas públicas sobre el ruido y el peligro de los lanzamientos de pruebas en Kummersdorf significaban que había una clara necesidad de crear una nueva instalación, muy lejos de las grandes poblaciones y con mucho espacio para probar cohetes más grandes. En 1935 se tomó la decisión de encontrar una ubicación nueva y remota, y comenzó la búsqueda. Durante las vacaciones de Navidad, Von Braun aceptó una invitación para pasar unos días con unos amigos cerca de la costa del mar Báltico. Era en Anklam, entre Stettin y Stralsund, junto al río Peene. Cerca había una isla, llamada Usedom, con unos pocos habitantes que vivían una existencia aislada y rural; la isla báltica de Greifswalder Oie estaba en el horizonte, y después de ella se extendía el Báltico abierto. Era la situación perfecta para una base de cohetes. Von Braun informó a Dörnberger, que le pidió más detalles y luego fue a inspeccionar la zona personalmente. Pronto se decidió transferir las investigaciones a esta nueva base en la desembocadura del río Peenemünde.

En abril de 1937 la organización de cohetes fue trasladada a su nueva base supersecreta de Peenemünde. Estaba destinada a convertirse en la cuna de la cohetería moderna, y desde 1992 ha sido parte del Centro Militar de Investigación (Heeresversuchsanstalt Peenemünde), un Punto Clave de la Ruta Europea de la Herencia Industrial. El personal de la Estación Experimental del Ejército en Peenemünde (Heeresversuchsstelle Peenemünde) se puso a mejorar el exitoso cohete A-2 y designar un sucesor, el A-3. El resultado fue un largo cohete de 7 m (21 pies) y 750 kg (1.650 libras) que quemaba oxígeno líquido y alcohol como combustible. A finales de 1937 el equipo de Peenemünde había desarrollado los prototipos y estaba listo para probarlos. El primero falló, así como los lanzamientos de pruebas siguientes. Para los ingenieros era obvio que las prisas por iniciar los lanzamientos les habían hecho precipitarse. Los primeros problemas con el cohete habían mostrado que había que rediseñar las aletas de la cola; incluso cuando se hizo esto, aparecieron nuevos problemas. El sistema de propulsión del A-3 fue un éxito absoluto, pero su sistema inercial de guiado todavía no funcionaba correctamente y hubo que iniciar trabajos suplementarios para resolver ese problema técnico.

Se necesitaba un nuevo enfoque. En adelante cada aspecto se probaría en banco por separado y se verificaría que funcionaba antes de incorporarlo al diseño final. Y así se estableció una nueva política en la remota inmensidad de Peenemünde. Los investigadores alemanes trazaron sus planes, confiando en que su ubicación secreta les diera la oportunidad de hacer progresos lejos de los ojos de fisgones.

En 1938 Alemania empezó a invadir el territorio de sus vecinos. La ocupación de la región de los Sudetes tropezó con resistencias iniciales, pero al final de año la situación había sido aceptada y de pronto el expansionismo de Hitler pareció irresistible. A Hitler le animó a pensar de nuevo en cohetes y empezó a reconocer la necesidad de un arma balística efectiva. El Departamento de Municiones del Ejército decidió que los equipos de Peenemünde debían proceder a diseñar un misil balístico. Debía tener un alcance de hasta 320 km (200 millas) y llevar una cabeza de guerra explosiva de 1 tonelada. Se aceptó que hubiera restricciones con respecto al tamaño del arma, que necesitaría ajustarse a los ferrocarriles existentes y moverse sin problemas por túneles y trincheras. También tenía que ser transportable en camión por las carreteras existentes. La nueva arma se designó A-4, pero un prototipo más modesto de proporciones entre el A-3 y el A-4 fue bautizado como A-5. Aunque

Un cohete A-3 montado en Kummersdorf en el puesto n.º 3. Era el mayor de Kummersdorf y se podía mover sobre los raíles que se ven en la fotografía. (Science Photo Library)

Hitler aclamado por la multitud en los Sudetes en 1938. Su visión de la necesidad de los cohetes fluctuó violentamente durante la guerra. A principios de la década de 1940 creyó que el conflicto iba a favor de Alemania y por eso apenas necesitaría costosas tecnologías. (Getty Images)

se diseñó el A-5 para que fuera muy similar al A-3, tenía una estructura más robusta y empleaba un sistema de guiado más simple y fiable. Se diseñó el A-5 para que exteriormente tuviera la misma apariencia que el A-4, pero a menor escala.

El agudizado sentimiento del expansionismo alemán era cada vez más visible para sus ciudadanos y la sensación dominante en los laboratorios de investigación era la de un futuro en expansión. La llegada de la guerra había parecido inevitable por algún tiempo, de modo que la declaración final, anunciada en Londres a las 11.15 del 3 de septiembre de 1939, tuvo poco efecto sobre los equipos. Las pruebas del A-5 continuaron y el des-

arrollo del cohete prosiguió con regularidad durante 1939. Se lanzaron misiles con éxito y muchos se recuperaron en paracaídas y volvieron a ser lanzados. Desde el principio los cohetes A-5 podían alcanzar una altitud de 12 km (7'5 millas). La era del cohete de largo alcance estaba más cerca cada día. Sin embargo, durante muchos años, Hitler había considerado que su destino militar era la invasión y subyugación de naciones. Sus preferencias personales no se decantaban por las armas que descendían del cielo sobre un enemigo lejano, sino por hordas de tropas bien disciplinadas que pudieran ocupar y dominar una nación. Hitler había visto a sus tropas caminar por las grandes llanuras de Europa, había leído los informes de la exitosa *Blitzkrieg* (guerra relámpago) sobre Londres y abandonó todo interés en la cohetería, a la que consideraba como algo que después de todo no iba a necesitar.

OJOS INGLESES

Los británicos eran muy buenos recolectando datos de inteligencia y ya estaban descubriendo lo que sucedía en Peenemünde. Un documento confidencial sobre las actividades que allí se desarrollaban había sido enviado anónimamente a Londres por un físico alemán. Era el *Informe de Oslo*. Fue uno de los documentos más importantes de este tipo que nunca se hayan conocido. Su autor era Hans Ferdinand Mayer, que había conseguido su doctorado en física por la Universidad de Heidelberg en 1920. En 1936 se convirtió en el director del laboratorio de investigación de la firma Siemens en Alemania y pudo viajar libremente. Tenía muchos contactos en todo el mundo de la investigación militar de Alemania y era un chismoso inveterado. Sin embargo, la mayor parte de la información circulaba en un sentido. Según Mayer, empezó a sentirse crecientemente preocupado por la amenaza nazi y se dio cuenta de que había que hacer algo para tratar de frenar su avance.

El acontecimiento que fue crucial para Mayer fue la invasión de Polonia por las tropas nazis el 1 de septiembre de 1939. Mayer supo que había llegado el momento de actuar y organizó un viaje

EL COHETE

de negocios a Oslo, Noruega, para el mes siguiente. El 30 de octubre de 1939 llegó a Oslo y se alojó en el Hotel Bristol. Tomó prestada una máquina de escribir del hotel y, durante los siete días siguientes, empezó a redactar un documento de siete páginas en el que explicó todo lo que sabía sobre los planes militares alemanes. Es un documento asombroso. El 1 de noviembre envió por correo la primera parte o «sección introductoria» a las autoridades militares de Londres. Les dijo que si estaban interesadas en el informe completo, él se lo enviaría por correo; la confirmación de la respuesta británica se debería hacer por medio de un sutil cambio en las palabras de la transmisión en alemán de los servicios de información a todo el mundo de la BBC. Mayer dijo que debería empezar por las palabras «*Hallo, hier ist London*» («Aló, aquí Londres»). Escuchó la transmisión y oyó las palabras codificadas.

Satisfecho de ver que querían su trabajo, Hans Ferdinand Mayer completó el resto del informe y lo envió por correo a Londres, junto con una copia de una nueva espoleta de proximidad que había obtenido secretamente.

Se informó a las autoridades nazis de que Mayer escuchaba la BBC y fue acusado de tener sentimientos antinazis, de modo que fue arrestado por la Gestapo en 1943 y estuvo encerrado en campos de concentración hasta que acabó la guerra, pero los alemanes nunca supieron nada de su *Informe de Oslo*. De hecho, su existencia no se reveló hasta 1947. Al final de la guerra Mayer fue llevado a Estados Unidos como parte de la supersecreta Operación *Paperclip*, realizada para proporcionar a los americanos el beneficio de la investigación de guerra alemana. Después de un periodo en la Universidad de Cornell, volvió a Alemania como director del departamento de investigación de tecnología de comunicaciones de Siemens & Halske en Múnich hasta 1962. Murió allí en el año 1980.

En Londres su informe fue descartado como una invención deliberadamente «plantada» (enviada) por los nazis para confundir a las autoridades británicas. Pero de pronto llegó a las manos de un brillante y joven físico, R. V. Jones, recientemente nombrado jefe de inteligencia científica de Churchill. Jones consideró que la amplitud y coherencia del documento eran un signo de su fiabilidad;

Una fotografía aérea de la importante instalación de Peenemünde. Los luchadores de la resistencia polaca informaron a sus contactos en Londres de que se estaban probando los cohetes nazis en Peenemünde y en marzo de 1943 la RAF obtuvo fotografías de importancia crucial. (Colección del autor)

125

verificó todos los detalles científicos y quedó convencido de que no podía ser un trabajo de ficción «plantado» para engañar. Jones era una figura clave en el desarrollo del radar y se dio cuenta de que los alemanes también estaban tratando de hacer que los sistemas para hallar la dirección de una emisión por radio (RDF) fueran utilizables. Jones argumentó vehementemente contra la idea de que la información fuera «plantada». Si los alemanes estaban consiguiendo eso, dijo, nunca querrían que se supiera. Y si no, su incapacidad de hacerlo sería una obvia admisión del fracaso. Solamente una persona «genuinamente desafecta» escribiría eso, argumentó Jones, si quisiera revelar todo lo que sabía.

El Almirantazgo británico no quedó convencido y siguió manteniendo que el *Informe Oslo* era un trabajo de ficción. Sostenían que ninguna persona podía tener un conocimiento tan amplio de campos tan diferentes. En Gran Bretaña, como en Estados Unidos, e incluso en la Alemania nazi, la cooperación y el contacto entre el ejército y la marina eran inexistentes. Se veían como rivales, no camaradas. Pero Jones sabía que una persona socialmente bien conectada podía tener amigos en muchos sitios e insistió en que el *Informe de Oslo* debía ser verdadero. En un párrafo aseguraba que en Peenemünde se estaban desarrollando «cohetes planeadores controlados por radio», así como lo que Mayer describió como «granadas cohete» de 80 cm (30 pulgadas) de diámetro. Hoy en día no se sabe qué pudieron haber sido los «cohetes planeadores». Se habían desarrollado aviones sin piloto, pero el trabajo en los prototipos de la V-1 aún no se había llevado a cabo. Las «granadas cohete» podrían haber sido el cohete A-3, que tenía un diámetro de 68 cm (27 pulgadas), una estimación razonable.

PEENEMÜNDE RESTRINGIDO

En mayo de 1940, justo cuando los equipos de Peenemünde estaban a punto de diseñar un cohete monstruo, Hitler se autoconvenció de que los hechos se movían a su gusto y que la guerra estaría pronto acabada. La Fuerza Expedicionaria Británica que se había enviado a enfrentarse al ejército alemán había sido derrotada rápidamente. Los aliados se habían retirado, quedando aislados en Dunkerque, en la costa cerca de la frontera entre Francia y Bélgica. Habían abandonado su artillería pesada y temían ser destruidos por la *Luftwaffe* y el ejército alemán. Pero al ver que la lucha había terminado, el mariscal de campo Gerd von Rundstedt, jefe del Estado Mayor General, impuso un alto en las hostilidades. La tregua en los combates proporcionó una ocasión para rescatar a los soldados y, en Londres, Churchill ordenó que todo aquel que tuviese un barco grande o pequeño acudiese a traer las tropas de vuelta a casa. Casi 1.000 barcos se hicieron a la mar hacia el continente y 338.226 soldados (123.000 de ellos franceses) fueron llevados a Gran Bretaña por mar. Otros 40.000 soldados aliados se quedaron en el continente; muchos continuaron luchando contra los alemanes, algunos fueron capturados, otros volvieron a casa (algunos viajaron a través de la neutral España para encontrar un camino de vuelta a Gran Bretaña).

Hitler recibió los informes de la retirada británica con inmensa satisfacción y consideró que el ejército británico era una fuerza totalmente agotada. Entonces empezó a convencerse de que las hostilidades estarían acabadas en un año más o menos, y ordenó que se dejase de trabajar en todos los proyectos que no se pudieran completar antes del probable final de la guerra. El desarrollo en Peenemünde se restringió y durante el siguiente año el futuro de la cohetería alemana estuvo en peligro.

EL DESARROLLO DE LOS COHETES FUERA DE ALEMANIA

La fascinación por los cohetes la compartían muchas personas particulares y fuerzas armadas por todo el mundo, incluyendo la URSS, Estados Unidos y Gran Bretaña.

EL DESARROLLO DE LOS COHETES RUSOS

La caprichosa influencia de las ambiciones personales se hacía notar en Rusia, al igual que en Alemania. Aunque a menudo se deja de lado la investigación rusa sobre cohetes, en Rusia existió la primera sociedad de cohetería. En 1924 Fridrikh Tsander propuso en Moscú la formación de una Sociedad para el Estudio de los Viajes Interplanetarios y se constituyó bajo la égida de la División de Ciencia Militar de la Academia N. E. Zhukovsky de la Fuerza Aérea. Era esencialmente un grupo de debate y pronto fue rebautizada como la Sociedad para el Estudio de la Comunicación Interplanetaria.

Entre las otras sociedades que se formaron en la década de 1930 estaba el Grupo para el Estudio del Movimiento a Reacción en Moscú (MosGIRD). Sergei Korolev fue un miembro clave del MosGIRD y llegó a ser el diseñador jefe de cohetes espaciales soviéticos. Tsander dirigió el diseño de un proyectil experimental pionero: el cohete GIRD-X.

El Instituto de Investigación sobre la Propulsión a Chorro (RNII) se creó en 1933 mediante la unión del Laboratorio de Dinámica de Gases (GDL) en Leningrado (ahora San Petersburgo) y el MosGIRD de Moscú. Ivan Kleimenov, el jefe del GDL, fue nombrado director del RNII, que empezó a trabajar en misiles balísticos de combustible líquido. Una fotografía de la página 131 muestra al ingeniero A. I. Polyarny sosteniendo en sus manos un cohete experimental R-06 antes de su lanzamiento con éxito en 1937. Alcanzó una altitud de más de 4.000 m (13.000 pies).

Durante el año siguiente, el RNII fue rebautizado NII-3. Sin embargo, la iniciativa duró poco tiempo porque estaba a punto de suceder una tragedia. En junio de 1937, los ciudadanos soviéticos

Tropas británicas, evacuadas de Dunkerque en mayo de 1940, esperan para desembarcar en Dover. Después de esta victoria, Hitler creyó que a Alemania le quedaba poco para ganar la guerra. (IWM H 1628)

El mariscal Mikhail Nikolayevitch Tukhachevsky era un prominente miembro del Partido Bolchevique y patrocinador del Instituto Soviético de Investigación de la Propulsión a Chorro. Fue súbitamente clasificado como «enemigo del pueblo» por Stalin y ejecutado sumariamente. (Getty Images)

escucharon la chocante noticia de que el mariscal Mikhail Nikolayevitch Tukhachevsky, un prominente miembro del Partido Bolchevique, había sido ejecutado por Stalin como «enemigo del pueblo». Tukhachevsky era el patrocinador del NII-3, y el director de instituto y su adjunto fueron pronto ejecutados, mientras que los ingenieros jefes Sergei Korolev y Valentin Glushko sufrieron largas penas de prisión. La investigación sobre cohetes de combustible líquido fue abandonada rápidamente y, por tanto, el NII-3 solo podía producir cohetes Katyusha no guiados y de corto alcance. Justo cuando Hitler había restringido la investigación sobre cohetes en Alemania en 1940, la paranoia personal de Stalin había destruido la investigación sobre alta tecnología de cohetes en Rusia. El misil con más éxito que perfeccionaron los rusos fue el Katyusha, que se lanzaba en salvas desde camiones, tractores, trenes y tanques. Los lanzadores también se instalaron en buques. El Katyusha que se empezó a producir en serie fue designado oficialmente M-13 y tenía 180 cm (71 pulgadas) de longitud, 13 cm (5'2 pulgadas) de diámetro y pesaba 42 kg (92 libras). El propelente era una simple carga sólida de nitrocelulosa con una sola tobera rodeada de cuatro aletas estabilizadoras. Una cabeza de guerra de 22 kg (48 libras) se podía lanzar hasta a 5'4 km (3'4 millas). El impacto del Katyusha residía en el lanzamiento en masa: una batería de varios lanzadores podía lanzar más de 4 toneladas de alto explosivo y los cohetes llovían sobre un área de 4 hectáreas (10 acres). Aunque entonces se tardaba tiempo en recargar y reasentar el lanzador, el efecto del bombardeo era devastador y el característico sonido de tantos cohetes rugiendo por el aire simultáneamente era muy desmoralizador para el enemigo.

COHETES EN JAPÓN

En Japón había un claro reconocimiento de la importancia potencial de los cohetes, pero los científicos japoneses poco podían hacer. Japón es una nación que carece de recursos naturales y en aquella época tenía una experiencia industrial limitada. Como muchos estados centralizados, tenía una burocracia engorrosa y las organizaciones rivales tenían tendencia a pisarse unas a otras.

En los primeros años de la II Guerra Mundial, tanto el ejército como la marina imperiales de Japón pensaban en desarrollar cohetes de 20'3 cm (8 pulgadas). El cohete de 8 pulgadas del ejército era un proyectil estabilizado por rotación que tenía seis lumbreras para impartir tanto rotación como propulsión. Estaba diseñado para ser lanzado desde un lanzador de cohetes Type 4, en realidad un mortero. En cambio, la marina japonesa había desarrollado su propia versión rival. Su cohete de

8 pulgadas estaba diseñado para ser lanzado desde un simple receptáculo acanalado de madera o incluso desde hoyos en el suelo.

Los japoneses también desarrollaron el motor cohete Type 10, que era una unidad sencilla de propulsión, diseñada como una ayuda al lanzamiento de bombas aéreas. Posteriormente, produjeron un cohete de 44'7 cm (18 pulgadas) de diámetro; era un proyectil muy rústico que se utilizó en Iwo Jima y tenía un alcance máximo de más de 2.000 m (1 milla). Aunque no era muy preciso, llevaba una cabeza explosiva de 180 kg (400 libras). Es interesante saber que este cohete también se estabilizaba por rotación. La rotación sobre el eje tenía el potencial para estabilizar el cohete en vuelo, lo mismo que el cohete Congreve del siglo anterior.

El ejército imperial japonés enfocó sus esfuerzos en desarrollar un misil aire-superficie, mientras que la marina se concentró en el diseño de misiles superficie-aire. El ejército decidió desarrollar su misil Igo, mientras que el proyecto de la marina era el cohete Funryu (Dragón furioso).

El Igo-1-A era un misil de crucero construido por Mitsubishi de madera y metal. Tenía 5'77 m (16 pies) de longitud y una envergadura de 3'6 m (10 pies y 9 pulgadas). Su peso de lanzamiento era de 1.400 kg (3.080 libras) y podía llevar una cabeza explosiva de 800 kg (1.760 libras) a una velocidad de 550 km/h (340 mph). El motor cohete era un Mitsubishi Tokuro-1 Tipo 3, que ardía durante 75 segundos. También había un Igo-1-B producido por Kawasaki, que era de diseño similar, pero llevaba una carga explosiva algo inferior. Ambas versiones del Igo-1 se lanzaban desde un avión a unos 1.500 m (5.000 pies) de altura y a unas 10 km (6 millas) del blanco. Un altímetro de a bordo mantenía al misil en vuelo recto y nivelado, y entonces era radiocontrolado por el piloto hasta el blanco. Los misiles no dejaban estela de humo y era difícil para el piloto del avión apuntarlos adecuadamente. Los cohetes llevaban una luz en la cola para su uso nocturno, pero en estas condiciones, aunque el piloto podía ver el cohete, tenía dificultades para ver el blanco. El refinamiento final del cohete Igo fue el Igo-1-C, desarrollado por el Instituto de Investigación Aeronáutica de la Universidad Imperial de Tokio. En lugar de ir guiado por radio, el Igo-1-C estaba diseñado ingeniosamente para dirigirse hacia las ondas de choque producidas por los buques cuando estos disparaban sus cañones.

Mientras tanto, la marina estaba desarrollando sus cohetes Funryu y planeaba producir cuatro versiones. Como sus homólogos Igo, serían radiocontrolados hacia el blanco. Al final, solo se produjeron en serie el Igo-1-A y el Igo-1-B, y ninguno fue disparado contra el enemigo.

Los misiles aire-tierra no fueron estudiados seriamente por los japoneses hasta marzo de 1944. El ejército prefirió los cohetes estabilizados por rotación, mientras que la marina prefería artefactos estabilizados por aletas. Si los dos servicios hubieran combinado sus fuerzas, se podían haber puesto de acuerdo en desarrollar un diseño optimizado, pero, tal y como estaban las cosas, la vieja rivalidad persistió y cada servicio siguió adelante con sus propias ideas. Los misiles aire-tierra iban a ser instalados en el avión Kawanishi N1K-J Shiden (Relámpago violeta), que sería modificado especialmente para poder llevar seis de los cohetes para atacar a la flota que los japoneses creían que estaba ya en camino para invadir su patria. Pero, de hecho, los aviones nunca llegaron

Lanzadores de cohetes Katyusha soviéticos en la batalla de Kursk. El Katyusha fue el arma secreta soviética que tuvo más éxito y lanzaba los cohetes en salvas. El efecto de estos lanzamientos en masa era muy intimidante. (Hulton Archives/Getty Images)

Una versión moderna del cohete soviético Katyusha. Durante la guerra se desarrollaron lanzadores como estos para instalarlos en barcos, trenes, tractores y camiones. (istock)

a conseguir estar totalmente operacionales antes del dramático fin de la guerra. Los planes japoneses para lanzar una salva de estos cohetes nunca se completaron; en lugar de eso, cada cohete era disparado individualmente, de la misma manera que se dispara un mortero, y así se alcanzó siempre muy poco beneficio.

COHETERÍA BRITÁNICA

El interés británico en los cohetes fue mucho más modesto que en Alemania. Al principio de la guerra, lo único que había disponible eran pequeños cohetes de 3 pulgadas (7'6 cm) de diámetro propulsados por cordita. A finales de 1940 se había desarrollado una versión mayor, de 8 pulgadas (20 cm), que se podía disparar en salvas de 128 cohetes desde un lanzador con forma de armero denominado «proyector». Había muchos problemas prácticos y la organización de semejante batería de cohetes se tuvo que estudiar y trabajar desde los principios más elementales, ya que no había experiencia práctica de la cual partir. El 20 de mayo de 1940, en el cuarto trasero de un bar de Aberporth en Gales, se organizó una reunión convocada por el director local de municiones y se decidió tratar de usar estas baterías de cohetes como una medida de rutina contra los aviones enemigos. En

Izquierda: El consorcio ruso de entusiastas de la cohetería *amateur (Gruppa Izucheniya Reaktivhogo Dvizheniya* o GIRD) fue dirigido por un brillante y joven diseñador Fridrikh Tsander. Leonid Konstinovich Korneev (a la derecha del cohete en esta foto) supervisó el lanzamiento de su cohete GIRD-X. (Colección del autor)

Abajo izquierda: El ingeniero ruso A. I. Polyarny sujeta un cohete R-06, que alcanzó una altura de 4 km (2'5 millas) en 1937. Las altitudes logradas por estos cohetes rusos siguieron siendo récords mundiales hasta que los batió la V-2 alemana en 1945. (Colección del autor)

Abajo derecha: Las tropas japonesas empezaron a utilizar estos cohetes contra los aliados en 1944. Este lanzador, el Tipo 4, estaba equipado con un tubo de 20'3 cm (8 pulgadas) de diámetro y 192 cm (6 pies y 3'5 pulgadas) de longitud. El cohete se disparaba tirando de una cuerda de 7'62 m (25 pies) de longitud para mantener al operador a una distancia de seguridad. (Colección del autor)

unas semanas una firma de Greenwich, Londres, llamada G. A. Harbey, había recibido un contrato para producir en masa «proyectores» y en septiembre se habían fabricado más de 1.000 unidades.

Al mes siguiente, el yerno de Churchill, Duncan Sandys (que entonces era comandante), organizó una sección de cohetes para defender el estratégico puerto de Cardiff con cohetes de 3 pulgadas, y el 7 de abril de 1941 se derribó el primer avión alemán. A finales de 1941 había tres instalaciones de ese tipo, llamadas «baterías-Z», en existencia. Dos estaban en Cardiff y la tercera en Aberporth, donde hoy en día hay un polígono de prueba de misiles. El cohete UP-3, como se le llamaba entonces, fue mejorado aún más y finalmente apareció un cohete de 1'8 m (6 pies), con un radio letal de 21 m (70 pies). En diciembre de 1942 había 21 baterías en existencia, pese a los ataques enemigos, que arrasaron dos veces la fábrica donde se producían las espoletas. Se produjo una modificación de este cohete, que fue un misil operacional superficie-aire que podía alcanzar 1.600 km/h (1.000 mph). Aunque el ejército mostró poco interés en estos misiles, la marina inició la producción de proyectores Mattress (Colchón) de seis unidades para su uso en el mar. Se utilizaron en los desembarcos que luego tuvieron lugar en Sicilia y en el territorio continental italiano. Después de pruebas adicionales en Sennybridge (también en Gales), el ejército empezó a cambiar de mentalidad y se empezó a producir un proyector Land Mattress (Colchón de tierra) que entró en servicio con las tropas canadienses cuando combatieron en los ríos Rhin y Escalda. Hacia el final de la guerra apareció el cohete Stooge (Hombre de paja). Estaba diseñado específicamente para atacar a los aviones enemigos, especialmente (como casualmente sucedió) a los aviones suicidas japoneses. Era un misil radioguiado de 335 kg (740 libras) y 3 m (10 pies) de longitud con un alcance de hasta 13 km (8 millas). Tenía una velocidad máxima de 800 km/h (500 mph) y llevaba una cabeza de guerra de 100 kg (220 libras). Los cohetes británicos habían llegado a la edad adulta.

No todas las pruebas de cohetes fueron un éxito. Por ejemplo, en 1942 se realizó la demostración de un despegue asistido por cohetes en un bombardero Stirling. Un grupo de altos oficiales de la RAF asistía a la demostración y uno de ellos preparaba un informe directo para Winston Churchill. La expectación era enorme: si el experimento tenía éxito, los bombarderos pesados podrían despegar desde pequeños aeródromos, incluso cargados al máximo, algo que hasta entonces parecía inimaginable. Se habían colocado 24 cohetes debajo de las alas, y un reóstato variable (dispositivo que podía aumentar progresivamente la corriente eléctrica) iba instalado para disparar los cohetes en estricta secuencia cuando se acelerasen los motores. A una señal prevista, el avión rugió y de pronto, cuando empezaba a moverse hacia delante, hubo una fulgurante explosión y el aire se llenó de cohetes y pedazos de avión esparcidos por todas partes. Los cohetes se habían disparado demasiado seguidos y habían ejercido unas tensiones que el avión no pudo soportar. Cuando se disipó el humo, los restos del avión yacían esparcidos por la pista, con sus alas y motores apuntando en todas direcciones. El piloto, milagrosamente, salió ileso caminando entre el humo (solo hacía unas semanas que su bombardero se había estrellado en llamas y también había salido caminando de ese accidente). Era el comandante (jefe de escuadrón) Harold Huxtable, uno de los pilotos con más suerte de la II Guerra Mundial.

Aunque las correrías británicas en el campo de los cohetes que fueron más afortunadas no tenían comparación con las de los alemanes en términos de desarrollo de alta tecnología. Los diseños bri-

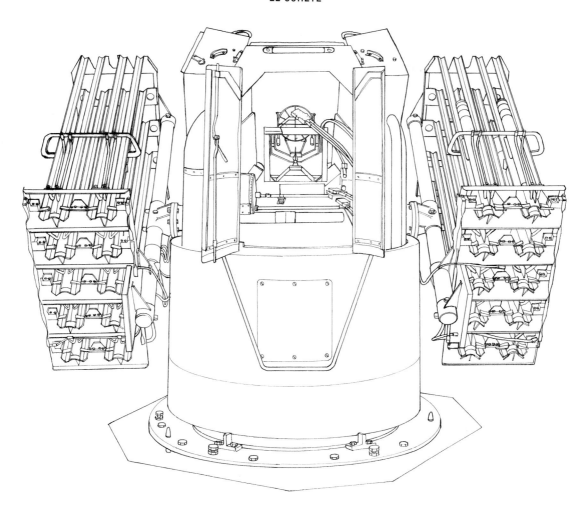

Arriba: Hecho de acero estampado, este lanzador de cohetes de fabricación económica fue desarrollado [como el menos exitoso Panjandrum (Mandamás)] por el directorio británico de Desarrollo de Armas Diversas en 1943. Este organismo fue conocido inicialmente como Inspección de Armas y Dispositivos Antiaéreos (*Inspectorate of Anti-Aircraft Weapons and Devices* o IAAWD); sus siglas inspiraron la irreverente interpretación *«Instigator of Anti-Aircraft Wheezes and Dodges»* («Instigador de Tretas y Regates Antiaéreos»). (John Batchelor)

Derecha: Los soldados de la *Home Guard* cargan un cohete antiaéreo en una batería Z desplegada en Merseyside el 6 de julio de 1942. Las primeras baterías Z se utilizaron en la primera línea de defensa británica y se utilizaron para fortificar posiciones estratégicas. Los civiles británicos fueron adiestrados en muchas misiones como parte de la *Home Guard* y sus responsabilidades incluían servir como dotaciones de estas unidades antiaéreas. (IWM H 21135)

COHETES ESPAÑOLES EN LA GUERRA

Durante la guerra civil española de 1936-1939 se utilizaron pequeños cohetes de combustible sólido. Las autoridades españolas modificaron cohetes diseñados para su uso en misiones de rescate en el océano y los utilizaron para lanzar panfletos de propaganda detrás de las líneas enemigas. Los conos de morro de los cohetes de rescate naval fueron modificados para abrirse a una altitud predeterminada y soltar su carga de panfletos de propaganda, que estaban impresos en un papel muy fino para ayudar a reducir el peso. Los cohetes eran fiables y fáciles de fabricar, pero en principio poco se diferenciaban de los utilizados en la época de Napoleón. Gracias a la omisión de los cohetes en las restricciones del Tratado de Versalles, todavía no habían sido reconocidos como un arma de guerra importante. Solo los entusiastas alemanes tenían esta visión futurista de los cohetes.

tánicos estaban ideados principalmente como armas defensivas, y no se había mostrado ningún interés en armas ofensivas a gran escala.

COHETERÍA AMERICANA

Como los británicos, los americanos confiaron básicamente en los cohetes de combustible sólido durante los primeros años de la II Guerra Mundial. El primer cohete americano con verdadero éxito en la guerra surgió de los vestigios de la investigación llevada a cabo por Robert Goddard al final de la I Guerra Mundial y fue también uno de los más pequeños: el bazuca. Su desarrollo se había impulsado fundamentalmente por la necesidad de encontrar una respuesta al problema del retroceso que se producía cuando se disparaba un proyectil perforante desde un cañón transportable. La reacción igual y opuesta era tan fiera que parecía imposible diseñar un arma adecuada que pudiera ser movida por los soldados en el campo de batalla. Como Goddard había demostrado en 1918, un misil propulsado por un cohete resolvería el problema porque la fuerza motriz se genera durante el vuelo y no es debido a la reacción masiva a la explosión de un cartucho. En 1942 Clarence Hickman, antiguo colega de Goddard, reinició los experimentos en la Universidad George Washington en Washington D.C., y el teniente Edward Uhl (que luego fue llamado el «padre del bazuca») desarrolló un tubo lanzador que se podía producir en serie. Después de estar casi un cuarto de siglo detenido, de pronto al invento de Goddard se le dio alta prioridad.

Como resultado se inició la producción de un cohete de 53 cm (21 pulgadas) que pesaba 1'5 kg (3'5 libras). Contenía 720 gramos (1'6 libras) del alto explosivo Pentolite y se disparaba desde un tubo que podía transportar un soldado y disparado desde el hombro durante los combates. Denominado M9, y originalmente apodado el «tubo de estufa», el dispositivo adquirió su nombre más conocido durante una de las primeras pruebas, cuando un comandante preguntó qué era aquel chisme. Cuando se lo explicaron se echó a reír: «Parece más bien el "bazuca" de Bob Burns». Burns había sido un popular actor de vodevil en la década de 1930 y en sus actuaciones empleaba un instrumento tubular de latón que denominaba «bazuca». El nombre triunfó.

Durante los primeros años de la II Guerra Mundial esta arma fue utilizada por las tropas americanas, y también se suministraron bazucas a las fuerzas soviéticas. En 1942 los alemanes capturaron algunos ejemplares de los soldados rusos y luego de los americanos en África del Norte, y así se perdió el secreto. Un estudio realizado sobre su efectividad no encontró ningún soldado (después de que se hubiesen disparado muchos bazucas) que hubiera informado de la destrucción de un solo tanque enemigo, y por eso se retiró el arma. El bazuca fue mejorado y volvió a entrar en servicio más tarde, durante la guerra, pero continuó presentando problemas característicos. La estela de humo indicaba al enemigo la posición exacta de la persona que había lanzado el misil, y los soldados siempre estaban en peligro mortal cuando se levantaban para lanzar el arma. Quedó claro que los cohetes no eran fiables y en los últimos años de la guerra los nuevos tanques alemanes tenían una coraza de acero más gruesa, que era invulnerable al ataque de un bazuca.

Al final parecía que era mejor emplearlo contra posiciones enemigas más que como arma antitanque. El general Dwight David Eisenhower llegó a describir al bazuca como «una de las cuatro herramientas de la victoria» (junto con el Jeep, el DC-3 Dakota y la bomba atómica). Posteriormente, se mejoró el diseño y los bazucas volvieron a estar en uso en Corea y Vietnam. Su valor exacto en

Soldados de una batería Z de la Artillería Real cargando cohetes antiaéreos de 10 cm (4 pulgadas) en un lanzador móvil en junio de 1941 (IWM H 10791)

la II Guerra Mundial sigue siendo dudoso, aunque el bazuca era ciertamente un arma potente en manos de un soldado e hizo mucho para tranquilizar a los hombres de infantería americana enfrentados a los combativos tanques alemanes y a defensores tenaces.

TERROR DESDE EL CIELO

En sus primeros años en Peenemünde los investigadores alemanes sobre cohetes no tuvieron dificultades en conseguir los fondos que necesitaban. Se imprimieron billetes en grandes cantidades y el presupuesto militar para el ejército parecía no tener límite.

LA PRIMERA V-2

Von Braun estaba en su elemento en Peenemünde y el diseño del gran cohete A-4 proseguía a buen ritmo. Estaba basado en el exitoso diseño del A-5, con un nuevo sistema de control y una construcción actualizada. El A-5 había alcanzado una altitud de 10.000 m (35.000 pies) en las pruebas durante 1938 y el A-4 estaba diseñado con el beneficio de los resultados de esas pruebas. Pero las cosas cambiaron cuando Hitler empezó a imaginar un rápido fin de las hostilidades, con Alemania reinando en Europa Occidental, y como resultado las investigaciones en Peenemünde se redujeron. En un programa de investigación a escala reducida, los ingenieros se contentaron con diseñar sistemas de servocontrol mejorados y se desarrollaron sistemáticamente nuevas bombas de combustible de alto caudal. El desarrollo de los cohetes quedó aparcado.

Pero en los siguientes dos años la suerte de los contendientes cambió y en Alemania reapareció la necesidad de investigar en cohetes. El trabajo en el A-4 se retomó, y el 13 de junio de 1942 el primero de los nuevos cohetes monstruo estaba listo para el lanzamiento de pruebas. Medía 14'05 m (46 pies y 1'5 pulgadas), pesaba 12 toneladas y estaba propulsado por alcohol metílico (metanol). El oxidante era oxígeno líquido, que se bombeaba justo antes del lanzamiento. Las bombas se aceleraron, se consiguió la ignición y el cohete se elevó inestablemente desde su plataforma de lanzamiento. El cohete empezó a ascender en una ondeante nube de humo y vapor, acelerando rápidamente y entonces, justo en el peor momento, falló la bomba de combustible del motor. El cohete se tambaleó, cayó sobre la plataforma de lanzamiento y se desintegró en una tremenda explosión. Los técnicos quedaron aterrorizados y tuvieron suerte de escapar.

El 16 de agosto de 1942 se probó un segundo A-4. De nuevo la bomba de combustible del motor falló, pero esta vez lo hizo un poco más tarde, cuando el cohete ya había pasado la barrera del sonido. La tercera prueba fue un éxito completo. Tuvo lugar el 3 de octubre de 1942, y el cohete fue lanzado a lo largo de la costa de Pomerania. El motor estuvo en combustión durante un minuto, empujando al cohete hasta una altitud máxima de 80 km (50 millas). Cayó a tierra a 192 km (119'3 millas) de la plataforma de lanzamiento. Había llegado la era del cohete espacial y el misil balístico era una realidad. Ahora se podía refinar el diseño del cohete A-4 y, si se le daba tiempo, el complejo diseño se podía optimizar para la producción en masa. Los nazis tenían ahora su Vergeltungswaffe (Arma de venganza o represalia). El término era importante. Aunque para Hitler era un arma de

Página siguiente: Un cohete A-4 despega de la Instalación de Pruebas VII de Peenemünde en 1943. El éxito del A-4 se benefició de las pruebas del prototipo A-5 y, una vez que estuvo afinado, fue designado V-2. (NARA)

136

Un soldado norteamericano instruye a los reclutas en el uso del bazuca el 3 de noviembre de 1943. Aunque empezó como un arma secreta, el bazuca se ha convertido en una de las más famosas y reconocibles armas de la guerra. (IWM NA 8376)

El bazuca en la guerra a mediados de la década de 1940: un paracaidista de la II Guerra Mundial de la 101.ª División Aerotransportada sube a un avión C-47 llevando su bazuca colgado del hombro. (PhotoQuest/ Getty Images)

El actor de vodevil Robert Burns actuando con su instrumento musical tubular, que él llamaba «bazuca». Después de que un comandante estadounidense dijera que el «tubo de estufa» se parecía a este instrumento, rápidamente se le denominó «bazuca». (Time Life Pictures/Getty Images)

BOMROC era la abreviatura que los militares de Estados Unidos dieron a estos cohetes de 13 cm (5 pulgadas) para bombardear. La Oficina Naval de Municiones propuso una nueva generación de cohetes en marzo de 1943, y de su desarrollo se encargó el Instituto de Tecnología de California. El primer diseño fue el de un cohete de 3'5 pulgadas, pero las investigaciones prosiguieron para producir una familia de cohetes de 5 pulgadas con una amplia variedad de cabezas de guerra de alto explosivo. (John Batchelor)

destrucción masiva, él esperaba que el mundo, en lugar de considerarle el agresor, le viera como alguien obligado a responder a los ataques aliados. La V se traduce a veces en inglés como «venganza», pero no es correcto, ya que el término en alemán tiene connotaciones de respuesta o represalia a un ataque anterior. La primera de estas armas fue el misil de crucero V-1, la bomba zumbadora, y ahora tenía la V-2. Seguro que inspiraría terror en los corazones de los que desafiaban la supremacía alemana.

Los aspectos del diseño fueron refinados y desarrollados por equipos de diversas compañías, como Zeppelin Luftschiffbau y Heinkel, y la versión final de producción de la V-2 fue un cohete de brillante éxito. Los alemanes produjeron más de 5.000. El modelo de producción tenía 14 m (46 pies) de altura, 1'65 m (5 pies y 5 pulgadas) de diámetro y pesaba más de 5 toneladas, el 70% de las cuales era combustible. Los tanques tenían 3.760 kg (8.300 libras) de combustible y más de 5.000 kg (11.000 libras) de oxígeno líquido en el despegue. La cámara de combustión consumía 125 kg (275 libras) por segundo, expulsando gases a una velocidad de 2.200 m/seg (6.950 pies/seg). El misil iba dirigido por paletas en la tobera de salida y podía hacer impacto con una precisión superior al 4%, según aseguraban sus diseñadores. No había ningún metal que pudiera resistir un calor tan intenso, de modo que estas aletas internas se fabricaban de fibra de carbono. Se desgastaban por el calor, pero no podían arder rápidamente debido a la falta de oxígeno, y por eso duraban lo suficiente, hasta que se consumía todo el combustible del cohete. Para su época, la V-2 fue (y sigue siendo) una realización extraordinaria hecha en un tiempo récord.

Dörnberger trató de obtener la máxima ventaja de este éxito. Desde que Estados Unidos había declarado la guerra a Alemania el 8 de diciembre de 1941, la balanza de fuerzas se había empezado a inclinar contra los nazis. Dörnberger sabía que la ocasión era propicia para que se aceptara oficialmente el progreso de sus equipos de trabajo. Hitler había ido a ver las pruebas estáticas de los motores del cohete en Kummersdorf, pero no había quedado muy impresionado por el ruido, el fuego y el humo. Resultaban excitantes para los entusiastas de los cohetes, pero Hitler no podía imaginar cómo estos «juguetes de muchachos» podían transmutarse en agentes de la dominación mundial y era muy reacio a dar a los equipos de cohetes la alta prioridad que ellos deseaban.

Dörnberger estaba frustrado por la burocracia y la falta de nuevos y atractivos descubrimientos. Parte de la presión sobre él se había levantado el 8 de febrero de 1942, cuando le llegó la noticia de que el ministro de Armamento y Municiones, Fritz Todt, había fallecido a la edad de 50 años. Todt iba en un avión Junkers Ju-52 en una gira de rutina cuando el avión se estrelló y explotó poco después del despegue. Albert Speer debía haber cogido este mismo vuelo, pero tuvo que cancelarlo en el último minuto. Inmediatamente Hitler le escogió para ocupar el puesto de Todt. Speer estaba muy interesado en lo que Dörnberger tuviera que decirle. Era un arquitecto profesional y se había unido al Partido Nazi en 1931. Pronto se convirtió en un miembro del círculo personal de Hitler y se había ganado la confianza del Führer después de su designación como arquitecto en jefe. Speer veía claramente que había que reconciliar a Hitler con la idea de la V-2 a medida que continuaban los progresos.

Por un golpe de mala suerte, el nuevo comité fue puesto bajo el mando del general Gerd Degenkolb, al cual Dörnberger le disgustaba intensamente. En esa época Von Braun dijo: «Este comité es como una espina en nuestra carne». Es fácil ver por qué.

Degenkolb ejemplarizaba ese otro rasgo tan alemán que es el talento para la burocracia y la complejidad administrativa. Había formado parte del grupo de Karl-Otto Saur y Fritz Todt, que compartía el excepticismo de Hitler de que los cohetes llegaran a ser un agente principal del éxito militar. Degenkolb empezó inmediatamente a establecer una estructura burocrática separada para trabajar separadamente de la de Dörnberger. Los detalles del diseño de la V-2 fueron reconsiderados en detalle por el nuevo comité de Degenkolb, y algunas de sus nuevas recomendaciones, que no estaban verificadas, fueron autorizadas sin conocimiento o aprobación de Dörnberger.

El progreso se volvió problemático incluso después de los exitosos lanzamientos. El director de Planeamiento de Producción, Detmar Stahlknecht, había establecido objetivos para la producción de la V-2 acordados con Dörnberger, pero que fueron modificados unilateralmente por Degenkolb. Stahlknecht había planeado producir 300 cohetes V-2 al mes en enero de 1944, pero en enero de 1943 Degenkolb adelantó la fecha a octubre de 1943. Stahlknecht preveía una producción de 600 unidades en julio de 1944; Degenkolb insistió en que la cifra se incrementara a 900 al mes, y la fecha se adelantaría a diciembre de 1943. El éxito del cohete estaba animando a los que marcaban la política de producción a elevar sus metas, y los nuevos objetivos parecían simplemente inalcanzables.

EL SUEÑO DEL CAPITALISTA

En este punto, Dörnberger se enfrentó a una sorprendente y nueva perspectiva. Se enteró de una asombrosa idea para sacar partido del súbito entusiasmo por los nuevos cohetes. Le contaron que se iba a proponer convertir a Peenemünde en una finca por todas sus consecuencias legales. Iba a ser adquirida conjuntamente por varias grandes compañías alemanas, como AEG y Siemens, que pagarían más de 1.000.000 de Reichsmarks por la propiedad y luego le cobrarían una cantidad al Gobierno nazi por cada misil que produjeran. AEG en particular estaba muy impresionada por la telemetría desarrollada para el cohete V-2 y reconoció que tenía implicaciones de gran alcance y considerable potencial en el mercado.

Los sistemas de guiado eran notablemente avanzados. Habían sido desarrollados por Helmut Gröttrup conjuntamente con Von Braun, aunque no eran muy amigos. Dörnberger luchó para mantener Peenemünde como un campo de pruebas e instalación de producción del ejército, y solo ganó esta batalla después de duras negociaciones. Esta fue una victoria por los pelos para Dörnberger, que nunca habría conseguido sin el apoyo de Speer.

Inmediatamente, se confirmaron tres lugares para la producción de los nuevos cohetes: Peenemünde, Friedrichshafen y el Raxwerken en Wiener Neustadt. Degenkolb impartió órdenes inmediatamente, pero no se dio cuenta de que carecía de suficientes altos funcionarios para preparar al personal y organizar la producción en una escala que crecía tan rápidamente. Degenkolb se negó a que le desobedecieran e insistió en que la producción empezase inmediatamente. Cuando los ingenieros explicaron la imposibilidad de cumplir la tarea con tan poco margen de tiempo, Degenkolb dio orden de que se les enviase a prisión si no se cumplían sus previsiones. Estaba claro que hablaba en serio.

Aunque Degenkolb vio a Von Braun como un rival personal y alguien que le desagradaba, reconoció que su participación era crucial para el éxito del desarrollo del cohete. Otros también lo sabían. En un momento dado, Von Braun había sido arrestado por las autoridades bajo la sospecha de que su propósito encubierto no era el bombardeo de las ciudades extranjeras para el beneficio de la madre patria, sino que estaba planeando secretamente desarrollar cohetes para la exploración del espacio a expensas del estado. Al principio las protestas de Von Braun no sirvieron de nada y parecía inevitable una larga investigación burocrática, pero Dörnberger intervino para decir que sin Von Braun no había más progresos. Al final Von Braun fue puesto en libertad y enviado de vuelta a su trabajo. Dörnberger informó de sus frustraciones con la falta de progreso hacia la producción en serie. Speer comprendió que la pesada interferencia burocrática de Degenkolb había provocado una detención innecesaria (que Dörnberger calculó en un retraso de 18 meses) y prometió quitarlo de en medio si eso ayudaba.

Finalmente Degenkolb sobrevivió gracias a la influencia de Karl-Otto Saur, con su larga amistad con Fritz Todt. El propio Saur tenía un considerable instinto para sobrevivir y, al final de la guerra, las autoridades americanas le utilizaron como testigo clave para la acusación de jerarcas nazis, por lo que logró ser puesto en libertad. El hecho de que Karl-Otto Saur fuera designado por Hitler para reemplazar a Speer como ministro de Armamento y Municiones no fue un crimen suficiente para que fuera juzgado como un criminal de guerra y, finalmente, organizó una empresa editorial en Alemania llamada Saur Verlag. La empresa sobrevive hoy publicando información de referencia para bibliotecarios, un curioso legado de la II Guerra Mundial.

LA V-2

Después del éxito de la bomba volante V-1, la más barata y rústica de las armas secretas nazis, la V-2 era un cohete aterrador que resultaba indetectable hasta que había dado en el objetivo. Bajo la dirección del pionero de los cohetes Wernher von Braun, se desarrolló la V-2 en Peenemünde, pero el trabajo se tuvo que trasladar a Polonia cuando los aliados bombardearon Peenemünde. La V-2 entró en producción en 1944 y causó amplios daños por toda Europa.

Tres ilustraciones que muestran los primeros cohetes de pruebas alemanes: el cohete gris a la izquierda es el A-3; originalmente el metal estaba sin pintar, pero se pintó de gris oscuro para las pruebas. El amarillo y rojo es un A-5; estos cohetes estaban pintados en una amplia gama de colores. El A-4 tiene un dibujo cómico pintado cerca de la base, como era el caso a menudo con los primeros misiles A-4 de pruebas. (Robert Calow © Osprey Publising)

La V-2 era un misil balístico intercontinental que pesaba 12'700 kg (28.000 libras). Tenía 14 m (46 pies) de altura y 1'65 m (5 pies y 5 pulgadas) de diámetro. Con una velocidad operacional de 5.760 km/h (3.580 mph), podía recorrer 320 km (220 millas) y llevaba 980 kg (2.200 libras) de Amatol (un alto explosivo). Después de la guerra el diseño fue reutilizado por Estados Unidos como cohete Redstone. (John Batchelor)

Un grupo de soldados posa en un vagón de ferrocarril con un cohete V-2 alemán capturado en abril de 1945 uniendo sus manos para hacer ver el tamaño del misil. (IWM BU 3694)

Fotografías americanas de la V-2 en vuelo. Estas instantáneas las tomó una cámara automática en 1946 en el polígono de pruebas de White Sands en Nuevo México, donde se estaba probando el cohete antes de que adaptase su diseño a las misiones espaciales de Estados Unidos. (Getty Images)

Albert Speer fue nombrado ministro de Armamento y Municiones a la muerte de Fritz Todt. Speer era un entusiasta promotor del desarrollo de los cohetes alemanes. (Popperfoto/Getty Images)

El último enemigo serio de la V-2 era la bomba zumbadora de la *Luftwaffe:* la V-1. Sus defensores argumentaron que era barata de volar, gastaba poco combustible, resultaba fácil de producir en gran cantidad y seguramente era una candidata mejor para lograr apoyos que la costosa y compleja V-2. Dörnberger argumentó ardientemente a favor de su propio proyecto. La V-1 necesitaba una rampa de lanzamiento, mientras que la V-2 se podía lanzar desde casi cualquier sitio donde pudiera estar de pie. La bomba volante era fácil de detectar, derribar o desviar de su ruta, mientras que un cohete era indetectable hasta que había impactado. Al final las autoridades nazis quedaron convencidas por ambos bandos y se ordenó la producción en masa de ambas armas. No obstante, los retrasos seguían siendo un obstáculo para el progreso, y en el verano de 1943 (con la cifra meta de producción fijada por Degenkolb en 900 ejemplares al mes como amenaza) los ingenieros protestaron diciendo que su tan exitoso ingenio aún no estaba preparado para que se fabricase en grandes cantidades por ingenieros normales.

Una vez más había intereses encontrados y políticas enfrentadas. Adolf Thiel, ingeniero diseñador jefe de la V-2, protestó diciendo que no era probable que se alcanzase la producción masiva antes de que la guerra llegara a su fin natural. Los amigos de Thiel dijeron que estaba al borde de un colapso nervioso y que quería abandonar su trabajo en Peenemünde y retirarse para seguir una carrera académica en la universidad. No obstante, Von Braun permaneció obstinadamente convencido de que estaban cerca del éxito y, al final, Dörnberger se inclinó por esta idea.

VIGILANCIA DESDE LONDRES

Mientras tanto, la inteligencia británica se mantenía vigilante. Los británicos hicieron un descubrimiento importante el 23 de marzo de 1943. Un oficial alemán capturado, el general Wilhelm Ritter von Thoma, proporcionó información actualizada que los aliados descubrieron que era de vital importancia. El 29 de mayo de 1942 el teniente general alemán Ludwig Crüwell estaba volando para inspeccionar las operaciones alemanas en Libia, cuando su piloto confundió a los soldados británicos con italianos y aterrizó al lado de ellos. Crüwell cayó prisionero y el 22 de marzo de 1943 le pusieron en la misma habitación que el general Von Thoma. El cuarto tenía varios micrófonos ocultos y su apagada conversación fue escuchada parcialmente por los ansiosos agentes británicos que estaban en la habitación contigua. Las notas fueron incorporadas al secreto *Air Scientific Inte-*

lligence Interim Report (*Informe provisional de inteligencia científica aérea*), que se redactó el 26 de junio de 1943, y que ahora está en los archivos del Churchill College de la Universidad de Cambridge, en Gran Bretaña.

«No se han hecho progresos en ningún aspecto en el tema de los cohetes. Una vez lo vi con el mariscal de campo [Walther von] Brauchitsch. Hay un campo especial cerca de Kummersdorf. Han conseguido esas grandes cosas que han llevado allí… Ellos siempre dicen que ascienden 15 kilómetros en la estratosfera y luego… tú solo apuntas a una zona. Si uno fuera a… cada pocos días… ¡espeluznante! El comandante que estaba allí estaba lleno de esperanza y dijo: «Esperen hasta el año que viene y empezará la diversión. No hay límites [en el alcance]…».

Una comprobación adicional llegó en junio de 1943, cuando un luxemburgués lleno de recursos llamado Schwaben envió un croquis de las instalaciones de Peenemünde a Londres en un microfilm por medio de una red de agentes llamados «la familia Martin». Esto cuadraba con los otros informes que habían estado llegando, incluyendo los relatos de testigos y notas pasadas subrepticiamente por agentes secretos sobre las actividades de Peenemünde. El servicio de inteligencia mantenía archivos meticulosos de los informes de estelas de vapor, explosiones y avistamientos ocasionales, que se reenviaban a Londres por aquellos agentes que estaban ansiosos de ver el final de la tiranía nazi. Churchill nombró a su yerno, Duncan Sandys, a encabezar un comité para investigar más en el tema.

El 12 de junio de 1943 se envió una misión de reconocimiento de la RAF a volar sobre el campo de pruebas a gran altitud y traer de vuelta las primeras imágenes de lo que había en Peenemünde. En las instantáneas se podía ver la imagen inconfundible de los cohetes proyectando sombras sobre el terreno. La mediciones les sugirieron a los británicos que el cohete tenía unos 11'5 m (38 pies) de altura y 1'8 m (6 pies) de diámetro, y tenía aletas de cola. El informe de inteligencia estimaba que el peso de cada cohete debía estar comprendido entre 40 y 80 toneladas. Se supuso que llevarían de 5 a 10 toneladas de explosivos en la cabeza.

Esto era así en parte, pero también una gran exageración. La V-2 tenía en aquel momento 14 m (46 pies) de altura y 1'65 m (5 pies y 5 pulgadas) de diámetro, de modo que las medidas calculadas por los británicos eran estimaciones razonables. Pero el peso del misil estaba calculado muy por lo alto: en vez de 40 toneladas o más, pesaba un poco menos de 13 toneladas y llevaba 980 kg (2.200 libras) de explosivos, en lugar de «hasta 10 toneladas», como estimaban los británicos. Se preparó un perfil aproximado del cohete para acompañar al informe que parecía más bien un torpedo. Quizá el misil carecía de su cabeza de guerra de 2'3 m (7'5 pies) en el cono de morro cuando lo dibujaron. En todo caso, las dimensiones era sorprendentemente acertadas, excepto por el gran error de cálculo en el peso.

Aunque la estimación de la cifra del peso del cohete era equivocada, los comentarios que R. V. Jones añadió al informe secreto de inteligencia del 26 de junio de 1943 mostraban un análisis notablemente claro sobre la posición alemana en aquel momento del desarrollo de la II Guerra Mundial:

Arriba: Esta fotografía de una acción muestra la visión aliada de la Operación *Hydra* durante la noche del 17 al 18 de agosto de 1943. Las bombas explotan entre los edificios del extremo oeste de las Instalaciones de Alojamiento Karlshagen (en el medio y abajo a la izquierda), y parte de la fábrica de producción de cohetes V-2 en el sur de Peenemünde está visible en la parte inferior derecha de la imagen. (IWM C 3747)

Página anterior: Los vuelos secretos de reconocimiento de los británicos produjeron esta notable imagen de la Instalación de Lanzamiento VII en Peenemünde. Esta es una foto más detallada de la instalación que la de la página 125. Entre las características importantes destacaban el muro protector elíptico y un pozo de cemento para los gases de escape cuando se disparaban los cohetes. Lo más importante son los dos cohetes V-2 que están brillando al Sol, ninguno de los cuales está camuflado. Los británicos comenzaron inmediatamente a planear raides de bombardeo. (Getty Images)

Una ampliación con anotaciones de una fotografía vertical tomada sobre la Instalación de Lanzamiento VII en el Centro de Investigación del ejército alemán en Peenemünde, después de los fuertes ataques del Mando de Bombardeo de la RAF en 1943. Como resultado de estos ataques, Peenemünde quedó inoperativo y el desarrollo de la V-2 se trasladó a Blizna, en Polonia. (IWM C 4783)

«La evidencia demuestra que (…) los alemanes han estado desarrollando durante algún tiempo un cohete de largo alcance en Peenemünde. Dado que los alemanes están satisfechos con la seguridad de Peenemünde, no hay razón para creer en la existencia de otro establecimiento rival, a menos que esta último haya surgido debido a celos entre departamentos.

Casi todos los informes apuntan a que es difícil que el desarrollo haya alcanzado madurez, aunque se ha estado trabajando en ello durante algún tiempo. Si, como parece, solo se lanzaron tres cohetes en los últimos meses de 1942, y dos fallaron, los alemanes deben entonces estar a cierta distancia del éxito y la producción en serie.

Al menos tres salidas sobre Peenemünde han mostrado ahora un cohete, y solo uno en todo el establecimiento y en una salida quizá dos. Suponiendo que los cohetes hubieran sido lanzados accidentalmente al aire, o quizá porque el depósito estaba lleno, entonces las probabilidades son que las existencias de cohetes sean de unos 20. Si fueran mucho mayores, entonces sería una extraordinaria casualidad que este número fuera siempre uno más que la capacidad de almacenamiento. Por tanto, el número de cohetes en Peenemünde es pequeño y, como este es el principal punto de desarrollo, también es probable que el número de cohetes del Reich sea relativamente pequeño…

Como el cohete de largo alcance difícilmente puede haber alcanzado la madurez, los técnicos alemanes preferirán esperar hasta que sus diseños sean más completos. Si, como parece muy posible, el genio del Führer prevalece sobre el juicio de los técnicos, entonces pese a todo en breve plazo el cohete entrará en servicio en su forma prematura».

Jones llegaba a esta conclusión: «Las actuales existencias de cohetes son probablemente pequeñas, de modo que el ritmo de bombardeo [de Londres] no será alto. La única contramedida inmediata que se nos ocurre como evidente es bombardear el establecimiento de Peenemünde».

Jones estaba en lo cierto, e inmediatamente se iniciaron los planes para realizar un masivo raid de bombardeo. Tres días más tarde, el 29 de junio de 1943, se organizó una reunión en la Sala del Gabinete de Guerra, en la cual Duncan Sandys reveló el contenido de las fotografías. Había cortocircuitado las conexiones de R. V. Jones con los laboratorios de fotografías e insistió en que todas se le enviasen primero a él. Uno de los asistentes a la reunión era el profesor Lindemann, vizconde de Cherwell, que inmediatamente se burló de la idea de una base de cohetes. Lindemann era un físico nacido en Alemania y el jefe de los asesores científicos de Churchill. En la reunión dijo que era absurdo hablar de un cohete que pesase 80 toneladas. Insistió en que los cohetes eran un fraude elaborado; los alemanes los habían simulado para asustar a los británicos y lanzarles sobre una pista falsa. No eran más que un elaborado plan de cobertura. Después de su análisis, que dejó a todos los funcionarios de la sala sintiendo que se estaba cometiendo un espantoso error, Churchill se volvió a R. V. Jones y dijo que ahora oirían la verdad sobre el asunto. Jones fue resueltamente al meollo de la cuestión y dijo que, cualesquiera que fueran las dudas que quedaran sobre los detalles de esos misiles, para él estaba claro que los cohetes eran reales y que presentaban una amenaza para Gran Bretaña. El establecimiento debía ser destruido. La idea de enviar más vuelos de reconocimiento se descartó porque podía alertar a los alemanes de que los aliados habían descubierto el asentamiento.

Peenemünde estaba demasiado lejos para estar en contacto por radio y fuera del campo de acción de los cazas; por tanto, los bombarderos aliados estarían completamente desprotegidos. Los cazas alemanes aparecerían rápidamente en escena y había que esperar importantes bajas aliadas. La conclusión fue que se organizaría el bombardeo más duro posible y que tendría lugar la primera noche en que las condiciones meteorológicas fueran adecuadas. La operación recibió el nombre en código de *Hydra*.

OPERACIÓN «HYDRA»

El 8 de julio de 1943 se le mostró a Hitler una película en Agfacolor sobre el lanzamiento de una V-2 y por fin se convenció de que el monstruoso cohete podía devolverle la ventaja. Después de haber sido escéptico durante un tiempo, ahora Hitler era un defensor entusiasta de la V-2. Inmediatamente, decidió que se necesitarían nuevas bases de lanzamiento a lo largo de toda la costa norte de la Europa continental a fin de maximizar el alcance de los cohetes y el número de lanzamientos que Alemania podría hacer contra Gran Bretaña. El Führer también dispuso que se le diera máxima prioridad a la producción de la V-2. Hitler creía que con estos cohetes podría hacer cambiar el curso de la guerra a su favor. Los alemanes estaban muy ocupados tratando de cumplir las órdenes de crear una línea de producción en la Base de Investigación del ejército en Peenemünde cuando la RAF recibió la orden de lanzar la Operación *Hydra* para destruir el establecimiento.

La planificación de la Operación *Hydra* fue meticulosa. El bombardeo se llevaría a cabo desde 3.000 m (9.000 pies) –normalmente los raides de bombardeo se realizaban al doble de esta altura)– y las prácticas sobre zonas de la costa británica adecuadas se organizaron rápidamente. La precisión mejoró enormemente durante las sesiones de práctica, reduciendo el margen de error de unas 900 m (1.000 yardas) a 270 m (300 yardas). A ninguna de las tripulaciones se les informó de la verdadera naturaleza de su objetivo. Se les dijo que la instalación era un nuevo asentamiento de radar que había que destruir urgentemente. Para animarles a ser concienzudos en el primer raid, se les dijo que se realizarían repetidos ataques, sin tener en cuenta las pérdidas, si no tenían éxito la primera vez. Mientras tanto, se organizó un raid señuelo con el nombre en código Operación *Whitebait* (Chanquetes): la idea era mandar aviones Mosquito a bombardear Berlín antes del raid sobre Peenemünde con la esperanza de atraer a los cazas alemanes al área berlinesa. Se enviarían escuadrones adicionales a atacar los aeródromos cercanos de la *Luftwaffe* para evitar que los cazas alemanes despegaran hacia Peenemünde. Cuando empezase el ataque, un bombardero experto, el coronel (jefe de Grupo) J. H. Searby, volaría en círculos sobre el blanco para atraer las sucesivas olas de bombarderos.

La noche del 17 de agosto de 1943 había Luna llena y el cielo estaba despejado. A medianoche comenzó el raid y en media hora la primera oleada estaba dirigiéndose al objetivo. Sin embargo, había algunas nubes sobre el blanco y la precisión de las primeras bombas fue muy baja. Los cañones antiaéreos del terreno abrieron el fuego y un buque que estaba cerca de la costa empleó su antiaérea contra los bombarderos, pero no aparecieron cazas. La segunda oleada de Lancasters se dirigió contra los talleres de la fábrica, y a las 00.48, la tercera y última ola de bombarderos atacó los talleres experimentales. Este grupo de Lancaster y Halifax se pasó del blanco y la mayoría lanzó sus bombas medio minuto demasiado tarde, de modo que sus bombas cayeron en un campo de trabajadores esclavos. A estas alturas del ataque los cazas alemanes ya se habían puesto en marcha, pero llegaron demasiado tarde, con lo que las pérdidas de los bombarderos británicos fueron inferiores al 7%.

A pesar de los fallos de la Operación *Hydra*, los laboratorios y las instalaciones de pruebas resultaron dañados, y los alemanes supieron entonces, con dramática brusquedad, que los aliados conocían sus elaborados planes. Al borde de su realización, se tuvieron que abandonar los proyectos de fabricar la V-2 en Peenemünde. Los alemanes decidieron engañar a los aliados haciéndoles creer que habían infligido un daño irreparable, de modo que cavaron falsos cráteres de bombas por todo el establecimiento y pintaron líneas negras y grises sobre los tejados para que parecieran vigas quemadas por el fuego. Su intención era que los vuelos de reconocimiento creyeran que el daño había sido mucho mayor de lo que fue para así convencer a los británicos de que no eran necesarios más raides.

No obstante, los británicos contaban con otras armas de represalia; algunas de las bombas llevaban espoletas temporizadoras, y explotaron de modo aleatorio durante varios días después del ataque. No causaron muchos daños materiales, pero las continuas detonaciones retrasaron a los alemanes en el traslado de equipos desde Peenemünde.

EL TRASLADO A POLONIA

Como los alemanes deseaban recuperar todo lo que pudieran de Peenemünde, el trabajo supersecreto de desarrollo de las V-2 fue transferido inmediatamente a la base de entrenamiento de las SS cerca

Un cohete V-2 alemán en Cuxhaven, Baja Sajonia, preparándose para ser lanzado. Un cuidadoso examen de esta fotografía permite ver a los hombres que están instalando el cohete, lo que da una idea del tamaño de esta inmensa arma de guerra. (Getty Images)

de Blizna, en la Polonia profunda, donde no sería detectado por los británicos y resultaría menos fácil de alcanzar desde el aire. Mientras tanto, se había seleccionado un asentamiento en Watten, cerca de la costa del norte de Francia, como base de lanzamiento de las V-2. El trabajo había comenzado en abril de 1943 y fue notificado inmediatamente a los británicos por los agentes de la resistencia francesa. Dörnberger había reconocido hacía bastante tiempo que una V-2 se podía lanzar desde un pequeño asentamiento; sería un caso de «disparar y huir». Pero después del raid sobre Peenemünde, Hitler había decidido que el primer requisito era disponer de nuevos asentamientos principales de lanzamiento y lugares de almacenamiento. En D'Helfaut Wizernes, un asentamiento en el interior de Calais, en el norte de Francia, se construyó un domo de hormigón armado, La Coupole (La cúpula), en una cantera de piedra caliza. La idea era almacenar los cohetes en cámaras de hormigón armado a prueba de bombardeos y sacarlos para dispararlos en rápida sucesión. En mayo de 1943 las fotografías de reconocimiento revelaron detalles del trabajo y a finales de mes se enviaron incursiones de bombardeo sobre el asentamiento. Los bombardeos se sincronizaron para coincidir con lechadas de cemento fresco, de modo que las ruinas se endurecerían en un revoltillo caótico, que fuera más difícil de reparar para los alemanes. Los repetidos bombardeos de los aliados hicieron que los alemanes abandonasen el plan. Así pues, el bombardeo con V-2 se llevó a cabo desde asentamientos pequeños y diseminados, tal y como Dörnberger había previsto. El gran búnker alemán nunca llegó a ser totalmente operacional, y sigue existiendo hoy en día como Museo de la II Guerra Mundial.

Después del raid sobre Peenemünde, la fabricación principal de los cohetes V-2 se transfirió a la Mittelwerk, en Kohnstein. Los cohetes eran fabricados por prisioneros de Mittelbau-Dora, un campo de concentración donde se estima que murieron unas 20.000 personas durante la II Guerra Mundial. Según los informes, un total de 9.000 de ellos murieron de agotamiento, 350 fueron ejecutados (incluidos 200 acusados de sabotaje) y el resto fueron tiroteados o murieron de enfermedades o de hambre. Al final de la guerra se había construido un total de 5.000 cohetes V-2. El 29 de agosto de 1944 Hitler ordenó que los ataques con las V-2 comenzasen con efectos inmediatos. La ofensiva empezó el 8 de septiembre de 1944, cuando se lanzó un cohete sobre París. Explotó en la ciudad, causando daños en la Porte d'Italie. Otro cohete fue lanzado el mismo día desde La Haya, en Holanda, y alcanzó Londres a las 18.43. Explotó en Staveley Road, Chiswick, matando al zapador Bernard Browning, de los Ingenieros Reales, que estaba de permiso. También perecieron en la explosión Ada Harrison, una residente de 63 años, y Rosemary Clark, de 3 años. Los lanzamientos contra Londres aumentaron su frecuencia, aunque los alemanes no anunciaron oficialmente el bombardeo hasta el 8 de noviembre de 1944. Hasta entonces, cada vez que explotaba una V-2 en Gran Bretaña, las autoridades decían que se trataban de una tubería de gas que había explotado. Pero con el anuncio alemán la verdad tuvo que hacerse pública. Dos días más tarde Churchill confesó al Parlamento que Gran Bretaña había estado bajo los ataques de los cohetes «durante unas pocas de las últimas semanas».

Durante varios meses los alemanes lanzaron más de 3.000 V-2. Unas 1.610 de ellas impactaron en Amberes; 1.358 cayeron sobre Londres; y otros cohetes adicionales fueron lanzados contra Lieja, Hasselt, Tournai, Mons, Diest, Lille, París, Tourcoing, Remagen, Maastricht, Arras y Cambrai en Europa continental. En Gran Bretaña, Norwich e Ipswich también se sufrieron ataques ocasionales de las V-2. La puntería de los cohetes fue mejorando paulatinamente y algunos de ellos impactaron a unos pocos metros del objetivo elegido. Las pérdidas humanas a veces eran alarmantes. El 25 de noviembre de 1944 una V-2 impactó en una de las grandes tiendas de la cadena Woolworth, en New Cross, Londres, donde mató a 160 civiles e hirió gravemente a 108 más. Otro ataque sobre un cine en Amberes mató a 567 personas. Estas fueron las mayores pérdidas de vidas en un solo ataque de una V-2.

LA V-2 CAE EN MANOS ALIADAS

Los aliados recibían con regularidad informes de inteligencia sobre los cohetes, pero sabían pocos detalles precisos, hasta que se recuperó una V-2 de Suecia y se examinó con detenimiento. El 13 de junio de 1944, en un lanzamiento de pruebas desde Peenemünde una V-2 explotó a varios miles de pies sobre la ciudad sueca de Bäckebo. Los restos fueron recolectados por los suecos y ofrecidos a los británicos para que la reconstruyeran. Oficialmente neutral, Suecia estaba suministrando en secreto a las fábricas de armamento alemanas unas 10.000.000 toneladas de mineral de hierro al año. Para mantener su posición ostensiblemente neutral, los suecos pidieron algunos aviones de caza británicos Supermarine Spitfire a cambio. En agosto de 1944 se inició la reconstrucción del cohete, y el conocimiento interno de la construcción del misil resultante fue muy revelador para los aliados. Por casualidad, este cohete llevaba instalado un sistema de guiado que nunca se había instalado en los cohetes que cayeron sobre Gran Bretaña, y así los británicos quedaron aún más asombrados por la tecnología alemana de lo que en otro caso hubieran estado. A pesar del conocimiento que habían obtenido sobre las V-2, estaba muy claro que no había defensa contra ellas. Estas armas llegaban a velocidades supersónicas, de modo que no había aviso por anticipado y parecía como si no se pudiera hacer nada para resistir su embestida.

El artista militar británico Anthony Gross captó esta escena de una inacabada plataforma de lanzamiento para las V-2 cerca de Cherburgo en 1944, durante la liberación de Francia. (IWM ART 4477)

¿O sí se podía hacer algo? Los emprendedores oficiales de la inteligencia británica tenían una respuesta sencilla. Como el área de daños era pequeña, empezaron a publicar informes falsos de que los cohetes estaban cayendo sobre puntos entre 16 a 32 km (10 y 20 millas) más allá de sus objetivos. Tan pronto como estos mensajes fueron interceptados por los alemanes, los equipos de lanzamiento recalibraron las trayectorias de lanzamiento para corregir la supuesta discrepancia… y desde entonces los cohetes empezaron a caer unas 20 millas antes de su blanco, la mayoría de ellos en Kent en lugar de hacerlo en el centro de Londres. Los dos últimos cohetes explotaron el 27 de marzo de 1945 y uno de esos fue el último que mató a un civil británico: era Ivy Millichamp, de 37 años, que fue hecha pedazos por la bomba en su casa de Kynaston Road, Orpington, en el condado de Kent, a 20 millas justas del centro de Londres.

Como la V-2 estaba demostrando la gran fiabilidad de los misiles balísticos, pronto aparecieron cohetes mayores en el tablero de dibujo. El A-9 se ideó como un cohete con un alcance de hasta 800 km (500 millas) y se planeó un A-10 para actuar como un acelerador de primera etapa, que podía extender el alcance para llegar a Estados Unidos El trabajo original de desarrollo se había iniciado en 1940, con la fecha del primer vuelo fijada para 1946, pero el proyecto (como sucede muy a menudo) fue detenido sumariamente. Cuando el denominado *Projekt Amerika* (Proyecto América) reapareció en 1944, se reanudó el trabajo, y se planeó el A-11 como una gran primera etapa que llevaría al A-9 y al A-10. Los planes (que fueron publicados en 1946 por el ejército de Estados Unidos) eran de un cohete que incluso podría colocar en órbita una carga de unas 300 kg (660 libras). El A-12 propuesto como cuarta etapa tendría un peso de lanzamiento de 3.500 toneladas y podría poner 10 toneladas en órbita. Al final, todos estos planes cayeron en manos de los aliados cuando la guerra en Europa llegó a su final. Durante la primavera de 1945 los aliados avanzaron desde el oeste y los rusos se acercaron desde el este. Cuando llegaron a Peenemünde las noticias de que el ejército soviético estaba a solo 160 km (100 millas) de distancia, Von Braun reunió al personal de planeamiento y les dio la noticia. Era el momento de decidir qué ejército les iba a capturar. Todos sabían que el mundo les consideraría criminales de guerra y las decisiones no fueron fáciles.

La terrible destrucción y las muertes en masa notificadas al principio de la campaña hacían que la V-2 pareciera un cohete con un éxito terrorífico, pero ¿era realmente valiosa como arma de guerra? Veamos las cifras. Se ha estimado que murieron 2.754 civiles en Gran Bretaña por los 1.402 ataques de las V-2. Unas 6.523 personas más resultaron heridas. Estos simples hechos revelan que la V-2, como arma de guerra, fue un costoso fracaso. Cada uno de estos increíblemente caros y complejos misiles mató de media a unas dos personas e hirió aproximadamente a otras seis; incluso se ha calculado que la fabricación de la V-2 causó más muertes que su empleo en la guerra. La realidad es que eran ineficientes en términos de enemigos muertos, pero demostraron su éxito como cohetes. Von Braun siempre había querido construir cohetes y en el fondo de su corazón guardaba su última ambición de construir un cohete espacial. Los nazis se agarraron al valor propagandístico de sus series de lanzamientos con éxito, incluso aunque los ataques con las V-2 matasen a notablemente poca gente. Pero en realidad los nazis habían sido utilizados por Von Braun para financiar sus ambiciones privadas; al final, las dudas de Hitler sobre la V-2 como medio de guerra fueron correctas.

Una de las primeras iniciativas después de que los aliados invadieran Peenemünde fue probar los cohetes V-2 antes de que se llevaran a otros países. En octubre de 1945, la Operación *Backfire* (Petardeo) británica lanzó varios cohetes desde Alemania del norte. Hubo muchos informes de lo que se conoció como el «cohete fantasma»; incontables avistamientos de estelas de misiles en los cielos de Escandinavia. Eran de la Operación *Backfire*. Los nazis no fueron los únicos en disparar sus monstruosos cohetes desde Alemania; también lo hicieron los británicos.

LA OPCIÓN SOVIÉTICA

Siempre se ha informado de que los alemanes decidieron unánimemente rendirse a los aliados occidentales. No es verdad. Algunos de los científicos estaban más impresionados por el sistema soviético que por el capitalismo americano, y Helmuth Gröttrup fue el más conocido de estos. Gröttrup era un ingeniero electrónico que no quería seguir como suplente de Von Braun, como había ocurrido durante el desarrollo de la V-2. Gröttrup decidió contactar con los soviéticos, que le ofrecieron una alta posición en el desarrollo de los cohetes soviéticos. Entre el 9 de septiembre de 1945 y el 22 de octubre de 1946, Gröttrup, con su leal grupo de investigadores, trabajó para la URSS en la zona de ocupación soviética de Alemania (que luego se convirtió en la República Democrática Alemana). Su director de investigación era Sergei Korolev, el principal científico

Tras un ataque con V-2 en Farringdon Market, Londres, los equipos de rescate, que incluían a la conductora de ambulancia Jean Grover (derecha) y a una enfermera (izquierda), llegaron rápidamente a escena para ayudar a los heridos que había provocado el cohete alemán. (Getty Images)

La Operación *Backfire* (Petardeo) fue una aventura británica para evaluar el sistema del cohete V-2. Después de la caída de la Alemania nazi, se llevaron a cabo ensayos de vuelo en el polígono de pruebas de artillería de Cuxhaven, en la zona británica de ocupación. (SSPL/Getty Images)

ruso en cohetes. En otoño de 1946 todo el grupo se trasladó a Rusia. Gröttrup había colaborado con Rusia para llevar 20 de las V-2 al recién establecido instituto de investigación sobre cohetes en Kapustin Yar, entre Volgograd y los desiertos de Astrakán. El nombre actual de la base es Znamensk y se había abierto el 25 de mayo de 1946, específicamente para ofrecer facilidades a los expertos alemanes. Al frente estaba el general Vasily Voznyuk y el 18 de octubre de 1947 lanzaron la primera de las V-2 traídas de Alemania.

Gröttrup trabajó bajo la dirección de Korolev para desarrollar el proyecto R-1 soviético; en realidad, era un cohete V-2 construido con manufacturas y materiales rusos a partir de los diseños alemanes. El comisario del Pueblo para Armamentos, Dmitry Ustinov, pidió que Gröttrup y su equipo de técnicos diseñaran nuevos sistemas de misiles, que culminaron en el proyectado cohete R-14, era similar a los diseños de misiles de largo alcance que Von Braun había estado desarrollando durante la guerra. La base de Znamensk se convirtió en un cosmódromo supersecreto y el pequeño pueblo se transformó para proporcionar un nivel de vida agradable para las familias de los equipos de investigadores que trabajaban en los cohetes. Dejó de figurar en los mapas rusos y había reglas muy estrictas contra la revelación de lo que allí se hacía.

Con el tiempo se vio que para los rusos el valor de la experiencia alemana era limitado y, a su debido tiempo, las autoridades soviéticas permitieron que los investigadores volvieran a sus hogares en Alemania. El diseño de motores de cohete en Rusia por Aleksei Mikhailovich Isaev era ya superior a los conceptos utilizados en los cohetes V-2 y sus motores de cobre ligero dieron lugar al primer misil balístico intercontinental: el R-7. Fue esta ventaja en diseño la que dio a los rusos la superioridad técnica en cohetería y llevó a que lanzaran el primer satélite del mundo, el Sputnik-1, y posteriormente al lanzamiento de Yuri Gagarin como el primer hombre en el espacio.

La misma tecnología dio a los rusos la capacidad de lanzar la primera sonda a la Luna, y luego los ingenios espaciales enviados hacia los planetas. De hecho, este diseño de cohete todavía está en uso hoy en día. Una vez que se reconoció que no había motivo para mantener en Rusia a los especialistas alemanes en cohetes, el 22 de noviembre de 1955 Gröttrup recibió permiso para volver a su Alemania natal. En cooperación con Jürgen Dethloff, diseñó y patentó la tarjeta con chip electrónico que se ha vuelto tan importante en los modernos sistemas de banca, y así su genio posterior a la guerra permanece hoy en día.

TRASLADO A AMÉRICA

La mayoría del equipo de Von Braun optó por rendirse a los aliados occidentales en vez de a los rusos. Cuando la situación en Alemania empezó a deteriorarse rápidamente, empezaron a llegar órdenes contradictorias. Los técnicos en cohetes recibieron órdenes de moverse en bloque a Mittelwerk; luego de unirse al ejército y quedarse a luchar contra los aliados invasores. Von Braun optó por esconderse en las montañas, evitando el peligro y situándose más cerca de las tropas americanas y británicas que avanzaban. Varios miles de empleados y sus familias abandonaron sus hogares hacia el sur en barcos y gabarras, por ferrocarril y carretera. Tenían que esquivar los bombardeos aliados y negociar con los funcionarios nazis en los puntos de control. Von Braun tenía miedo de que los derrotados miembros de las SS trataran de destruir los resultados de su trabajo, por lo que hizo esconder esquemas y planos de todos sus trabajos en una mina abandonada de las montañas Harz, donde luego podría recuperarlas.

En marzo de 1945 su conductor se durmió al volante y Von Braun sufrió una complicada fractura de su brazo izquierdo. Insistió en seguir moviéndose e hizo que le arreglaran la fractura toscamente y le escayolaran. Como el brazo no quedó bien, al mes siguiente tuvo que volver al hospital, donde le rompieron el hueso y se lo realinearon bien. Todavía estaba escayolado cuando avanzaron las tropas aliadas.

De pronto a todo el equipo se le ordenó moverse a Oberammergau, en los Alpes bávaros. Fueron puestos bajo vigilancia de los SS, que tenían órdenes de matar a todos si estaban a punto de caer en manos de los aliados. Von Braun se enteró del plan y persuadió al oficial de las SS al mando de que mantenerlos a todos juntos les convertía en un blanco fácil para los bombardeos aliados. Como eran personal importante, razonó Von Braun, sería más seguro repartir a los miembros del equipo entre los pueblecitos cercanos. En uno de estos pueblecitos, el hermano de Von Braun, Magnus, que también era un ingeniero de cohetes, se encontró por sorpresa con un soldado de infantería americano de la 44 División llamado Fred Schneiker. Magnus von Braun se le acercó en su bicicleta y dijo: «Mi nombre es Marcus von Braun. Mi hermano inventó la V-2. Por favor, queremos rendirnos». Marcus fue encerrado inmediatamente con otros muchos como criminal de guerra. (La gran foto de la página 120 muestra a varios personajes eminentes en el momento de su arresto por el ejército de Estados Unidos.) Las fábricas se ocuparon rápidamente y entre el 22 y el 31 de mayo de 1945 se utilizó un total de 341 vagones de ferrocarril para trasladar tantas V-2 como fuera posible, junto con el equipo para fabricarlas, hasta Amberes, desde donde 16 barcos tipo Liberty los llevaron al puerto de Nueva Orleáns. Desde allí los cohetes y el equipo fueron enviados al desierto de Nuevo México en condiciones de máximo secreto.

OPERACIÓN «PAPERCLIP»

Los ingenieros de cohetes alemanes también fueron llevados a Estados Unidos subrepticiamente como parte de la Operación *Paperclip* (Sujetapapeles). El esquema del proyecto fue ideado por la Oficina de Servicios Estratégicos (OSS) de Estados Unidos, que luego se convirtió en la Agencia Central de Inteligencia (CIA). Se había dado por supuesto que el personal involucrado en crear las armas de destrucción masiva sería juzgado por crímenes de guerra, pero durante las últimas fases de la guerra se decidió, en cambio, ver si Estados Unidos podía aprovechar sus conocimientos. Los agentes estadounidenses decidieron llevar a estas personas a América y beneficiarse de los resultados de sus investigaciones y, al mismo tiempo, negar estos beneficios a sus aliados, la Unión Soviética y Gran Bretaña.

Aunque es relativamente desconocido, los británicos utilizaron un esquema similar. Recibió el nombre en código de Operación *Surgeon* (Cirujano) y fue organizada para llevar prometedores ingenieros de investigación a Gran Bretaña y negarle su ayuda a la Unión Soviética. La política oficial era no incluir a los sospechosos de crímenes de guerra, pero sí capturar a unos 1.500 miembros del personal de investigación y llevárselos por la fuerza. El documento que estableció este plan se deno-

Схема — общий вид I этап

то-же — II этап

То-же — III этап

Пусков. средн. д/пуска подлод.
а) Сфера — сфера испытан.
б) Устройство д/вылета сферы

Схема пассаж. ракеты

т.е. при ЕР=3000
4 корпуса или 8
(по 7,5 т)

Кабина на одном центре?

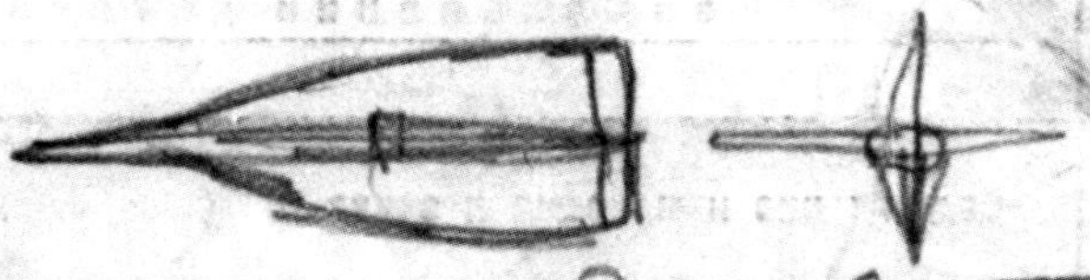

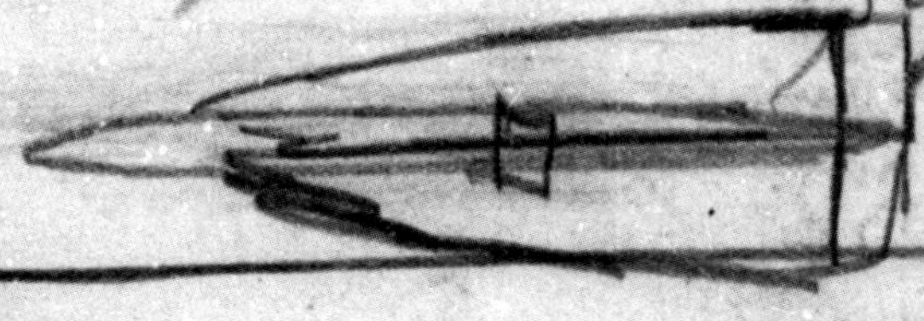

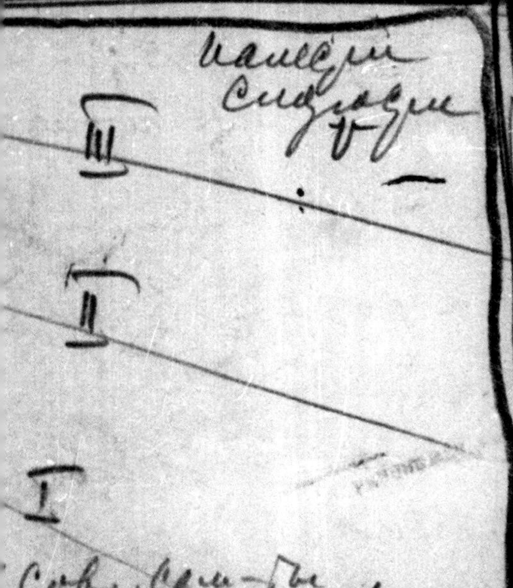

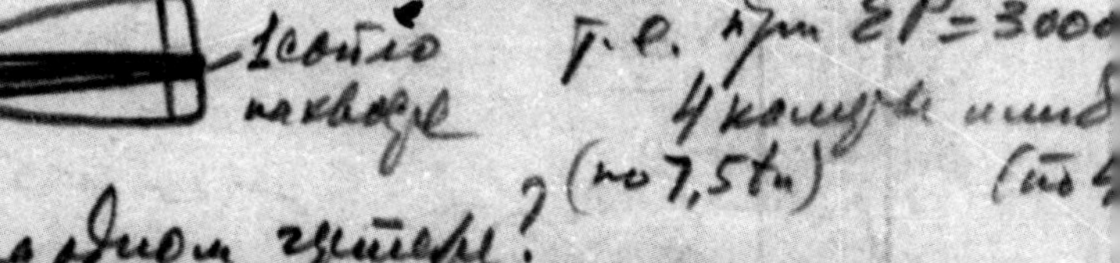

1 сопло на каждом

двух-колесное шасси (каждое -2 шт)

Упр. самолётом вид I вар.

minaba *Employment of German Scientists and Technicians: Denial Policy* (*Utilización de los científicos y técnicos alemanes: política de denegación*), y todavía existe en los Archivos Nacionales, en Kew, Gran Bretaña. Era muy claro respecto de la necesidad de obtener personal y decía que se les trasladaría «tanto si ellos querían como si no». Muchas de las personas que figuraban en las listas ofrecieron sus servicios a otras naciones de la Commonwealth, mientras que algunos optaron por irse a países sudamericanos (incluido Brasil) y otros a Escandinavia y Suiza. El esquema fue el primero en entrar en funcionamiento, y empezó desde el momento en que las fuerzas británicas ocuparon los establecimientos de investigación alemanes hasta que se supo qué había sido de todos los científicos e ingenieros.

La Operación *Paperclip* no fue autorizada por el presidente Harry S. Truman hasta septiembre de 1945. Las órdenes del presidente establecían que no se incluiría a nadie que hubiera «sido un miembro del Partido Nazi, y un participante más que nominal en sus actividades, o un partidario activo del militarismo nazi». Incluidos en esta cláusula como simpatizantes de los nazis estaban muchas de las grandes figuras, como Von Braun, del que se había declarado en aquel momento que era «una amenaza para la seguridad de las fuerzas aliadas».

En consecuencia, los fines de la Operación *Paperclip* eran totalmente ilegales y, lo que es más importante, los agentes de la OSS actuaron desafiando directamente las órdenes del presidente. A fin de hacer que el personal más deseado fuese más aceptable, los representantes de la OSS crearon inexistentes empleos y falsificaron las biografías políticas de los científicos escogidos. Todas las referencias a su pertenencia al Partido Nazi y a cualquier actividad política en la Alemania de Hitler desaparecieron de sus fichas, y el servicio secreto norteamericano les elaboró un nuevo currículo. Al final de esta operación, a cada especialista alemán (a menudo simpatizante de los nazis) se le había proporcionado un historial político ficticio y una vida personal imaginaria. Los documentos se pasaron a máquina, cuidadosamente refrendados y unidos a sus certificados de nacimiento con sujetapapeles (clips), lo que le dio su nombre a la operación. Mientras tanto, Von Braun había desaparecido. Se encontró secretamente encarcelado en una unidad de inteligencia militar supersecreta en Fort Hunt, Virginia, en Estados Unidos. No tenía nombre y solo se referían a ella utilizando su código postal: «PO Box 1142». Era una instalación de confinamiento supersecreta que no se había declarado a la Cruz Roja, un incumplimiento de la Convención de Ginebra.

Otro de los grandes científicos que fueron llevados a América por los aliados fue Adolf Thiel. Antes de unirse a Von Braun en los laboratorios de investigación de Peenemünde, Thiel había sido un profesor adjunto de ingeniería en el Instituto de Tecnología de Darmstadt. Después de la guerra, como parte de la Operación *Paperclip*, Thiel fue trasladado con Von Braun a Fort Bliss, Texas, luego al polígono de tiro de misiles en White Sands, Nuevo México, y finalmente a Huntsville, Alabama. Su primera responsabilidad en Estados Unidos fue la readaptación del diseño de la V-2 en el misil

---

Página anterior: La intuición de la mente poderosa de un ingeniero. Esta página del cuaderno de notas de Sergei Korolev muestra dibujos y notas del más avanzado científico especialista en cohetes de la Unión Soviética. (RIA Novosti/Science Photo Library)

El presidente Truman anuncia el fin de la guerra en agosto de 1945. En septiembre el presidente autorizó la Operación *Paperclip,* pero con límites. No quería que incluyera a nadie que hubiera tenido un compromiso más que nominal con el nazismo. (Keystone-France/ Gamma-Keystone/Getty Images)

El pionero e inventor de cohetes alemán Wernher von Braun (izquierda) sonríe junto a su hermano Magnus tras haberse rendido de forma voluntaria a las fuerzas del 7.º Ejército de Estados Unidos (Time & Life Pictures/Getty Images)

Redstone y luego en el misil balístico Thor, que fue el cohete de la primera etapa para el ingenio espacial Explorer. En 1968 Thiel se convirtió en miembro de la Sociedad Astronáutica Americana y murió en Los Ángeles en 2001 a la edad de 86 años. De modo que Thiel vivió en el nuevo milenio y vio la realización de su sueño de la exploración del espacio.

A Dörnberger también le llevaron a América y empezó a trabajar para la Fuerza Aérea de Estados Unidos (USAF) desarrollando misiles guiados. Luego fue una figura clave en el desarrollo del X-20 Dyna Soar (Dynamic Soarer o Remontador Dinámico), que fue, en muchos aspectos, el antepasado de la lanzadera espacial; también trabajó en el Rascal (Pillo), un misil nuclear aire-superficie utilizado por el Strategic Air Command (Mando Aéreo Estratégico de la USAF). Finalmente, se retiró a Alemania y murió en su hogar en Baden-Wurttemberg. El 8 de julio de 1944 había recibido una nota manuscrita de Hitler: «Solo he tenido que pedir perdón a dos hombres en toda mi vida —había escrito el Führer—. El primero fue el mariscal de campo Von Brauchitsch. No le escuché cuando me dijo una y otra vez lo importante que era su investigación. El segundo hombre es usted. Nunca creí que su trabajo tendría éxito».

AMÉRICA CONQUISTA EL ESPACIO

Von Braun empezó a trabajar rápidamente para Estados Unidos como su diseñador principal de cohetes. En dos años Estados Unidos había realizado el lanzamiento de pruebas de su primera nave espacial: un cohete de dos etapas, cuyo nombre en clave era Bumper (Parachoques).

Von Braun y sus colegas en la instalación de investigación en Fort Bliss, Texas. Von Braun fue uno de los muchos científicos americanos que fueron reubicados secretamente en Estados Unidos como parte de la Operación *Paperclip* al final de la II Guerra Mundial. (IWM HU 33894)

Poco después se anunció orgullosamente la entrada en servicio de los exitosos cohetes Redstone (Piedra roja). El Redstone fue descrito al mundo como el primer misil balístico americano y entró en servicio con el ejército de Estados Unidos en Alemania entre junio de 1958 y junio de 1964 como parte de la política de disuasión de la OTAN durante la Guerra Fría. El Redstone estuvo también implicado en las primeras pruebas de misiles nucleares de Estados Unidos en el Pacífico, y en 1960-1961 se utilizó un cohete Redstone para los pioneros vuelos espaciales tripulados del proyecto *Mercury* (Mercurio) Su ajuste a las previsiones le valió al Redstone el apodo de «Army's Workhorse» («Caballo de trabajo del ejército») y «Old Reliable» («El viejo fiable o predecible»). Este cohete efectuó su vuelo final cuando puso en órbita el primer satélite artificial australiano en 1967.

Aunque se proclama que el Bumper y el Redstone son aclamados como nombres de pioneros de la cohetería americana, en realidad eran cohetes V-2. El Bumper, anunciado como el primer cohete de dos etapas cuando se probó por primera vez el 13 de mayo de 1948, era una V-2 alemana a la que se le había instalado un pequeño cohete Wac Corporal (Cabo del Cuerpo Femenino) de combustible sólido como segunda etapa. Los Redstones eran también cohetes V-2, algunos con modificaciones posteriores, pero todos basados en las investigaciones financiadas por los nazis durante la II Guerra Mundial. Cuando John Glenn fue lanzado al espacio, iba encima de una V-2 modificada. Y cuando los australianos pusieron en órbita su satélite WRESAT el 29 de noviembre de 1967 desde Woomera, fue uno de esos cohetes V-2 modificado el que sirvió para el lanzamiento.

Diez años después de llegar a Estados Unidos, Von Braun se nacionalizó ciudadano americano. Siguió trabajando en el programa norteamericano de misiles balísticos de alcance intermedio hasta que este proyecto fue absorbido por la NASA. Von Braun fue nombrado director del nuevo Centro de Vuelos Espaciales Marshall y fue el diseñador jefe del vehículo de lanzamiento Saturn V (Saturno V), el cohete que lanzó la nave espacial Apollo. La NASA dijo que era el mayor cien-

El científico de cohetes de la II Guerra Mundial Wernher von Braun fotografiado hacia 1955 con un modelo de un cohete de largo alcance basado en el diseño de la V-2. (Getty Images)

Un cohete Redstone durante el desfile del Inaugural Day (Día de la toma de posesión del presidente). Dentro de la Operación *Paperclip*, Adolf Thiel utilizó el diseño de la V-2 para crear el misil Redstone para Estados Unidos. (Time & Life Pictures/Getty Images)

El inicio de Cabo Cañaveral como base de cohetes empezó el 24 de julio de 1950 con este lanzamiento de un cohete Bumper de Estados Unidos, cuya primera etapa era una V-2 sin modificaciones. (Colección del autor)

tífico de cohetes de la historia y que su máximo logro era el cohete Saturn V, que había llevado a los hombres a la Luna en julio de 1969. En 1975 se le concedió la Medalla Nacional de la Ciencia.

Wernher von Braun murió el 16 de junio de 1977 de cáncer de páncreas en Alexandria, Virginia, a la edad de 65 años. Después de muchos intentos y tribulaciones, había realizado su sueño. Su experiencia y adiestramiento en la Alemania nazi había puesto a Estados Unidos en la Luna, y sus aventuras en tiempo de guerra diseñando armas contra los aliados habían dado a la nación americana su liderazgo en el espacio.

Esta impactante imagen muestra el cohete a la Luna Saturn V. Diseñado bajo la dirección de Von Braun y descendiente directo de la V-2, el Saturn V puso en órbita todas las misiones lunares Apollo, incluida la Apollo 11, que puso por primera vez un hombre en la Luna. (Frank Whitney/AFP/Getty Images)

DOCTORES
EN GUERRA

L A MEDICINA SE CONVIRTIÓ EN UN FOCO para la ciencia secreta durante la II Guerra Mundial. Se les dijo a los investigadores que hicieran todo lo posible para mejorar la suerte de los militares y encontrar modos innovadores de salvar vidas. Nuevos tratamientos, superdrogas, procedimientos quirúrgicos extraordinarios y otros muchos modos de salvar vidas y devolver soldados adiestrados heridos al frente tan rápido como fuera posible se desarrollaron durante los años de guerra. Pero las mismas especialidades se aprovecharon para producir nuevas y letales armas secretas de un potencial aterrador. La medicina moderna debe mucho a la rápida investigación de la II Guerra Mundial. Sin embargo, muchos de los peores excesos fueron perpetrados por doctores.

PRODUCTOS QUÍMICOS EN GUERRA

La ciencia médica ya había mostrado que muchos productos químicos tienen la capacidad de quemar, producir ampollas o destruir víctimas humanas, y la experimentación para usarlos contra los soldados en tiempo de guerra data de la I Guerra Mundial. Los británicos, los alemanes y los franceses, entre otros, habían usado granadas de gas. La variedad de gases a elegir era amplia e iba desde los irritantes que incapacitaban y cegaban temporalmente al enemigo hasta gases que quemaban el cuerpo, destrozaban los pulmones y licuaban los tejidos. El primero que se usó en la I Guerra Mundial fue un gas lacrimógeno, el bromuro de xililo.

La mayoría de los relatos aseguran que este gas fue utilizado por primera vez en la guerra por los alemanes en 1915, pero ya lo habían usado los franceses contra las tropas alemanas en agosto de 1914, cuando los alemanes avanzaban por Bélgica hacia el norte de Francia. En menos de un año los alemanes respondieron. Lanzaron un ataque bien planeado dejando fluir su última arma secreta, cloro gaseoso, desde cilindros llenos de gas situados a barlovento de las posicionas aliadas en Yprés en abril de 1915. Los aliados condenaron inmediatamente a Alemania por romper la Convención de La Haya, con los británicos convertidos en una de las voces dirigentes de la protesta (aunque, de hecho, los británicos eran los que tenían en aquel momento mayores reservas de gas venenoso, listo para su uso en guerra). Los alemanes replicaron que la convención solo hablaba de proyectiles y que ellos únicamente habían dejado fluir el gas desde contenedores. Añadieron que los franceses ya habían usado el gas contra sus tropas sin ser censurados de un modo similar.

En cualquier caso, el secreto ya no lo era y se había declarado oficialmente la guerra de gases. En unas semanas miles de cilindros de gas de cloro habían sido instalados por los británicos en la línea del frente tierra adentro, desde Calais hasta Loos. Pero no se iba a mencionar la palabra gas. Los cilindros eran llamados «accesorios» y el uso de la palabra gas era una infracción de las normas castigada. Los ataques eran fáciles de desencadenar: solo había que quitar las tapas de los cilindros y el gas era arrastrado por la brisa. Sin embargo, una vez lanzado, era muy difícil de controlar; el día en cuestión el viento cambió de dirección y la mayoría de las bajas del primer ataque fueron soldados británicos en lugar de alemanes. Fue un ejemplo histórico de lo que ahora llamamos, con amarga ironía, «fuego amigo». La experiencia enseñó una lección crucial: un ejército no podía soltar el gas tan sencillamente sin comprometer a sus propias tropas. Después de este episodio, los gases se empaquetaron en granadas de artillería y se ignoró convenientemente la Convención de La Haya.

Los alemanes dispararon el gas en granadas de artillería contra los rusos en 1915, bajo el nombre en código de T-Stoff (Sustancia T). Estos ataques fallaron porque las temperaturas eran bajas y el líquido no se vaporizó como se esperaba: o bien permanecía en el terreno, o bien era llevado por el aire de regreso a las líneas alemanas. Posteriormente, se usaron otros tipos de gas lacrimógeno. Eran un amplio abanico de peligrosos productos químicos, como el bromoacetato de etilo, bromo-acetona (conocida como BA), cianuro de bromobencilo (Camite), bromometil-etil-cetona (Bn-Stoff) y cloroacetona (Tonite). Los alemanes los utilizaron individualmente o en combinación bajo el nombre general Weisskreuz (Cruz Blanca). El nombre proviene del símbolo identificador que se pintaba con plantilla en cada granada.

El cloro se empezó a usar porque actúa como un gas lacrimógeno que incapacita cuando se utiliza en pequeñas cantidades, pero mata dolorosamente destrozando los tejidos de los pulmones cuando se inhala en cantidades significativas. Es un gas pesado y se pega al terreno rodando por el relieve, llenando hoyos y trincheras donde el enemigo puede estar escondido. Forma una niebla verde-de-amarillenta, con un olor penetrante, acre. También fue conocido como Bertholita. El cloro reacciona con el agua del cuerpo para producir ácido hidroclórico, que abrasa los pulmones desde dentro. Alemania fue el primer país en utilizarlo en la I Guerra Mundial en Yprés; hay informes de que se utilizó por última vez en Irak contra las fuerzas de la coalición en 2007.

El siguiente gas empleado fue el fosgeno, después de haber sido utilizado por los franceses en 1915. Era un gas también sofocante, pero no producía toses. Como resultado, las víctimas inhalaban más gas. Los efectos también tardaban más en aparecer, y a veces pasaba más de un día hasta que los soldados empezaban a sufrir un colapso. Finalmente lo utilizaron ambos bandos en la I Guerra Mundial y se mezcló con cloro para producir una mezcla conocida como White Star (Estrella Blanca). El gas produce efectos devastadores dañando los ojos, quemando la piel (las lesiones leves son como quemaduras de congelación) y haciendo que los pulmones se quemen y se llenen de líquido. Los que sufren un ataque con este gas se ahogan desde dentro. Se usó en muchas armas durante la I Guerra Mundial. Luego lo utilizaron los chinos contra los japoneses en la segunda guerra chino-japonesa, en 1938. Se almacenaron grandes cantidades de fosgeno, listo para su empleo en la II Guerra Mundial, pero al final no se usó nunca. Hitler había sido víctima de un ataque con gas en la I Guerra Mundial y decidió no utilizarlo nunca en la guerra. Era muy consciente de las devastadoras consecuencias de las represalias de un enemigo que usase fosgeno y sabía que sería una táctica muy peligrosa si se adoptaba, en caso de que los aliados respondiesen con él.

Los alemanes habían planeado la fabricación de gas venenoso en la década de 1920 desafiando los tratados internacionales y negociaron con las autoridades soviéticas la construcción de una gran fábrica de armas químicas en Trotsk, en el río Volga. De modo similar, Gran Bretaña produjo grandes cantidades de gases venenosos para su almacenamiento durante la II Guerra Mundial. Si se hubieran sufrido ataques de un enemigo con armas químicas durante la guerra, se hubiera autorizado rápidamente el uso de las reservas británicas. ¿Y desde la guerra? Hoy en día hay fosgeno en todas partes, y en grandes cantidades, porque es un producto de la industria moderna de hoy en día. El fosgeno es un componente intermedio en la fabricación de pesticidas y plásticos, y está disponible abundantemente en las ciudades industriales de todo el globo.

El gas mostaza o mostaza amarilla (o yperita) produce ampollas ardientes en todo el cuerpo. No causa un efecto inmediato y a veces los síntomas de envenenamiento tardan horas en aparecer. Las ampollas son grandes y están llenas de un líquido amarillento; tardan mucho en curar, causan grandes dolores y no se pueden tocar ni tratar. Fue utilizado por primera vez por los alemanes en su campaña en Yprés en Francia durante la I Guerra Mundial (y posteriormente fue conocido como yperita o iperita) Y luego fue empleado por los británicos contra el ejército ruso en 1919. De hecho, la mitad de las granadas de artillería producidas por ambos bandos hubieran contenido gases venenosos si la I Guerra Mundial no hubiera terminado cuando lo hizo. Desde entonces el gas mostaza ha sido utilizado por España y Francia contra los rebeldes de Marruecos en los años veinte, por los italianos contra Libia en 1930 y contra Etiopía en 1935, por los rusos durante sus incursiones en China en la década de 1930 y por Japón contra los chinos antes y durante la II Guerra Mundial. Al principio de la contienda, el Servicio de Guerra Química de Estados Unidos llevó a cabo expe-

---

DURING AN AIR RAID

WHAT TO DO IF THE HOUSE IS DAMAGED

At once put on your respirator. If you have to go out of your refuge-room, seek refuge in another room or in another building. If you have to go out of doors keep on your respirator, and wear a mackintosh and goloshes or gum boots if you have them. Avoid all damp splashes on the ground that might be gas. If anyone is injured, a message should be sent to the warden's post, or the nearest first aid party or post. Until help comes act according to the instructions in Section 5, at the end of the book.

HOW TO AVOID INJURY FROM MUSTARD GAS

Mustard gas, whether in the form of liquid or of the vapour which the liquid gives off, will injure any part of the body with which it comes in contact. It also "contaminates" clothing, or other objects exposed to it, making them dangerous to have near you or to touch until they have been "decontaminated." If you have come in contact with the liquid or vapour of mustard change all your clothing as soon as possible, put it right outside the house, and wash yourself thoroughly with soap and water. Your shoes should be taken off before entering the house and left outside. Any outer garment which has actually touched liquid gas should be taken off *immediately*.

To be of use, the washing and changing must be done within twenty minutes at the outside. Take these precautions yourself if you can take them quickly ; if not, go to the nearest first aid post.

If liquid gas has been in contact with your skin, wash that part of yourself *immediately* with soap and water, then change and wash as described above. If you cannot take these measures *at once*, go to the nearest first aid post straight away.

If you have been actually splashed with liquid gas or have passed through an area which has been splashed with it, go to a first aid post for further treatment after taking the precautions described above.

Page 25

El Ministerio del Interior británico imprimió una serie de panfletos informativos durante el periodo previo al inicio de la II Guerra Mundial. Este ejemplo proporciona información sobre cómo evitar los daños del gas mostaza. (His Majesty's Stationary Office, 1938) Los titulares dicen:
«Durante un raid aéreo»
«Qué hacer si la casa está contaminada»
«Cómo evitar los daños del gas mostaza»

Esta fotografía de 1941 muestra el equipo que se había reunido para descontaminar a los afectados por el gas en un centro de limpieza de Londres. Los esfuerzos del Ministerio del Interior ayudaron a garantizar que la población civil inglesa estuviera bien preparada para enfrentarse a los ataques con gas venenoso. (IWM D 3925)

La vívida representación por John Singer Sargent de los resultados de un ataque con gas mostaza en el frente occidental en agosto de 1918 evoca poderosamente la indefensión de las víctimas. El artista fue testigo directo de esta escena. (IWM ART 1460)

rimentos con gas mostaza sobre unos 4.000 soldados americanos. Muchos de ellos eran voluntarios que habían presentado objeciones de conciencia a ir a la guerra y se les ofreció la oportunidad de tomar parte en pruebas de gases venenosos como una alternativa al servicio militar obligatorio. Las pruebas continuaron hasta el final de la guerra, aunque Estados Unidos no llegó a utilizar la guerra química durante la II Guerra Mundial. Alemania llevó a cabo cientos de experimentos en los cuales se incapacitó deliberadamente a prisioneros mediante el uso de gases venenosos, incluidos el gas mostaza y la lewisita, en los campos de concentración de Natzweiler y Sachsenhausen. Se probaron varios tratamientos en los pacientes incapacitados y moribundos con la esperanza de encontrar modos de tratar sus heridas.

El gas mostaza fabricado por los británicos se empleó una vez por los polacos contra los alemanes durante la invasión de 1939, aunque el único uso de gas mostaza fue accidental. En diciembre de 1943 un escuadrón de bombarderos Junkers Ju-88 bombardeó el puerto de Bari, en el sur de Italia. El ataque fue descrito luego como un «pequeño Pearl Harbor». Varios buques de Estados Unidos fueron hundidos, incluido el SS *John Harvey*, que estaba amarrado en el puerto, listo para ser descargado. Este barco llevaba un gran envío secreto de proyectiles de gas mostaza, que estarían disponibles para su posible uso por los aliados contra Italia. Los bombarderos alcanzaron al barco en el centro e hicieron explotar las granadas de gas venenoso liberando una gran nube de gas mostaza. Tan secreto era este tipo de arma que no se había mencionado fuera de los servicios de seguridad. Como resultado, los médicos no sabían qué estaba causando los aterradores síntomas y a ninguna de las víctimas se le aplicó el tratamiento adecuado. Unos 70 militares norteamericanos murieron por los efectos del gas; también se vio afectado un gran número de civiles, aunque no se intentó obtener cifras y el secreto sobre la naturaleza del agente químico se ocultó hasta mucho después del fin de la guerra.

Los aliados mantuvieron grandes cantidades de gas almacenadas por si acaso las fuerzas del Eje utilizaban estas armas contra los soldados aliados. Australia importó secreta e ilegalmente un millón de armas químicas de Gran Bretaña durante la guerra, y al acabar las hostilidades había grandes cantidades de gases venenosos almacenados en todo el mundo. Luego Egipto utilizó armas de gas mostaza contra Yemen en los años sesenta e Irak las utilizó contra Irán en los ochenta.

La lewisita es un gas vesicante similar que fue desarrollado a partir de una idea que apareció en una tesis de investigación en química en la Universidad Católica de América, en Washington D.C. Fue desarrollada como un arma supersecreta del ejército de Estados Unidos y se llevaron a cabo experimentos en la década de 1920, cuando se le conoció como «El rocío de la muerte». Los americanos produjeron unas 20.000 toneladas de lewisita, pero al final de la II Guerra Mundial estaba anticuada. Además, un descubrimiento británico, el dimercaprol, era un agente efectivo para contrarrestar sus efectos y fue conocido como la antilewisita británica. Durante la década de 1950, la mayoría de las existencias de esta arma almacenadas en Estados Unidos fueron neutralizadas y tiradas al golfo de México, aunque se conservó una modesta parte como reserva. De hecho, recientemente ha aparecido lewisita de la II Guerra Mundial en Washington D.C, la capital de Estados Unidos, según se estaba escribiendo este libro en 2011. El Cuerpo de Ingenieros del Ejército, cuando estaba excavando en un lugar cerca de la Universidad Americana, encontró recipientes de vidrio de almacenamiento llenos de lewisita que procedían de la década de 1940. Hay más esperando a ser descubiertos. Parece que el problema del gas venenoso continúa con nosotros.

Pero el arma química secreta más peligrosa de todas era el gas nervioso, desarrollado en Alemania. Los primeros agentes nerviosos fueron el tabun, descubierto en 1937, y el sarín, sintetizado por primera vez en 1939. Ambos fueron descubiertos por el Dr. Gerhard Schrader, un investigador químico de la compañía IG Farben, en Fráncfort del Meno. A estos agentes mortales les siguió el soma, inventado a principios de 1944 en Heidelberg por el premio Nobel Richard Kuhn, doctor del Instituto del Emperador Guillermo para la Investigación Médica. Estos ligeros agentes líquidos sirvieron para crear terroríficas armas secretas con espantosos efectos en sus víctimas. No se observa nada después de la exposición hasta media hora después. Los primeros efectos incluyen una nariz moqueante seguida por un intenso dolor en el globo del ojo y visión borrosa. Se siente opresión en el pecho y se respira con dificultad; la víctima empieza a sudar profusamente y a vomitar. Tienen lugar contracciones de los músculos y convulsiones, la víctima tiene alucinaciones y la sensación de miedo se vuelve abrumadora. Estos gases actúan interfiriendo en la transmisión de impulsos a lo largo de la red nerviosa de todo el cuerpo, de modo que la respiración se vuelve imposible y el paciente muere con una angustia inimaginable.

Durante la década de 1950, la OTAN reconoció que el sarín es un arma de guerra muy útil, y se almacenaron grandes cantidades en la Unión Soviética y en Estados Unidos. Los experimentos sobre guerra química también continuaron secretamente en Gran Bretaña, en Porton Down, Wiltshire. En 1953 un joven voluntario, al que se le había pedido que participara en experimentos para curar el catarro común, murió por exposición del sarín británico. Se ha informado posteriormente de que tanto Chile como Irak han utilizado el sarín. El régimen de Sadam Husein usó este gas para atacar a los curdos iraquíes en 1988. Fue fabricado a base de materias primas importadas de Estados Unidos.

Estos agentes surgieron de las investigaciones alemanas sobre insecticidas en los años treinta. Sabemos que Alemania fue, durante muchas décadas, líder mundial en innovaciones químicas. Durante los años posteriores a la guerra, las investigaciones continuadas de la firma Imperial

Chemical Industries (ICI) en Gran Bretaña llevaron al descubrimiento de otros agentes potentes. Eran demasiado tóxicos para ser puestos a disposición del público como insecticidas, pero su toxicidad fue de interés para los científicos de armas secretas de la instalación de investigación de Porton Down. El resultado fue una nueva clase, aún más potente, de envenenadores de los nervios, los agentes VX. En unos pocos años, los británicos renunciaron oficialmente a las armas biológicas y químicas, y su investigación sobre las armas VX se traspasó a Estados Unidos bajo un esquema de intercambio de tecnología. Durante la década de 1960, se fabricaron y almacenaron grandes cantidades de agentes VX.

EL HORROR DE LOS EXPERIMENTOS HUMANOS

Muchos de los belicistas de la época de la II Guerra Mundial consideraban a sus súbditos como inferiores, personas que apenas merecían la categoría de compañero de la especie humana. Sabemos que se les reclutó forzadamente para convertirles en mano de obra esclava, pero también se empleó a muchos para terribles experimentos médicos que superaban cualquier tipo de ética profesional y humana. A algunos se les utilizó para la vivisección y para experimentos de obscena brutalidad, y todo porque el agresor había creado una cultura de invencible e inhumana superioridad. Aunque el nombre que llega inmediatamente a la mente es el del Dr. Mengele, la experimentación humana no empezó en Alemania, sino en Japón.

LOS EXPERIMENTOS HUMANOS JAPONESES

En los años anteriores al estallido de la II Guerra Mundial, los japoneses ocuparon Manchukuo (Manchuria), en el nordeste de China. Hay historias que se siguen contando hoy en día de moscas infectadas de enfermedades y de bombas de bacterias que fueron empleadas por los japoneses contra sus enemigos chinos durante estas invasiones. Se cree que hasta 50.000 chinos murieron como consecuencia de estos ataques biológicos y se dice que hay áreas que todavía se consideran peligrosas, esperando que surja una nueva epidemia causada por gérmenes que subyacen ocultos en el terreno.

En el distrito Pinfang de Harbin, los japoneses organizaron la investigación científica mediante un organismo denominado Unidad 731. Estaba incluida en el ejército de Kwantung y se la conocía como Departamento de Prevención de Epidemias y Purificación de Aguas. Las autoridades del Imperio japonés organizaron esta unidad bajo la policía militar (Kempeitai) con el propósito no declarado de desarrollar armas que se pudieran utilizar contra chinos, coreanos y otros pueblos cuyos territorios pensaban invadir. Aunque era conocido como un instituto enfocado a la salud de la población, en realidad estaba dedicado al desarrollo de armas biológicas y químicas super-secretas.

El instituto era creación del Dr. Shiro Ishii, de la Universidad de Kioto, y se le concedieron recursos ilimitados para construir laboratorios de investigación, como la Unidad 731. El diseño del edificio tenía las más elevadas especificaciones, con los mejores materiales y el equipo más moderno. Se escogió Harbin porque era un lugar muy remoto, y a los trabajadores locales que estaban construyendo los edificios se les dijo que iba a ser una serrería. Se utilizaron los mejores artesanos locales y se trajeron los mejores materiales, sin reparar en gastos.

Shiro Ishii (a la izquierda) fundó la Unidad 731 en Harbin y fue un defensor de las armas biológicas basadas en gérmenes. Después de la guerra fue secretamente trasladado a Estados Unidos para trabajar para el país norteamericano y continuó sus investigaciones en Maryland. (Getty Images)

Durante décadas poco se supo sobre su trabajo, aunque se sospechaba que miles de personas habían muerto como resultado de grotescos experimentos médicos. Hasta 2002 no hubo una reunión médica académica formal para examinar los documentos supervivientes en detalle. Sus revelaciones fueron muy perturbadoras: más de medio millón de personas murieron como resultado de la experimentación médica de Japón en campos como el de la Unidad 731. La pista de la importancia de esta investigación, exactamente como en el caso del Tratado de Versalles, se basaba en la legislación internacional creada específicamente para prevenirla. El historiador Daniel Barenblatt ha señalado el inicio de esta práctica en Japón en el momento en que Ishii leyó un informe sobre la Convención de Ginebra, publicado en 1925, que declaraba lo siguiente:

«Protocolo para la prohibición de uso en la guerra de los métodos bacteriológicos de guerra

El uso en la guerra de gases asfixiantes, venenosos, u otros gases… ha sido justamente condenado por la pública opinión del mundo civilizado (…) y [nosotros] estamos de acuerdo en extender esta prohibición al uso de métodos bacteriológicos de guerra».

Ishii había estado tratando durante años de convencer a las autoridades japonesas de la importancia de las armas bacteriológicas en guerra, y nunca le habían tomado en serio. Aquí estaba la evidencia que necesitaba: si la guerra bacteriológica era considerada tal amenaza como para merecer una sección entera de la Convención de Ginebra, eso demostraba lo valiosa que podía ser para Japón. Al prohibir la guerra de gérmenes, la Convención de Ginebra había documentado claramente su importancia potencial.

Para Ishii los enemigos eran diferentes. Los veía, al igual que un creciente número de japoneses, como seres inferiores, subordinados a Japón, que existían para ser utilizados a voluntad del Imperio japonés conquistador. La Unidad 731 fue el establecimiento primero y principal, y pronto le siguieron otros, como la Unidad 100 (Changchun), Unidad 200 (Manchuria), Unidad 516 (Qiqijar), Unidad 543 (Hailar), Unidad 773 (unidad Songo), Unidad Ei 1644 (Nanjing), Unidad 1855 (Beijing) y Unidad 9420 (Singapur).

A los sujetos de los experimentos se les trataba peor que al ganado. Se les traía de zonas ocupadas por los japoneses en China y Corea y se les mantenía en cercados. Algunos eran criminales y bandidos; otros, prisioneros militares; muchos eran mujeres (algunas embarazadas), niños y ancianos. Una de las historias que circulaban para explicar los nuevos institutos era, por ejemplo, que uno era un aserradero. Esto dio origen a que los japoneses se refirieran a los prisioneros como «troncos». Como ha dicho el historiador militar Sheldon H. Harris, «se les consideraba como troncos: se les podía aserrar o quemar impunemente».

En consecuencia, estos desventurados prisioneros eran sometidos frecuentemente a vivisección, privándoles de miembros u órganos para estudiar los efectos. A algunos hombres se les congelaron sus extremidades hasta que se gangrenaron para poder estudiar el curso de la infección fatal durante su agonía. A las mujeres se las abría en dos para poder estudiar sus fetos; a otros se les cortaban miembros para poder observar la muerte por pérdida de sangre. A algunas personas se les inyectaba aire en las venas para observar cómo morían; otros estaban colgados cabeza abajo para conocer cuánto tiempo sobrevivían; a otros se les metía en cámaras de alta presión, eran revolucionados en gigantescas máquinas centrífugas hasta que morían, o infectados con orina y agua de mar. A los prisioneros se les ataba a postes, se les sometía a pruebas de armas y se les utilizaba como blancos para las prácticas. Otros eran despedazados por granadas, quemados vivos con lanzallamas y lavados por productos químicos cáusticos.

Los registros se llevaban con meticuloso detalle para que las tropas japonesas (cuando resultasen heridas por explosiones, productos químicos o frío intenso) pudieran ser tratadas con un mejor conocimiento de cómo progresarían sus heridas. A otras víctimas se les inyectaban agentes de enfermedades, incluyendo la sífilis, o se las infectaba con agentes de enfermedades, como las pulgas, para ver cómo se transmitían las enfermedades. Se propagaban el cólera, la peste bubónica y el ántrax entre las poblaciones civiles para facilitar la limpieza étnica e investigar el potencial de estas enfermedades como armas biológicas.

Se obtuvieron agentes secretos de guerra biológica. Los aviones volaban a baja altura sobre ciudades chinas para lanzar pulgas infectadas en grandes cantidades. Hubo epidemias de peste bubónica diseminadas por estos medios. Se lanzó comida contaminada sobre campesinos hambrientos, se causaron deliberadamente epidemias de disentería, fiebres tifoideas e incluso cólera. Los doctores y los técnicos con trajes protectores se movían entre las poblaciones para observar cómo morían. El Simposio Internacional sobre Crímenes de Guerra Bacteriológica llegó en 2002 a la conclusión de que el número de personas asesinadas por el ejército imperial japonés en sus experimentos médicos fue de unas 580.000.

Cuando la guerra entró en su fase final, el ejército soviético entró en Manchuria en agosto de 1945 y el personal de experimentación médica volvió a Japón. A todos se les proporcionaron píldoras de cianuro para tragarlas en una emergencia, e Ishii les instruyó individualmente de que nunca debían hablar de lo que había pasado. Una pequeña parte del personal se quedó en el lugar con instrucciones de volar los edificios a medida que se aproximaban las tropas enemigas. Pero resultó que los edificios se habían construido muy sólidamente y la mayoría no fueron afectados por los explosivos. Hoy en día algunos son museos.

Cuando el Impero japonés se rindió a los aliados en 1945, al general Douglas MacArthur, comandante supremo de las Fuerzas Aliadas, se le asignó la responsabilidad de restaurar la paz en Japón. El trabajo de los campos secretos había estado bien documentado, y los aliados sabían que todos los científicos y médicos de la investigación se encontraban entre los individuos más sádicos e inhumanos de toda la guerra. Inmediatamente, fueron incluidos en la categoría de criminales de guerra. Los que habían sido capturados por los soviéticos fueron juzgados en los Juicios de Criminales de Guerra de Khabarovsk. Doce de los principales investigadores y jefes fueron acusados de sus crímenes. Uno fue el comandante del ejército de Kwantung, que había ocupado Manchuria. Era el general Otozo Yamada, a cargo de la investigación sobre guerra biológica. Fue sentenciado a 25 años de trabajos forzados en un campo de Siberia, pero fue liberado y regresó a Japón en 1956. Mientras, los soviéticos fundaron un instituto de investigación biológica en Sverdlovsk, que se basó en los hallazgos de la Unidad 731.

Los investigadores capturados por los aliados occidentales o que se habían rendido a los americanos fueron tratados muy diferentemente. Ishii mantuvo largos debates con los americanos y fue bien tratado durante su confinamiento. En mayo de 1947 el general MacArthur presentó una propuesta de acuerdo con los japoneses. Informó a Washington de que, si a los responsables se les garantizaba la inmunidad, Estados Unidos podría beneficiarse de todos sus hallazgos. Se aceptó el acuerdo y, cuando el Tribunal de Crímenes de Guerra de Tokio se reunió para juzgar

A bordo del USS *Missouri*, el general Yoshijiro Umezu firma el documento en el que Japón acepta su derrota formal al final de la II Guerra Mundial. (Popperfoto/Getty Images)

a los criminales de guerra, solo se presentó un caso de experimentación con seres humanos. Fue el caso de uso de suero venenoso contra los civiles chinos, y se rechazó por pruebas insuficientes. A gran cantidad de los trabajadores japoneses que habían llevado a cabo los experimentos inhumanos se le ofreció la libertad a cambio de información sobre sus hallazgos y llegaron a ocupar posiciones de importancia en los campos académicos, políticos y de negocios. Muchos de ellos practicaron la medicina después de la guerra. Uno se convirtió en el director de la más importante compañía farmacéutica japonesa; otro llegó a ser el presidente de una prestigiosa escuela médica norteamericana.

¿Y qué sucedió con el infame Dr. Shiro Ishii? Se cree que se fue a vivir en Maryland, donde continuó su trabajo sobre armas biológicas para el ejército estadounidense, y murió en Japón de cáncer de garganta a los 67 años. Algunos de los agentes químicos que usó en sus experimentos eran carcinógenos. Puede haber sido justicia poética.

LOS EXPERIMENTOS ALEMANES CON SERES HUMANOS

Alemania empezó a experimentar con seres humanos desde el inicio de la guerra. La experimentación médica supersecreta se estaba llevando a cabo en Sachsenhausen en 1939, y otros muchos campos de concentración le siguieron. Los edificios permanecen, y pienso que estos lugares son un perturbador recordatorio de la crueldad sancionada por el estado. Los primeros experimentos incluían pruebas de gases venenosos con seres humanos. Se emplearon gas mostaza y lewisita en los cuerpos, causando graves ampollas y quemaduras. Las heridas de los pacientes se podían tratar de diferentes modos para asegurarse qué enfoque daba mejores resultados.

Desde 1942 en adelante, el campo de los experimentos médicos secretos y su número se incrementó enormemente. En el campo de concentración de Dachau, se infectó deliberadamente a los prisioneros con malaria. Una vez que la enfermedad se había desarrollado, se usó a las víctimas como conejillos de Indias y se les sometió a una gran variedad de posibles tratamientos esperando encontrar un remedio. La mitad de los sujetos murieron. Dachau fue también el centro de los experimentos con frío, en los cuales se vistió a los prisioneros con diversos tipos de ropas protectoras (diseñadas para pilotos) y se les sumergió hasta el cuello en agua helada durante periodos prolongados de tiempo. También se llevaron a cabo experimentos en los cuales los prisioneros fueron encadenados desnudos al aire libre y se les dejó a temperaturas bajo cero durante interminables horas. Los resultados se anotaron, en parte para determinar lo que tardaba la gente en morirse de frío y también para probar diversos sistemas de reanimación, de modo que los resultados se pudieran usar para tratar personal militar alemán, por ejemplo, pilotos que hubieran sido derribados en aguas árticas. Auschwitz también participó en una serie de pruebas similares, en las cuales se helaba a las víctimas a veces hasta la muerte. Esta investigación aumentó ante la perspectiva de una guerra en el frente del Este, y entre las víctimas hubo soldados soviéticos. Los nazis especularon con la posibilidad de que los duros inviernos rusos dieran a los soldados soviéticos una predisposición genética a la supervivencia en condiciones árticas y se realizaron experimentos en paralelo para comprobarlo. Los resultados se comunicaban directamente a Heinrich Himmler y se organizaron conferencias de especialistas, incluida una en 1942 titulada *Problemas médicos que surgen del mar y el invierno*, en la cual se presentaron los resultados a la manera de un simposio científico.

Desde 1942 se probaron en los prisioneros de Dachau los efectos de la descompresión. La *Luft-waffe* quería saber qué les pasaría a los pilotos cuyos aviones fueran destruidos a gran altitud, y a qué altura deberían saltar en paracaídas. Se sabía que los daños debidos a la descompresión grave podían dejar incapacitados o matar a muchos. Por eso se construyó una cámara hipobárica cuyo aire se podía succionar parcialmente para simular la presión del aire a grandes altitudes (unos 20.000 m, 60.000 pies). A tan bajas presiones aparecían burbujas de gas en la sangre, y muchas de las víctimas murieron en las cámaras. Entonces se les diseccionó para analizar los efectos. A muchos

Arriba izquierda: Escenas de inmenso alivio cuando se liberó el campo de concentración de Dachau. Allí tuvieron lugar aterradores casos de experimentos con seres humanos, incluyendo congelamientos e infecciones deliberadas. (Getty Images)

Arriba derecha: Asustados, pero afortunados de seguir con vida, los antiguos prisioneros de Auschwitz muestran los números que los nazis les tatuaron en los brazos durante su prisión. (Getty Images)

Abajo: Los prisioneros del campo de Dachau muestran su alegría al ser liberados por el ejército de Estados Unidos. (Getty Images)

de los que no murieron, pero quedaron incapacitados, se les sometió a vivisección para estudiar sus cuerpos según las fatales lesiones hacían su efecto.

Los experimentos posteriores en Dachau incluían métodos para utilizar agua de mar como bebida de emergencia. Se escogieron gitanos para estas pruebas y a algunos grupos no se les dio agua potable para beber y solo se les dejó beber agua salada. Como resultado, enfermaron gravemente y a algunos se les vio lamer el agua de pisos recientemente fregados. Se seleccionó a los gitanos porque los nazis consideraban que eran una raza inferior y podían tener una respuesta más vigorosa a los malos tratos.

En Buchenwald, otro de los campos de concentración existentes que he visitado durante mi investigación, los experimentos con seres humanos estaban enfocados a los efectos de venenos. Se mezclaron compuestos venenosos con la comida de los prisioneros. A algunos se le dispararon balas envenenadas y luego se les diseccionó para ver los daños que les habían provocado. Ha habido episodios posteriores a la guerra en los cuales ha reaparecido esta idea. El caso más famoso de estos es el asesinato del escritor disidente búlgaro Georgi Markov en 1978. Los agentes del Servicio Secreto búlgaro le dispararon una pequeña cápsula metálica hueca con un paraguas modificado cuando cruzaba por el puente de Waterloo en el centro de Londres. La pequeña bala contenía ricina, una toxina extraída de las semillas del ricino. La ricina había sido patentada por el ministro del Ejército de Estados Unidos en 1952 para su posible uso como arma, y la descripción de la patente llegaba a la conclusión de que «el producto se puede usar como un arma tóxica». Al principio se atribuyó la muerte de Markov a envenenamiento por comida, y solo la diligente investigación que ordenó Scotland Yard fue la que llevó finalmente al descubrimiento de la pequeña bala hueca, con un diámetro de menos de 2 mm ($\frac{1}{20}$ de pulgada), dentro de la cual se había ocultado la ricina. Indudablemente, los asesinos creyeron que un proyectil tan diminuto no se encontraría nunca, y es una notable historia de detección. El uso de un veneno químico oculto en una pequeña bala derivó de las ideas que se originaron en la Alemania nazi y puede que se vuelva a usar.

En Buchenwald también se hicieron pruebas con quemaduras de fósforo en el cuerpo. El fósforo blanco es un arma especialmente inhumana porque se pega a la piel y quema profundamente dentro del cuerpo. En el campo de concentración de Buchenwald se cubrió a los prisioneros con fósforo blanco, del mismo tipo que el usado en las bombas incendiarias, y se anotaron meticulosamente los resultados.

Los nazis brillaron en el campo de la eugenesia, en el que la naturaleza genética de la raza era considerada un indicador importante de lo que se podría llamar «categoría social». Consideraban que una genética débil predisponía a las razas a un rol de servidumbre en la comunidad global. Era una creencia que estaba muy de moda, pero que nunca tuvo una base científica. La notable falta de conexión entre las realizaciones de los padres y los hijos está bien observada. Todos nosotros conocemos individuos brillantes y llenos de éxito que tienen unos antecedentes familiares desfavorables, así como individuos mediocres cuyos padres eran extremadamente inteligentes y dotados en muchos aspectos. Las raíces de nuestra actuación como adultos no radican en una idea tan sencilla de la genética.

Los nazis sentían una especial atracción por los estudios de gemelos idénticos. El principal organizador de experimentos con niños gemelos fue el Dr. Mengele conocido como «El ángel de la muerte». Estaba obsesionado con la idea de que la fisionomía de una persona (es decir, el aspecto de su cara) se podía correlacionar con sus habilidades intelectuales. La idea había aparecido primeramente en la pseudociencia de la frenología, en la cual se medía el exterior de la cabeza y se usaba para indicar las zonas más propicias del cerebro que había debajo. Había sido un tema muy popular en los tiempos victorianos, pero se habían probado repetidas veces sus fallos, hasta que la ciencia lo abandonó. La última aplicación oficial de esta ciencia había tenido lugar en Bélgica, cuando las autoridades trataron de usar la frenología para demostrar la supuesta superioridad de las tribus tutsis sobre los hutus. Todavía se aplica en algunos lugares; de hecho, el estado de Michigan anunció un nuevo impuesto para los practicantes de la frenología en fecha tan reciente como 2007.

Durante sus primeros años como médico, el Dr. Mengele había percibido una gran sintonía entre el nazismo y sus creencias privadas en la superioridad genética, y publicó su tesis doctoral en la Universidad de Múnich sobre el tema *Investigación morfológica racial sobre la sección de la mandíbula inferior de cuatro grupos raciales*. No era una tesis antisemita, pero iba en paralelo con el entusiasmo de los nazis por la disparidad racial y la valía innata. Empezó a llevar a cabo experimentos quirúrgicos, incluyendo coser juntas a parejas de gemelos en un intento de crear hermanos siameses e inyectarles sustancias para ver si podía cambiar permanentemente el color de sus ojos. Llevó a cabo experimentos con 1.500 parejas de gemelos, de los cuales solo hay constancia de 100 individuos que hayan sobrevivido a estas pruebas.

Algunos de los experimentos incluían pruebas de la droga sulfanilamida o sulfamida, un potente tratamiento antibacteriano que procedía de las investigaciones del gigante de la farmacia alemana Bayer. Se infectó deliberadamente a niños con tuberculosis y luego se les sometía a cirugía para extraerles los nódulos linfáticos, con y sin tratamiento con la droga, para observar los procesos de la enfermedad o el posible éxito o fracaso del tratamiento. Los experimentos tenían lugar en el campo de concentración de Neuengamme, cerca de Fráncfort, y cuando las fuerzas aliadas se acercaron en los últimos meses de la guerra, todos los niños supervivientes fueron asesinados, así como sus cuidadores, en un esfuerzo por mantener secreta la naturaleza de los experimentos.

La experimentación con seres humanos dio resultados que se usaron (y todavía se emplean) para entender los peligros que acechan a los pilotos a gran altitud y a las tropas en condiciones extremas. Había un desenfrenado desdén por los derechos humanos de los sujetos de estos experimentos médicos no solo porque los médicos fuesen intencionadamente crueles, sino como parte de la cultura nazi. El credo de Hitler estaba basado en la superioridad inherente de la raza aria. Hay muchas repercusiones de estos experimentos médicos alemanes en el mundo moderno. El fósforo blanco se ha usado ampliamente en recientes conflictos, incluidos los ataque sobre Faluya, Irak, por las tropas norteamericanas en 2004 y de nuevo en Afganistán en 2009. Causó gran cantidad de heridas a los civiles. En sus ataques en el sur de Líbano y en Gaza, las tropas israelíes han disparado granadas de fósforo blanco, causando heridas terribles a la población civil, y hay

«El ángel de la muerte», Dr. Mengele, con su uniforme de las SS durante la II Guerra Mundial. La notoriedad de Mengele por sus experimentos extremos con seres humanos sobrevive todavía en nuestros días. (Getty Images)

Después de que fuera liberado por funcionarios americanos en 1945, Mengele empezó una nueva vida en Sudamérica. Esta primera plana del *Correo de la tarde* avisa a los lectores de que Mengele iba a estar en Buenos Aires. (© TopFoto)

informes de que los aviones saudíes usaron bombas de fósforo en los ataques contra los combatientes Houthi en Yemen del Norte en 2009.

Este hecho es interesante en la ley internacional porque la Convención de las Naciones Unidas sobre Algunas Armas Convencionales, que entró en vigor en 1978, incluye un protocolo que prohíbe todo tipo de ataques incendiarios contra los civiles. Los israelíes no han firmado este acuerdo y, en todo caso, Estados Unidos autoriza el uso de fósforo blanco para iluminar una zona de guerra de noche. Declara que no hay ninguna prohibición de esta utilización de «bengala» (como es conocido el fósforo por los militares americanos), y que las quemaduras de los civiles son un efecto colateral incidental y no el propósito principal de su uso.

Ahora tenemos un gran conocimiento sobre la hipotermia en el cuerpo humano que está ampliamente publicado y contrastado, y todo esto procede directamente de los experimentos médicos en la Alemania nazi. Estados Unidos también tiene los resultados detallados de los experimentos médicos japoneses, pero los ha mantenido clasificados, de tal modo que continúan siendo armas verdaderamente secretas hasta el día de hoy. La posición legal sigue siendo poco clara; cuando 23 médicos alemanes fueron procesados en el llamado «Juicio de los doctores» en 1946-1947, adujeron que no había una convención internacional sobre la experimentación médica. El procesamiento por parte de los aliados de los experimentadores alemanes ofrece una comparación muy reveladora con el modo en que fueron tratados los japoneses por Estados Unidos. Mientras que el Dr. Shiro Ishii vivió hasta fallecer de muerte natural, protegido por Estados Unidos, el objetivo de los aliados con los responsables nazis fue juzgarlos. Algunos lo fueron. A los juzgados en Nüremberg se les presentó públicamente en todo el mundo como los culpables que iban a sufrir por sus crímenes. Sin embargo, muchos de los científicos y doctores cuyos trabajos podían ser de valor para Occidente fueron llevados secretamente a instituciones americanas con documentación falsificada y se les animó para continuar trabajando. Josef Mengele respondió al avance de las fuerzas aliadas trasladándose a un campo en la Baja Silesia y luego al Instituto de Biología Hereditaria e Higiene Racial en lo que ahora es la República Checa. Finalmente, fue capturado y arrestado por el ejército de Estados Unidos, pero se llegó a la conclusión de que no tenía conocimientos de interés para Estados Unidos y no era necesario mantenerle detenido. En junio de 1945 fue liberado y se le proporcionó documentación bajo el nombre de Fritz Hollmann. Con instrucciones de no llamar la atención, trabajó como operario en una granja hasta que logró asegurarse un transporte a Buenos Aires, Argentina.

Hasta la fecha he encontrado que en esta bonita ciudad se ha aceptado a antiguos funcionarios nazis, muchos de los cuales huyeron allí después de la guerra. También hubo un buen número de prominentes nazis que huyeron a Paraguay, cuyo líder era descendiente de alemanes, y los utilizó para la modernización del país. Mengele empezó su vida en Sudamérica como trabajador de la construcción, pero tras la llegada de más alemanes escapados que le ayudaron, rápidamente se convirtió en el copropietario de la compañía farmacéutica Fabro. Equipos de israelíes salieron en su busca para llevarle a juicio, por lo que finalmente se trasladó a un suburbio de São Paulo, Brasil, en los últimos años de su vida. Poco antes de que Mengele muriera ahogado durante unas vacaciones en 1979, vio por primera vez a su hijo ya como adulto y le explicó que seguía persistiendo en sus ideas nazis, e insistió en que nunca había hecho daño a nadie en su vida. Desde entonces han aparecido informes de que continuó sus experimentos con gemelos en Sudamérica durante muchos años.

ESTADOS UNIDOS Y LOS EXPERIMENTOS CON HUMANOS

El empleo de los resultados de la experimentación con prisioneros está, como mínimo, sujeto a controversias. Pero durante mucho tiempo ha habido ejemplos de experimentos supersecretos de este tipo con seres humanos en Estados Unidos, aunque en una escala más pequeña. Durante la década de 1930 se llevaron a cabo experimentos en los cuales se inyectó a personas con células cancerosas y nucleótidos radioactivos. En Alabama se inyectó experimentalmente a 400 trabajadores negros con sífilis, mientras que en Iowa se les puso a 22 huérfanos bajo una angustia psicológica tan intensa que cambiaron de niños normales a víctimas temblorosas y tartamudas. El ejército de Estados Unidos infectó a unos 400 presos en Chicago con malaria sin su conocimiento o consentimiento.

Cuando empezó la guerra, la investigación médica supersecreta aumentó el ritmo. El Servicio de Guerra Química llevó a cabo pruebas con gases venenosos que se podían usar como armas secretas (lewisita y gas mostaza) en 4.000 jóvenes soldados que no lo deseaban. Durante el desarrollo de la bomba atómica bajo el Proyecto *Manhattan*, se inyectó plutonio en soldados. No parece probable que entendieran los riesgos, y tres cayeron gravemente enfermos. Uno murió.

Durante los últimos años de la guerra, la Escuela Médica de la Universidad de Chicago organizó la inyección de malaria en los pacientes mentales del Hospital del Estado de Illinois, y la Universidad de Rochester organizó más experimentos inyectando plutonio en las venas de los presos. La investigación sobre la malaria continuó en Atlanta, infectando a 800 prisioneros, y en los Argonne National Laboratories de Illinois se administró arsénico radioactivo para estudiar cómo se eliminaba este elemento del cuerpo.

Sin embargo, la investigación médica más importante en Estados Unidos durante la guerra fue puramente beneficiosa. Hizo que la penicilina se utilizara ampliamente en el tratamiento de infecciones bacterianas y esto inició la terapia con antibióticos de la era actual. Los antibióticos se habían descubierto en Gran Bretaña, pero los británicos habían hecho muy poco para darse cuenta de su potencial como agente de tratamiento. Fue el espíritu emprendedor y la capacidad científica de América los que la llevaron de ser una curiosidad científica a un agente terapéutico que salvaría millones de vidas.

LOS DOCTORES BRITÁNICOS EN LA GUERRA

Los británicos estaban entre las naciones que, cuando estalló la guerra, tenían grandes cantidades de armas químicas listas para su uso. Tanto Alemania como los aliados sabían que los gases venenosos habían sido un factor dominante en la I Guerra Mundial, y cada uno jugó el papel de la espera con el otro. Indudablemente no habría habido ninguna renuncia a usar estos temibles instrumentos si el bando enemigo lo hubiera hecho primero. La única razón por la cual no estalló la guerra de gases fue por esta situación de igualdad táctica; no fue un caso de principios, ni de ética. Desde el inicio de la guerra todos los británicos estaban equipados con máscaras de gas y se les dijo que las tuvieran a mano. Igual que hoy en día muchos jóvenes llevan una tartera a la escuela, los niños de Gran Bretaña en tiempo de guerra iban corriendo a la escuela con sus máscaras de gas en la mano. Había prácticas regulares para saber cómo usarlas, y todas las semanas se realizaban reuniones explicativas en los refugios antiaéreos apresuradamente construidos en los patios de juego. La amenaza de estas armas secretas siempre estaba presente.

Aunque la investigación en Gran Bretaña durante la II Guerra Mundial estaba orientada parcialmente a las acciones ofensivas por medio del estudio de las últimas armas secretas bacteriológicas y químicas, también había una fuerte contracorriente de investigación defensiva mediante el desarrollo de nuevas drogas, de las cuales la penicilina fue la más importante. Sin embargo, como ya veremos, la existencia de la penicilina como un antibiótico de uso corriente se debió mucho a la iniciativa americana.

La principal actividad de investigación en guerra bacteriológica y química tenía su base en Porton Down, cerca de Salisbury, Wiltshire. Se había establecido en 1915 como un laboratorio para investigar una respuesta contra las armas químicas alemanas, y sigue siendo una instalación supersecreta. Conocido oficialmente como Laboratorio de Ciencia y Tecnología de Defensa, se trata de una agencia del Ministerio de Defensa. Ocupa 2.800 hectáreas (7.000 acres) y engloba el Centro para la Respuesta y Preparación para la Emergencia. Algunas compañías científicas tienen su actividad profesional ahora en este campo.

Después de la I Guerra Mundial se había creado un comité para determinar lo que debería hacer Gran Bretaña ante la guerra química y bacteriológica, y se dio prioridad a la investigación en Porton Down. Se asignaron fondos, y el establecimiento empezó a expandirse con regularidad. En 1922 contaban con 380 militares, 23 científicos y funcionarios técnicos civiles, y 25 civiles que trabajaban de secretarios, administrativos y escribientes. En 1925 estos civiles habían doblado su número. En 1930 los británicos ratificaron el Protocolo de Ginebra con un anexo intrigante e importante: al renunciar al uso de agentes de guerra química y bacteriológica, se reservaban el derecho a usarlos «como represalia«. La investigación durante la II Guerra Mundial se enfocó en las armas secretas que llevaban gas mostaza y fosgeno. También había un esfuerzo continuo para perfeccionar la guerra de gérmenes mediante agentes biológicos como el carbunco y la toxina *Clostridium botulinum*.

En 1942 se llevó a cabo con éxito un experimento con carbunco en la isla escocesa de Gruinard, que el Gobierno compró a sus propietarios. Se enviaron 80 ovejas a Gruinard y las armas secretas (bombas con una raza de esporas de carbunco especialmente virulentas) se hicieron explotar cerca. En unos días las ovejas empezaron a morir. Esta bacteria crece rápidamente en el cuerpo y las células sanguíneas se quedan atascadas con unas excrecencias viscosas que aplastan el cuerpo. Se consideró que las pruebas eran satisfactorias, aunque los resultados no llevaban a ningún lado: si se intentaba usar esta arma contra las ciudades alemanas, estas se hubieran vuelto totalmente inhabitables hasta para los aliados. Desde mi punto de vista, hubiera sido más inteligente crear una vacuna anticarbunco primero. Por eso la isla se declaró oficialmente zona prohibida y las únicas visitas que recibía eran las de los bacteriólogos de Porton Down con mascarillas y trajes adecuados, que venían de vez en cuando para verificar los niveles de contaminación. Desde 1986 hubo una campaña organizada, la Operación *Dark Harvest* (*Cosecha oscura*), diseñada para que se autorizara la ocupación humana de la isla. Se pulverizaron cientos de toneladas de formaldehído sobre las áreas infectadas, y la capa superior del suelo infectada, que contenía esporas que aún vivían, fue removida e incinerada. Se soltaron algunas ovejas en la isla y se las observó cuidadosamente; todas estaban sanas. Finalmente, en 1990, el viceministro de Defensa, Michael Neubert, fue a Gruinard en una visita de inspección y la declaró sana y visitable. Las señales de aviso se han retirado y desde entonces no ha habido casos de ántrax o carbunco entre los únicos residentes permanentes: un rebaño de ovejas.

Las investigaciones posteriores en Porton Down se concentraron en los gases nerviosos alemanes tabun, sarín y soman, que finalmente dieron lugar al desarrollo de los venenos VX sobre los nervios. El establecimiento, que todavía existe hoy en día, ahora está rodeado de secreto. Pero se ha aceptado generalmente que el principal foco de atención en la actualidad es la prevención y cura de enfermedades e incapacidad producidas por posibles nuevas armas secretas.

LA DROGA MILAGROSA

Uno de los grandes descubrimientos de la medicina del siglo XX se debe a un oscuro investigador británico. En realidad, languidecía en la oscuridad hasta que las urgentes demandas de la II Guerra Mundial hicieron que la atención se fijara en los modos de tratar a las tropas heridas. Era la penicilina, el primer antibiótico y el más importante. Aunque lo descubrieron los británicos, fue Estados Unidos el que hizo que una curiosidad de laboratorio con potencial se convirtiera en un producto nuevo de gran importancia para uso general. La primera y famosa observación de la acción antibacteriana de esta droga maravillosa fue registrada por un médico escocés y premio Nobel, sir Alexander Fleming. En 1928 demostró que el hongo *Penicillium notatum* se podía cultivar experimentalmente en un caldo, y el resultado fue un líquido que podía matar bacterias que producían enfermedades.

Aunque Fleming estuvo muy orgulloso de que se le identificara como su descubridor, lo cierto es que desde 1875 se habían publicado artículos que describían los efectos de este hongo azul. Un bacteriólogo de Costa Rica llamado Clodomiro Twight había investigado los efectos antibacterianos de este hongo durante la I Guerra Mundial. Tampoco él fue la primera persona en investigar el *Penicillium notatum* porque este hongo había sido bautizado en 1911 por un científico escandinavo que lo descubrió creciendo en un montón de hisopo (una hierba medicinal) que se estaba pudriendo. Fleming observó que el caldo en el que este *Penicillium* había crecido podía matar bacterias, pero no trató de usarlo para curar enfermedades. Un joven (y muy olvidado) doctor llamado Cecil Paine, que trabajaba en el departamento de patología del Hospital Real de Sheffield, Yorkshire, leyó las observaciones de Fleming y cultivó personalmente el hongo. Descubrió que podía curar una infección del ojo de los niños recién nacidos, la *Ophtalmia neonatorum*. Durante 1930 trató a varios pacientes con infecciones oculares, jóvenes y viejos, escribió las notas y (como Fleming) olvidó todo sobre ello. Así pues, Fleming no fue la primera persona en descubrir el hongo ni el primero en describir

Alexander Fleming, el descubridor de la penicilina, en su laboratorio en el St. Mary's Hospital de Paddington. Esta foto la hizo James Jarche en Londres en 1943. Su laboratorio es ahora un museo. (SSPL/Getty Images)

sus efectos ni en usarlo para curar una infección. Entonces, ¿por qué se le considera como crucialmente importante?

El inicio de la guerra nos da la respuesta. Había necesidad de encontrar una superdroga, algo que pudiera curar las arrolladoras infecciones bacterianas que podían quitar la vida a tantos jóvenes soldados heridos en acción y enviarles a casa desde el frente. Un científico australiano, Howard Florey, con un pequeño equipo que incluía a Ernst Chain, Norman Heatley, J. Orr-Ewing y G. Sanders, empezó a trabajar en posibles drogas antibacterianas en la Escuela de Patología Sir William Dunn de la Universidad de Oxford. Conocían las primeras observaciones de hongos que aparentemente mataban bacterias y se pusieron en contacto con Fleming para preguntarle si, por casualidad, todavía tenía su cultivo original del hongo. Lo había guardado y así fue capaz de proporcionar al grupo de Oxford el origen de su nueva droga tan necesitada. Yo conocí a Florey en Oxford y descubrí que era un hombre amistoso y rápido de pensamiento. Su aspecto me recordó un poco al del actor cómico Bob Hope. Otra amiga, Monica Dobell, había conocido a Fleming cuando estaba en la cumbre de su influencia. «Pensé que era un hombrecillo un poco inconsciente –me dijo Dobell–. Demasiado pagado de sí mismo. Creía que era mejor que nadie y decía que él había salvado al mundo».

En 1942 la penicilina se había extraído y purificado, y esta nueva droga se estaba usando ya en pruebas clínicas que habían demostrado su efectividad contra las infecciones bacterianas comunes que estaban acabando con las vidas de jóvenes soldados. Florey, Chain y Heatley descubrieron cómo producir el hongo en botellas de leche, pero esto nunca podría fabricar la droga en cantidades suficientes. El uso de la penicilina en el tratamiento de jóvenes soldados heridos significaba que ahora se podrían salvar las vidas de amputados y otros casos, que de otra manera se habrían perdido con toda seguridad. Pero fue en Estados Unidos, no en Gran Bretaña, donde empezó la producción en masa. Las investigaciones en el Laboratorio de Investigación Regional del Norte, en Peoria, Illinois, mostraron que un producto de desecho común, el licor de maíz, era el medio ideal para el crecimiento del hongo. Resultó que un melón mohoso encontrado en el mercado de Peoria proporcionaba la más potente fuente de penicilina descubierta hasta entonces. Una ingeniera química llamada Margaret Rousseau demostró cómo producirla en cantidades masivas dentro de grandes tanques de fermentación, algo parecido a fabricar cerveza.

Una fotografía de tres biólogos británicos que tuvieron que ver con la penicilina: de izquierda a derecha, sir Howard Florey, sir Percival Hartley y sir Alexander Fleming. (Getty Images)

En la época de la invasión aliada de Normandía en 1944, Estados Unidos había producido más de dos millones de dosis de penicilina pura. El ahorro de vidas debido a este espectacular progreso era incalculable. Luego, cuando la guerra llegó a su fin, Australia fue la primera nación en producir en masa penicilina para el público en general, y Fleming, Florey y Chain recibieron conjuntamente el Premio Nobel de Medicina y Fisiología en 1945. Aunque rápidamente muchas bacterias se volvieron resistentes al efecto de la administración de penicilina, desde entonces se han desarrollado unas cuantas penicilinas semisintéticas, incluidas la Flucloxacillin o Floxacilina y la Amoxicillin o Amoxycilina. Están basadas en la droga original, pero sus moléculas han sido ligeramente modificadas para evitar que sean inactivadas por bacterias resistentes.

Podemos comentar el notable compromiso que tuvieron la medicina y la ciencia en la II Guerra Mundial. Se repartió mucha crueldad: una característica del conflicto fue el inimaginable sufrimiento y las terribles torturas que aún ahora son difíciles de olvi-

Un técnico británico de laboratorio examinando frascos de cultivos de penicilina. Los estadounidenses demostraron cómo se podía producir el hongo en cantidades masivas dentro de grandes cubas. (SSPL/Getty Images)

dar. Pero su mayor legado fue la aceleración de la investigación supersecreta sobre una droga cuyo potencial había sido ampliamente ignorado. La penicilina y los antibióticos que se descubrieron a continuación revolucionaron la medicina. Durante la guerra fue un medio fundamental para devolver tropas al frente en un tiempo récord, y una vez acabada la guerra llevó la esperanza a incontables enfermos graves. Su capacidad para devolver soldados a la batalla la convirtió en un arma por sí misma. Es un legado muy importante de la II Guerra Mundial y proporciona un poco de bienestar saber que las vidas salvadas gracias a la penicilina son muchas más de las que se perdieron en la guerra. Norman Heatley, cuyo trabajo fue tan crucial para el descubrimiento de la penicilina, vivió todo el proceso antes de fallecer en 2004.

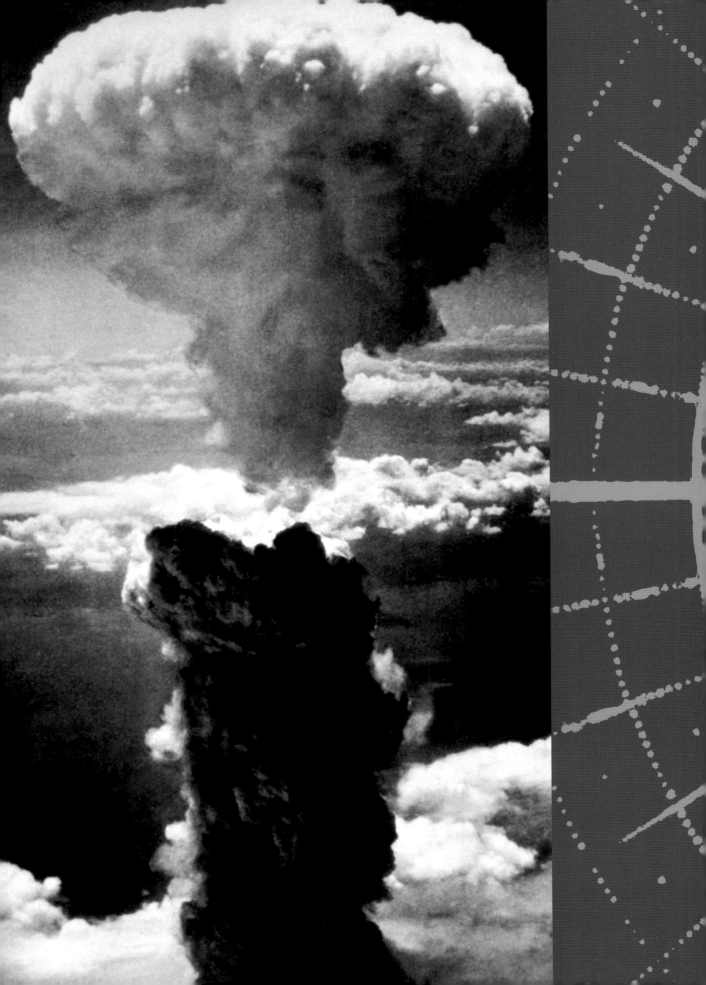

IDEAS
PELIGROSAS

ALGUNAS IDEAS MUY PELIGROSAS (que van desde la relativamente pequeña escala hasta las de un significado como para cambiar el mundo) se pusieron en juego durante la II Guerra Mundial. Después de su entrada en la guerra, Estados Unidos tuvo un papel importante en muchas de ellas.

PEARL HARBOR ATACADO

El ataque de Pearl Harbor por Japón en diciembre de 1941 fue el mayor golpe aislado propinado por una potencia extranjera que Estados Unidos ha experimentado jamás. Fue también el estímulo único que implicó oficialmente a Estados Unidos en la II Guerra Mundial y llevó a una nueva y urgente búsqueda de armas secretas. El raid sobre Pearl Harbor se ha convertido durante mucho tiempo en un mito como un ataque sin provocación previa por parte de un agresor cruel y silencioso contra una nación que nada sospechaba y que se metía pacíficamente solo en sus cosas. Esta idea no es totalmente cierta. Aunque Japón había actuado ya agresivamente dentro de la región del Pacífico y había ocupado Manchuria, Estados Unidos había llevado a cabo repetidamente acciones unilaterales contra Japón. Peor aún, la existencia de Pearl Harbor como un posible blanco era ya conocida por las autoridades norteamericanas, pero se mantuvo secreta para el pueblo de Hawái. Los aviones japoneses fueron detectados por el radar bastante antes de que llegaran, pero a los jóvenes operadores se les dijo que las débiles señales que estaban detectando probablemente no eran nada importante. Se esperaba la llegada de aviones americanos; quizá eso es lo que eran. Finalmente, no se hizo nada y el poderío de Japón cayó sobre Estados Unidos.

Ya desde la era victoriana, Japón había aprendido de Occidente y se había embarcado en una rápida industrialización. Japón es una rareza, puesto que posee muy pocos recursos naturales. Como Gran Bretaña, se trata de una nación separada del continente y de un tamaño similar (frecuentemente se ha comparado a las dos), pero Reino Unido descansa sobre masivas reservas de carbón y mineral de hierro, con grandes lagos de gas natural de alta calidad y petroquímicas bajo sus mares. En comparación, Japón no tiene nada y necesita importar para sobrevivir. En las décadas anteriores a la II Guerra Mundial, Japón había creado una fuerte capacidad militar y la había utilizado para expandirse por áreas de naciones vecinas, como Corea y China. Los norteamericanos, mientras tanto, habían utilizado su propio poderío militar para ocupar áreas del Sudeste Asiático. El Tratado de París en 1898 había dado a Estados Unidos la soberanía sobre Filipinas y la isla de Guam, que dio origen a la ampliamente olvidada guerra de 1899-1902. Los americanos habían permanecido siempre en esta zona desde entonces. En muchos aspectos el escenario estaba listo antes de 1941 para una lucha sobre quién iba a ser el poder dominante en la región.

Las cosas se enconaron cuando Franklin D. Roosevelt fue elegido presidente de Estados Unidos en 1933. Era un buen amigo de Gran Bretaña y su familia se había dedicado con éxito al comercio en China durante décadas. Por eso veía con desagrado la creciente amenaza de los nazis y aún con más desaprobación las invasiones japonesas de territorios chinos.

Cuando estalló la II Guerra Mundial en 1939, Roosevelt se inclinaba por unirse a Gran Bretaña y Francia para derrotar a Alemania, pero los estadounidenses se oponían a acabar envueltos en otra guerra europea, y las elecciones presidenciales de 1940 se acercaban. El movimiento *America First* (Primero América) estaba creciendo, estimulado por personalidades como Charles Lindbergh, y apoyado por líderes antisemitas como Henry Ford. Pero, desafiando directamente a este movimiento, Roosevelt donó 50 destructores americanos para luchar con los aliados. Esto empezó en septiembre de 1940, cuando el Gobierno de Estados Unidos ofreció disimuladamente a Gran Bretaña 43 destructores para la *Royal Navy;* luego se ofrecieron siete más a la *Royal Canadian Navy.* Esto se hizo nominalmente a cambio de arriendo por 99 años de bases en lugares como Terranova, Jamaica y Guayana Británica. Por tanto, los buques estadounidenses estaban luchando por Gran Bretaña casi desde el principio de la guerra. En 1941 el presidente Roosevelt continuó apoyando a los aliados con la ley inocentemente llamada de Préstamo y Arriendo, que originó el suministro regular de material (armas,

Franklin D. Roosevelt, 32 presidente de Estados Unidos, permaneció en el cargo de 1933 a 1946. Cuando empezó la guerra, prometió mantener a su país fuera del conflicto. (Popperfoto/Getty Images)

explosivos, etc.) de 1941 a 1943. Al mismo tiempo Estados Unidos ofreció el uso secreto de sus puertos a los barcos aliados. El capitán de navío Richard Moss, de Cambridge, Gran Bretaña, me habló recientemente del uso del puerto de Boston por la *Royal Navy.* La noción de que Estados Unidos permanecía fuera de la guerra es falsa; secretamente, estaba metida en ella desde el principio.

Alemania estaba también usando el apoyo disimulado de naciones amigas, que, como Estados Unidos, eran ostensiblemente neutrales. Así, aunque Suecia daba grandes muestras de permanecer fuera del conflicto y proclamaba su neutralidad en voz alta, suministraba gran parte del mineral de hierro de Alemania para la producción de armamento a través del puerto noruego de Narvik. Sin la asistencia de Suecia, Alemania nunca hubiera podido producir aviones, barcos y armas como lo hizo.

Japón, que siempre necesitaba suministros de energía y materias primas, había firmado un tratado comercial con Estados Unidos en 1911. En los años anteriores a la II Guerra Mundial, Japón había adoptado una actitud aparentemente amistosa hacia los norteamericanos. Pero Estados Unidos canceló unilateralmente el tratado en 1939 y luego inició una política de sanciones económicas contra Japón, destinadas a restringir el agresivo expansionismo nipón en el Sudeste Asiático. Al Acta de Control de Exportaciones de 1940, que restringía el suministro a Japón de petróleo para obtener combustibles y lubricantes, le siguió una prohibición de todas las exportaciones de chatarra de hierro y acero a Japón. Los japoneses protestaron, pero en vano; y en julio de 1941, el presidente Roosevelt fue aún más lejos al congelar los activos japoneses en Estados Unidos. Gran Bretaña y Holanda le imitaron. Esta acción unilateral significó que de golpe Japón era incapaz de comprar petróleo, lo que originó protestas de los japoneses, que hacían hincapié en que se verían obligados a responder a estas sanciones.

Japón empezó a elaborar un plan de guerra y se propuso invadir Malasia, Birmania y Filipinas. Estos planes fueron interceptados por la inteligencia aliada. Estados Unidos sabía que su gran flota, basada en Hawái, estaría preparada para ir a la guerra contra Japón una vez que estos planes de invasión se pusiesen en marcha. Los agentes de inteligencia de Estados Unidos continuaron controlando los mensajes, mientras Japón se preparaba para actuar militarmente.

Ahora Japón estaba privado de abastecimientos esenciales. No estaban tan mal de equipos militares como de materias esenciales para la vida diaria como el petróleo. El general Tojo Hideki se convirtió en el primer ministro japonés en octubre de 1941 y se dio cuenta inmediatamente de que la posición de su nación era desesperada. Fijó el 29 de noviembre como la fecha en que Japón iniciaría las acciones militares contra Estados Unidos si no se llegaba a un acuerdo. Mientras, Estados Unidos estaba esperando inducir a Japón a entrar en guerra. Sabía que su poderosa flota amarrada en Hawái sería una barrera para cualquier invasión de territorio por parte de Japón. El servicio de inteligencia había oído que uno de los objetivos podría ser Pearl Harbor. Estas revelaciones no se pasaron a los comandantes militares en Hawái, de modo que no se pudieran tomar acciones preventivas. Más aún, Gran Bretaña había perfeccionado recientemente un sistema transpondedor de radar denominado IFF (Identificación Amigo o Enemigo), que habían ofrecido al Cuerpo de Transmisiones del ejército de Estados Unidos, que lo había rechazado. Según sus jefes, no necesitaban nada de los británicos porque los sistemas norteamericanos eran mejores.

El ataque, cuando se produjo, fue inesperadamente desde el aire y llegó con una fuerza abrumadora. Los estrategas militares habían esperado que Japón invadiera países para obtener sus vitales abastecimientos, y los buques en Hawái estaban listos para hacerse a la mar y repeler a los japoneses. Nadie había imaginado que, por el contrario, Japón aniquilaría la flota americana, como así lo hizo en Pearl Harbor.

En la mañana del 7 de diciembre de 1941, un operador de radar de la estación de Fort Shafter, en la isla de Oahu, vio una gran señal que aparecía en su pantalla. Le pidió a un soldado que estaba con él que lo mirase, y los dos estuvieron de acuerdo en que había un gran número de aviones que estaban a unas 210 km (130 millas) y se acercaban rápidamente. Su oficial superior era el 1.er teniente Kermit A. Taylor, que escuchó cuidadosamente su informe del avistamiento. Entonces tomó su fatídica decisión. Una escuadrilla de bombarderos B-17 americanos debía llegar ese día y supuso que deberían ser ellos. Estaba equivocado: más de 180 cazas, aviones torpederos y bombarderos japoneses se dirigían hacia Hawái a toda velocidad. Se había perdido la oportunidad de prepararse o al menos protegerse.

Seis portaaviones japoneses estaban dentro de alcance y lo que parecían oleadas interminables de aviones habían despegado para reunirse contra Hawái. Entonces siguieron dos ataques masivos; 3.500 militares de Estados Unidos fueron muertos o gravemente heridos y 18 buques de la Flota del Pacífico fueron hundidos o quedaron seriamente averiados. Más de 350 aviones fueron destruidos. Se hizo aún más daño por montones de submarinos enanos japoneses ultrasecretos, que penetraron profundamente en el puerto. Los ocho acorazados de Estados Unidos que estaban en el puerto fueron hundidos; solo en el ataque al USS *Arizona* murieron unos 1.500 marinos. Estados Unidos había perdido su flota de acorazados en el espacio de dos horas. El ataque japonés fue un éxito completo y el triunfo de una planificación supersecreta.

Mucha de la tecnología usada en este audaz ataque tendría una larga influencia en el curso de la guerra, y aún más allá. Los submarinos enanos fueron un arma secreta particularmente exitosa. Pearl Harbor vio su primer uso en la II Guerra Mundial, pero también se utilizaron con grandes efectos por los británicos y los italianos.

La tecnología desarrollada durante la II Guerra Mundial para los submarinos enanos está todavía en uso hoy en día, a veces en aplicaciones inesperadas. Los submarinos turistas de unos 10 m (32 pies) de eslora (longitud) se emplean en todo el mundo llevando a gente para que vea las maravillas

Una impresión del artista presenta a los bombarderos en picado japoneses atacando a los buques de Estados Unidos el 7 de diciembre de 1941. El ataque sobre Pearl Harbor llevó a Estados Unidos inmediatamente a la guerra. (Adam Hook © Osprey Publishing)

Inclinado por el ataque en Pearl Harbor y ardiendo completamente, el acorazado *Arizona* fue destruido durante el raid japonés. Más de 1.000 personas murieron con la destrucción de este buque. (NARA)

que hay bajo el mar. Recientemente, submarinos construidos secretamente (algunos de hasta 30 m, 98 pies, de eslora) han sido descubiertos en aguas de América Central, donde son utilizados para el tráfico de drogas.

Al contrario de lo que se explica a menudo, el ataque a Pearl Harbor no fue ninguna sorpresa para el Gobierno de Estados Unidos. Se lanzó después de muchas provocaciones y tras numerosos avisos; incluso había sido detectado por el radar. Por más que uno quiera argüir, no fue un ataque inesperado desde una dirección inesperada, aunque la operación fuera un triunfo gracias a una planificación militar supersecreta. Al visitar Pearl Harbor recientemente, vi los tristes restos de los buques de guerra norteamericanos, que yacen en agua clara como un homenaje a todos los que allí cayeron. En Estados Unidos, el teniente Tyler, el oficial que ignoró los avisos de los operadores de radar, cargó con el recuerdo de aquel día para el resto de su vida. Murió en San Diego, California, en 2010, justo cuando empezaba el trabajo sobre este libro.

Estados Unidos tenía a sus mejores especialistas en códigos asignados a la tarea de seguir los planes japoneses. Descodificaban sistemáticamente sus mensajes supersecretos, y pronto supieron de un plan para atraer a los restantes buques norteamericanos a una trampa en la isla Midway. En junio de 1942, en la batalla de Midway, Estados Unidos tuvo éxito al poner el conflicto de su parte y hundir cuatro portaaviones japoneses y un crucero pesado con la pérdida de un portaaviones y un destructor propios. Este fue el punto de inflexión en el Pacífico y desde ese momento los japoneses pusieron rumbo a la derrota.

ARMAS DE HIDRÓGENO JAPONESAS

Las armas secretas que estaba desarrollando Estados Unidos contra Japón, y viceversa, incluían algunas de las cosas más chocantes que nunca se habían visto en guerra. Los japoneses decidieron lanzar ataques incendiarios contra Estados Unidos y fabricaron unos 9.000 globos de hidrógeno, a los cuales ajustaron unas pequeñas armas incendiarias que podían arder durante más de una hora y bombas incendiarias antipersonal de 15 kg (33 libras) de alto explosivo. El plan era lanzarlos en la corriente de chorro de gran altitud (que los japoneses acababan de descubrir) de modo que las armas eran llevadas sobre el Pacífico hasta Norteamérica.

Los globos estaban hechos de papel y los confeccionaban mujeres jóvenes, la mayoría estudiantes de las escuelas cercanas. El papel *washi* para los globos estaba hecho de largas hojas pegadas unas a otras con gel «lengua del diablo», fabricado con raíces de lirios de agua hervidas. Todas las reservas de gel de raíces de lirios de agua desaparecieron del mercado, en parte para alimentar a la industria de globos, pero también porque tenían un sabor agradable y las estudiantes lo consumían en grandes cantidades. A partir de noviembre de 1944, el Regimiento Especial de Globos creado dentro del ejército imperial japonés empezó a soltar una corriente continua de estos globos desde la prefectura de Ibaraki, en el lado occidental de la isla de Honshu.

Aunque pueda parecer improbable, el truco funcionó; la mayoría de los globos explotaron o de desinflaron en el agua, pero más de 1.000 de estas armas secretas llegaron a Norteamérica y una cuarta parte de ellas causó daños, la mayoría pequeños incendios forestales. Los primeros informes sobre las bolas de fuego que descendían del cielo se descartaron al considerarlos habladurías de granjeros, pero hacia finales del año 1944 las autoridades se dieron cuenta de lo que estaba pasando. Algunos de los globos aterrizaron intactos y fueron examinados por los militares. La carga útil contenía magnesio como material incendiario, en parte para prender fuego a los globos al aterrizar, pero también para garantizar que el dispositivo se consumía en las llamas, de modo que los americanos no descubrieran la verdadera naturaleza de estos extraños artefactos que les llegaban desde el cielo.

De todas formas, los globos produjeron una interferencia mínima en el curso de la guerra y, una vez que se descubrió la naturaleza de estas armas, muchas de ellas fueron derribadas por aviones de guerra en mitad de su vuelo. Se llegó a un acuerdo con los directores de los periódicos para que nunca se publicasen informes de los ataques con éxito y los japoneses nunca llegaran a saber si los globos habían funcionado. Después de cinco meses sin que ninguna noticia de los daños producidos apareciese en los medios de comunicación norteamericanos, los japoneses se descorazonaron e interrumpieron los ataques. En realidad se había informado de 285 incidentes de bombas con globos, y alguno de los ellos llegó hasta Michigan. Uno fue encontrado por un grupo de estudiantes de Oregón, que murieron cuando trataron de moverlo y la mina antipersonal estalló.

LOS ANIMALES PARTICIPAN EN LA GUERRA SECRETA

Estados Unidos estaba trabajando en su venganza con planes igual de chocantes. Un dentista (e inventor en sus ratos libres) llamado Lytle S. Adams propuso enviar un escuadrón de bombarderos B-24 a destruir la ciudad de Osaka en Japón. Cada avión iría cargado con 100 armas incendiarias. Adams añadió un rasgo peculiar único a su propuesta de raid: las armas no contendrían bombas, sino murciélagos. Argumentaba que los murciélagos se dirigirían a los edificios de papel y madera que eran característicos de esta antigua ciudad. Cada murciélago llevaría una pequeña carga incendiaria atada con correas en su posición. Una vez que se hubieran instalado bajo los aleros o se hubiesen escondido en los espacios libres de los techos de los edificios de Osaka, las espoletas encenderían las cargas y la ciudad sería destruida en una conflagración masiva.

Los Laboratorios Nacionales de Investigación para la Defensa experimentaron con bombas incendiarias de peso ligero y produjeron un diseño que alcanzaba menos de 28 gramos (1 onza), incluido el peso de la pequeña espoleta de tiempo que incendiaría el paquete. Mientras tanto Adams y su equipo estaban visitando miles de cuevas para recolectar murciélagos del guano, que eran lo suficientemente grandes como para poder llevar las pequeñas bombas. Se hicieron algunos vuelos de pruebas en el lago Muroc en California, pero fueron cómicos: los murciélagos se desorientaban y volaban directos hacia el suelo. Una bandada de los murciélagos, experimentalmente dotados con sus bombas, se escapó de su cobertizo en una base del ejército en Nuevo México y prendieron fuego a un hangar de aviones y a los vehículos militares que había dentro. La reacción del Gobierno de Estados Unidos fue retirarles el proyecto a Adams y sus amigos y ponerlo bajo la autoridad del Cuerpo de Marines. Le asignaron el nombre en código de Proyecto *X-Ray (Rayos-X)*, pero abandonaron la idea poco después.

Los meteorólogos japoneses fueron los primeros en descubrir la corriente de aire a alto nivel que ahora llamamos *jet-stream* (corriente de chorro), y decidieron aprovecharla para enviar armas en globos sobre el Pacífico hasta Estados Unidos. Eran globos incendiarios *(fūsen bakudan)* de 10 m (32 pies y 8 pulgadas) de diámetro, hechos con papel *washi* producido con fibra natural, y dotados de dispositivos incendiarios y alto explosivo. Los restos de uno de ellos se exhiben en el Museo Histórico y Marítimo de Coos, Oregón. (John Batchelor)

Los ataques incendiarios convencionales contra Japón pronto se intensificaron. Los alemanes habían sido los primeros en bombardear a los civiles con bombas incendiarias cuando destruyeron Varsovia en 1939. A continuación prendieron fuego a Rotterdam y lo hicieron después de que la ciudad hubiese capitulado. Las fuerzas alemanas llevaron a cabo raides de bombardeo incendiario a mayor escala con los ataques nocturnos sobre Londres en 1940-1941. Esto llevó a lo que ahora se llama «*shock* y pavor» (los raides sobre Bagdad que fueron televisados durante la guerra de Irak de 2003-2010 fueron un ejemplo más moderno de las mismas tácticas). Este bombardeo indiscriminado de áreas densamente pobladas por civiles durante la II Guerra Mundial puede parecer terrorífico ahora, pero los aliados lo pusieron en práctica rápidamente. Hamburgo fue destruido por los bombardeos aliados en 1943, y el enorme incendio que causaron las bombas llevó a la muerte de unas 50.000 personas, la mayoría de ellos civiles. La destrucción de Dresde en 1945 fue un ejemplo posterior, atacada por la RAF y la USAF. Unos 1.300 bombarderos pesados soltaron una masiva embestida de casi 4.000 toneladas de bombas, que destruyeron unos 40 km^2 (15 millas^2) de esa histórica ciudad. Aunque se ha dicho varias veces que los puentes y los complejos industriales eran blancos importantes, no hay prueba alguna de que estos fueran los objetivos de los bombardeaos. Las estimaciones del número de muertos en aquel momento fueron de 250.000, aunque desde entonces se ha pensado que esto podría ser diez veces más que las cifras reales.

Después de los ataques sobre Pearl Harbor, se enviaron escuadrones de bombarderos B-29 Superfortaleza a realizar bombardeos incendiarios sobre las ciudades japonesas con devastadoras

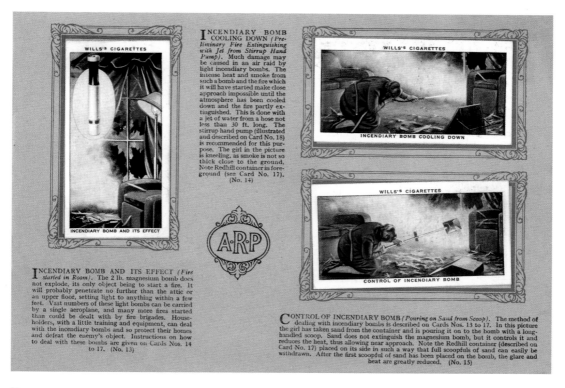

Una muestra de un álbum de cromos de la *Imperial Tobacco Company* (Compañía Imperial de Tabacos). Iban en los paquetes de cigarrillos y explican los métodos de hacer frente a las bombas incendiarias. (Imperial Tobacco Company)

consecuencias. En la Operación *Meetinghouse* (Templo de los cuáqueros), 100.000 civiles de Tokio fueron quemados y murieron por las explosiones. En total, 500.000 japoneses murieron durante la II Guerra Mundial y unos 5.000.000 se quedaron sin hogar. Y así, incluso aunque las bombas de murciélagos del Proyecto Rayos-X fracasaron, finalmente las ciudades japonesas ardieron.

Los anteriormente mencionados no fueron los únicos experimentos que usaron animales como armas secretas. Después de los intentos con murciélagos, vino otro proyecto con palomas. El psicólogo estadounidense B. F. Skinner concibió un plan para adiestrar a palomos mensajeros que guiaran misiles contra el enemigo. Su idea era adiestrar a los palomos (ofreciéndoles premios en comida) para que picotearan continuamente en la imagen de un buque de guerra enemigo proyectado en una pantalla dentro de la pequeña carlinga de un misil guiado Pelican. Mientras que el picoteo fuera en el centro de la pantalla, el misil volaba directo hacia el enemigo, pero si se proyectaba la imagen a un lado, entonces el picoteo del palomo haría que el sistema de guiado del misil corrigiera su trayectoria hasta que la imagen del blanco estuviera otra vez centrada. El Comité de Investigación de Defensa Nacional de Estados Unidos tenía sus dudas sobre la idea, pero Skinner aseguró que si se soltaba el misil a unos 600 m (2.000 pies) del buque enemigo, el palomo a bordo garantizaría el éxito. Skinner tenía una gran reputación debido a sus ideas, que estaban de moda, y se le consideraba el hombre del momento, así que se concedieron 25.000 dólares para financiar la investigación. El desarrollo no llegó a resultados prácticos, y en octubre de 1944 se le retiró el apoyo militar, pero no por mucho tiempo. En 1948 la marina de Estados Unidos recuperó la investigación bajo el nombre en código Proyecto *Orcon* (por ORganic CONtrol o Control orgánico) y sobrevivió hasta 1953, momento en que el guiado electrónico fue suficientemente fiable y se retiraron los palomos.

Las armas antitanque eran algo deseado por ambos bandos, y una innovación introducida por los soviéticos durante la II Guerra Mundial fue el perro antitanque. A estos animales se les enseñaba a buscar su comida debajo de un tanque y se les soltaba antes de un ataque. Cada perro llevaba una bomba sujeta a su lomo con correas y con una palanca conectada al detonador, que se dispararía cuando el perro corriera a meterse bajo un tanque a buscar su comida.

A los animales se les dejaba hambrientos durante dos días antes de un ataque, y entonces se les soltaba contra las posiciones de los tanques enemigos. Corrían hacia el tanque para conseguir comida e inmediatamente se agazapaban debajo. Se movía la palanca y la bomba explotaba violentamente. Se estima que unos 300 tanques alemanes fueron dañados por estas bombas llevadas por perros durante la II Guerra Mundial. Sin embargo, como los perros estaban adiestrados con vehículos rusos, muchas veces se dirigían a los vehículos soviéticos en vez de hacerlo hacia el olor menos familiar de los tanques alemanes.

EL CAÑÓN GIGANTE DE HITLER

Los cañones gigantes son un elemento esencial en la guerra. Fue la existencia de la supuestamente infranqueable Línea Maginot, que marcaba la frontera este de Francia, la que proporcionó el estímulo para el desarrollo de los enormes cañones de Alemania. El especialista en artillería general Karl

Becker diseñó estos grandes cañones, fabricados por la compañía Rheinmetall-Borsig, que los bautizó Karl Gerät 040 (Herramientas Karl) en honor de su inventor. La fabricación de estos monstruosos cañones empezó en 1937. Eran armas imposibles de manejar, pues pesaban 124 toneladas, y no se movían más rápido que el paso de un hombre. Se podían transportar por ferrocarril como un imponente vagón independiente. Se fabricaron seis entre noviembre de 1940 y agosto de 1941. Estaban diseñados para disparar proyectiles de 60 o 54 cm (unos 2 pies) de diámetro y producían un enorme retroceso cuando se disparaban. Ambas guerras fueron conocidas por sus cañones gigantescos, desde el Big Bertha de la I Guerra Mundial, que pesaba 43 toneladas, hasta el cañón Gustav de la II Guerra Mundial, que pesaba 1.344 toneladas. Todos ellos tienen un lugar en la historia militar, aunque no se puedan clasificar como secretos.

Sin embargo, se puede incluir un cañón gigante en nuestra exploración del mundo de las armas secretas porque se construyó bajo tierra y los alemanes hicieron todo lo posible para que nadie supiera nada de él antes de que empezaran los ataques planeados. Tenían previsto que los aliados (incluso cuando experimentasen los efectos del bombardeo) nunca descubrirían de dónde procedían. El aparato tenía varios nombres: Hochdruckpumpe (HDP, bomba de alta presión); Fleissiges Lieschen (Lieschen, la activa, nombre de una flor); Tausendfüssler (Ciempiés, aunque la traducción literal sería milpiés). A veces se le llamaba la V-3 (Vergeltungswaffe-3 o Arma de represalia 3). Los diseños posteriores eran tan novedosos y potencialmente de tanto alcance que parecía que iban a constituir una clase exclusiva de armas secretas. Este supercañón multicarga era una invención de la fábrica Röchling Stahlwerk AG y consistía en un tubo construido por secciones con ramas laterales emparejadas como la espina dorsal de un pez. En esas cámaras laterales habría cargas explosivas, que se podían disparar automáticamente en secuencia. A medida que el proyectil pasaba cada una

El Big Bertha era un gigantesco cañón de largo alcance que se usó durante la I Guerra Mundial y apareció en la famosa película de Charles Chaplin *El gran dictador,* en 1940. La de la imagen es una réplica de madera que llega a los estudios cinematográficos de Hollywood. (Gamma-Keystone/Getty Images)

de las ramas, detonaría la siguiente carga de la secuencia, aumentando así la presión dentro del tubo principal hasta que el proyectil se lanzaba con la formidable velocidad de 1.370 m/seg (4.500 pies/seg) o 4.800 km/h (3.000 mph). Estaba previsto que se construyera en búnkeres subterráneos cerca de la región de Pas-de-Calais en el norte de Francia y se utilizaría para lanzar proyectiles sobre Londres. La primera de estas armas fue diseñada en 1943 por un ingeniero llamado August Cönders de la fábrica Röchling Stahlwerk. Había diseñado los proyectiles Röchling, ingeniosas bombas que podían penetrar hasta 4'25 m (14 pies) de hormigón armado. Estos proyectiles eran considerados por los alemanes como un arma secreta por sí solos. No eran muy precisos, pero sí lo suficientemente impresionantes como para ser recomendados por el ministro de Armamento y Municiones, Albert Speer. A Cönders se le encargó que construyera un prototipo del Hochdruckpumpe y produjo uno con un calibre de solo 20 mm (unas 0'75 pulgadas). Sin embargo, las pruebas demostraron que la idea podía funcionar. La investigación se le mencionó a Hitler, que inmediatamente decidió que 50 de las armas de tamaño grande se instalarían a lo largo de la costa del norte de Francia para bombardear Londres incesantemente.

Cönders empezó por construir un cañón de pruebas de tamaño natural en Hillersleben, cerca de Magdeburgo. Parecía imposible encontrar el mecanismo ideal de cierre a lo largo del tubo, y por eso no se podía conseguir que disparase fiablemente. En las pocas ocasiones en que funcionó el aparato, el proyectil fue disparado muy lentamente. Hitler no se dejó disuadir y se hicieron planes para construir un cañón de 150 m (490 pies) en la isla de Wolin, en el Báltico, cerca de Peenemünde. Se comprobó que estas pruebas en el Báltico no tenían más éxito y por eso se ordenó a la Oficina de Municiones del Ejército *(Heereswaffenamt)* que se hiciera cargo del desarrollo y a Cönders se le nombró ingeniero jefe. La ambición de Hitler de tener un supercañón que enviase una cascada de proyectiles altamente explosivos contra Londres significó que a mediados de 1944 había cuatro diseños para los proyectiles de 150 mm con aletas, todos fabricados separadamente por Fasterstoff, Bochumer, Witkowitz y Röchling.

Tuvieron lugar nuevas pruebas urgentes en el Báltico. Se usaron sellos más efectivos, que no solo mantenían la carga explosiva detrás del proyectil en movimiento, sino que además evitaba la ignición prematura de las cargas situadas más delante en el tubo. Durante 1944 el porcentaje de éxito aumentó y algunos de los proyectiles cayeron a más de 80 km (50 millas) del cañón que los había disparado. En julio de 1944 se dispararon en pruebas ocho proyectiles seguidos en los ensayos en Wolin, pero entonces el cañón explotó violentamente y fue imposible seguir usándolo.

De todas formas, Hitler ordenó que se encontraran emplazamientos para el cañón en Francia. Uno era en una montaña de piedra caliza a 5 km (3 millas) de la cantera de Hidrequent, cerca de Mimoyecques, en Pas-de-Calais, una región del norte de Francia cerca del cabo Gris Nez, donde ya se estaban construyendo los asentamientos de lanzamiento de las V-2 y V-3. El asentamiento estaba a 8 km (5 millas) de la costa inglesa del canal de la Mancha y a 160 km (100 millas) de Londres. En septiembre de 1943 se había iniciado la construcción de la línea de ferrocarril y empezaron las excavaciones de los asentamientos del cañón. Se prepararon dos asentamientos idénticos simultáneamente, separados entre sí unos 1.000 m (3.300 pies). Tenían sitio para 50 de estos gigantescos cañones (una cantidad extraordinaria).

En Londres, la inteligencia británica se enteró de que había algo en marcha y se ordenó que se realizaran reconocimientos aéreos de rutina para obtener fotografías de los trabajos. En unas semanas se prepararon los planes aliados y los raides aéreos empezaron el 5 de noviembre de 1943 durante la Operación *Crossbow* (Ballesta). Algunos trabajadores murieron en los bombardeos y las excavaciones quedaron dañadas, pero los trabajos continuaron. Los alemanes habían planeado tener el primer grupo de cinco cañones completo y listo para entrar en servicio en marzo de 1944. Las pruebas en el Báltico seguían siendo decepcionantes; los cañones no habían conseguido funcionar fiablemente, y por eso el trabajo se acortó. Entonces, en julio de 1944, el Ministerio de la Guerra de Londres dio órdenes de atacar el emplazamiento con las bombas de gran penetración Tallboy de 5.400 kg (12.000 libras) que había diseñado Barnes Wallis. Las iba a lanzar el Escuadrón 617, todavía bajo el mando de Guy Gibson, que había demostrado su valía en el raid de los reventadores de presas. La destrucción resultante en Mimoyecques fue tan completa que todos los trabajos se detuvieron.

Después de la guerra, un proyecto conjunto del Departamento de Defensa de Estados Unidos y el Departamento de Defensa Nacional de Canadá llevó a cabo algo similar. Se trataba de un proyecto para ver si se podía lanzar un satélite mediante un cañón inmenso, y se denominó *High Altitude Research Project* (Proyecto de investigación a gran altitud) o HARP. La idea se debió a un ingeniero

La V-3 diseñada por la Alemania nazi era un cañón de forma alargada con cámaras laterales que disparaban en sucesión para lanzar un proyectil a más de 160 km (100 millas). Fue disparado contra las ciudades de Londres y Luxemburgo en los años 1944 y 1945. (Colección del autor)

A corta distancia se pueden ver claramente las cámaras laterales del arma V-3 de Hitler. Estaban diseñadas para disparar en sucesión con el fin de alcanzar una máxima velocidad en la boca, pero las dificultades para coordinar las cargas explosivas fueron imposibles de resolver. (Cody Images)

balístico canadiense llamado Gerald Bull. Los ensayos se llevaron a cabo desde un polígono de pruebas en el aeropuerto Seawell, en las islas Barbados. Finalmente el equipo experimental de Bull disparó un misil de pruebas que pesaba 180 kg (400 libras) a 13.000 km/h (8.000 mph) a una altitud de 180 km (112 millas). Era una hazaña extraordinaria. De los edificios y las viviendas privadas en varias millas a la redonda llegaron informes de los daños causados por las poderosas ondas de choque (tuberías de desagüe rajadas, cemento partido, paredes dañadas) que las autoridades rehusaron indemnizar.

Bull continuó tan decidido como lo había estado Hitler en su sueño de un supercañón y prosiguió su investigación incluso después de que se le retirase el apoyo de los gobiernos de Canadá y Estados Unidos. Vendió un cañón gigante a Sudáfrica y fue encarcelado en Estados Unidos por romper el embargo comercial que entones existía. Tras ser liberado Bull se trasladó a Bruselas, Bélgica, y negoció un acuerdo para el lanzamiento de un satélite (bajo el nombre en código Proyecto *Babylon*) con Sadam Husein. En marzo de 1990 Bull murió a tiros en su apartamento de Bruselas, según se cree por agentes del Mossad. Partes de su supercañón fueron posteriormente confiscadas por las autoridades de aduanas británicas como exportación ilegal (en 2011 partes de un supercañón iraquí se exhibían en el Imperial War Museum de Duxford, en Gran Bretaña). Fue un notable final de una saga que tenía sus raíces en las salvajes ambiciones de Hitler en la Alemania nazi de la guerra.

EL PODER DEL ÁTOMO

George Johnstone Stoney era el científico que acuñó el término «electrón» en 1894, y tres años más tarde J. J. Thomson, de la Universidad de Cambridge, fue el primero en registrar la existencia de esta partícula subatómica. Un científico francés, Antoine Henri Becquerel, descubrió la radioactividad accidentalmente en 1896, cuando observó que el uranio velaba una placa fotográfica, incluso en la oscuridad. Ernest Rutherford, el padre de la física nuclear, realizó un experimento en Cambridge en el cual se observó la partición del núcleo.

También en Cambridge, durante el mismo año, James Chadwick observó el neutrón por primera vez. Durante 1938 Otto Hahn y Fritz Straßman mostraron que los fragmentos de los átomos partidos pesaban aproximadamente la mitad que el núcleo de uranio original: habían desintegrado el átomo en dos (por este crucial descubrimiento se le concedió a Hahn el Premio Nobel en 1944). Hahn publicó estos resultados inmediatamente y envió los detalles a su amiga Lisa Meitner, que estaba trabajando en Estocolmo. Ayudada por su sobrino, Otto Frisch, Lisa Meitner calculó rápidamente la colosal cantidad de energía que se liberaría en una reacción nuclear mantenida.

El breve documento que anunciaba el trabajo de estos dos físicos apareció en la revista *Nature* en 1939, y de pronto el tema surgió a la luz. La siguiente publicación crucial procedía de un físico francés, Frédéric Joliot, en París, quien mostró que cuando se desintegraba el núcleo de un átomo, se emitían neutrones, y estos producían una reacción en cadena. Todo el mundo científico se dio cuenta de que ya se podía fabricar una bomba atómica: era solo cuestión de tiempo que esto sucediera.

ALEMANIA Y LA BOMBA ATÓMICA

En unas semanas los científicos alemanes mancomunaron sus ideas y formaron la *Uranverein* (Club del Uranio). La noticia se difundió, y tres científicos judíos emigrados a Estados Unidos, Albert Einstein, Leo Szilard y Eugene Wigner, enviaron una nota al presidente Roosevelt para advertirle de la intención de los nazis de construir un arma atómica. Unos meses más tarde la Oficina de Municiones del ejército alemán empezó a recopilar informes sobre un posible *uran-maschine* (reactor nuclear) y sobre métodos de purificar los isótopos de uranio. Estaban de acuerdo en que una reacción nuclear liberaría grandes cantidades de energía, pero que se creía que se tardarían años en perfeccionarlo. La guerra iba bien en ese momento y por eso las políticas de investigación se volvieron contra la idea, y los estudios sobre esta cuestión se dividieron entre varios institutos repartidos por toda Alemania (laboratorios en Berlín, Colonia, Hamburgo, Heidelberg y Leipzig estaban entre los muchos que quedaron encargados de continuar la investigación nuclear). El joven y brillante físico Carl Friedrich von Weizsäcker (cuyo hermano Richard posteriormente llegó a ser presidente de la República Federal Alemana) era un ardoroso defensor de Hitler en aquel momento, contagiado de la atmósfera de renovación y expansión que había por todos lados en Alemania, y empezó a trabajar entusiásticamente en investigación atómica. A diez de los científicos atómicos alemanes se les grabó en secreto en un debate después de la guerra a finales de 1945: Erich Bagge, Kurt Diebner, Walther Gerlach, Otto Hahn, Paul Harteck, Werner Heisenberg, Horst Korsching, Max von Laue, Carl Friedrich von Weizsäcker y Karl Wirtz. Las transcripciones del debate no se desclasificaron hasta 1992 y se vio que no eran concluyentes sobre los motivos y ambiciones de estos científicos. Se presentó una audición pública en una obra radiofónica titulada *Nuclear Reactions* (*Reacciones nucleares*), escrita por Adam Ganz y transmitida por la BBC el 15 de junio de 2010.

Incluso desde la II Guerra Mundial se han contado persistentemente historias de cómo los nazis construyeron una bomba atómica e incluso que llegaron a probar un artefacto rudimentario en las últimas fases de la guerra. Es cierto que un laboratorio atómico explotó en Leipzig en junio de 1942, cuando una pila atómica llegó a la fase crítica y se calentó demasiado, pero las historias sobre una bomba nuclear nazi no están basadas en la realidad. Como en otras naciones científicas, había gente en Alemania que sabía cómo se podía fabricar una bomba atómica, pero algunos estaban demasiado aislados para que sus ideas llegasen a dar fruto y otros parece que estaban decididos a evitar que los nazis encontraran el modo de fabricar un arma nuclear. El Dr. Horst Willkomm, un prominente físico alemán, conocía bien a muchos de los principales especialistas y me dijo que Otto Hahn y sus colegas en la investigación estaban decididos a no darles a los nazis ni la posibilidad de una bomba atómica, y se concentraron en trabajar en la física teórica y el diseño de la pila de un reactor nuclear. Cuando Hahn oyó que los norteamericanos habían construido armas atómicas (y que las habían lanzado sobre ciudades densamente pobladas), Willkomm me dijo que Hahn se quedó «completamente aterrado». Nadie puede dudar de la veracidad de esto.

CIENCIA ATÓMICA EN JAPÓN

Mientras el Club del Uranio se reunía en Alemania sin llegar a nada concreto, los físicos norteamericanos trataban de decidir cómo proceder. En Dinamarca el gran científico Niels Bohr estaba empezando a formular los planes para un arma atómica y el Servicio Secreto británico lo sacó de

LOS CIENTÍFICOS

El descubrimiento de la fisión nuclear fue anterior a la II Guerra Mundial, y la investigación se continuó en condiciones de máxima seguridad en varios países, pero con más éxito en Estados Unidos. Entre las principales figuras estaban Niels Bohr, Lise Meitner y Otto Frisch.

Arriba izquierda: El físico Danés Niels Bohr estudió con Ernest Rutherford en la Universidad de Cambridge, Gran Bretaña, y fue una de las figuras del Proyecto *Manhattan*. Por motivos de seguridad se le asignó el nombre en código de Nicholas Baker. (SSPL/Getty Images)

Arriba derecha: Lise Meitner era una científica austriaca que tuvo un papel muy significativo en las investigaciones en física nuclear. Su trabajo sentó las bases de proyectos nucleares y del desarrollo de armas nucleares. (Getty Images)

Izquierda: Junto con su tía, Lise Meitner, Otto Frisch se dedicó a la física nuclear. Juntos descubrieron que se liberan grandes cantidades de energía durante las reacciones nucleares. (© Science and Society/SuperStock)

Letters to the Editor

The Editor does not hold himself responsible for opinions expressed by his correspondents. He cannot undertake to return, or to correspond with the writers of, rejected manuscripts intended for this or any other part of NATURE. No notice is taken of anonymous communications.

NOTES ON POINTS IN SOME OF THIS WEEK'S LETTERS APPEAR ON P. 247.

CORRESPONDENTS ARE INVITED TO ATTACH SIMILAR SUMMARIES TO THEIR COMMUNICATIONS.

Disintegration of Uranium by Neutrons: a New Type of Nuclear Reaction

ON bombarding uranium with neutrons, Fermi and collaborators[1] found that at least four radioactive substances were produced, to two of which atomic numbers larger than 92 were ascribed. Further investigations[2] demonstrated the existence of at least nine radioactive periods, six of which were assigned to elements beyond uranium, and nuclear isomerism had to be assumed in order to account for their chemical behaviour together with their genetic relations.

In making chemical assignments, it was always assumed that these radioactive bodies had atomic numbers near that of the element bombarded, since only particles with one or two charges were known to be emitted from nuclei. A body, for example, with similar properties to those of osmium was assumed to be eka-osmium ($Z = 94$) rather than osmium ($Z = 76$) or ruthenium ($Z = 44$).

Following up an observation of Curie and Savitch[3], Hahn and Strassmann[4] found that a group of at least three radioactive bodies, formed from uranium under neutron bombardment, were chemically similar to barium and, therefore, presumably isotopic with radium. Further investigation[5], however, showed that it was impossible to separate these bodies from barium (although mesothorium, an isotope of radium, was readily separated in the same experiment), so that Hahn and Strassmann were forced to conclude that *isotopes of barium* ($Z = 56$) *are formed as a consequence of the bombardment of uranium* ($Z = 92$) *with neutrons.*

At first sight, this result seems very hard to understand. The formation of elements much below uranium has been considered before, but was always rejected for physical reasons, so long as the chemical evidence was not entirely clear cut. The emission, within a short time, of a large number of charged particles may be regarded as excluded by the small penetrability of the 'Coulomb barrier', indicated by Gamow's theory of alpha decay.

On the basis, however, of present ideas about the behaviour of heavy nuclei, an entirely different and essentially classical picture of these new disintegration processes suggests itself. On account of their close packing and strong energy exchange, the particles in a heavy nucleus would be expected to move in a collective way which has some resemblance to the movement of a liquid drop. If the movement is made sufficiently violent by adding energy, such a drop may divide itself into two smaller drops.

In the discussion of the energies involved in the deformation of nuclei, the concept of surface tension of nuclear matter has been used[6] and its value has been estimated from simple considerations regarding nuclear forces. It must be remembered, however,

that the surface tension of a charged droplet is diminished by its charge, and a rough estimate shows that the surface tension of nuclei, decreasing with increasing nuclear charge, may become zero for atomic numbers of the order of 100.

It seems therefore possible that the uranium nucleus has only small stability of form, and may, after neutron capture, divide itself into two nuclei of roughly equal size (the precise ratio of sizes depending on finer structural features and perhaps partly on chance). These two nuclei will repel each other and should gain a total kinetic energy of c. 200 Mev., as calculated from nuclear radius and charge. This amount of energy may actually be expected to be available from the difference in packing fraction between uranium and the elements in the middle of the periodic system. The whole 'fission' process can thus be described in an essentially classical way, without having to consider quantum-mechanical [... 'tunnel effects'], which would actually be extremely [small ...] of the large masses involved.

[...] neutron/proton ratio of [... beta] decay

It might be mentioned that the body with half-life 24 min.[2] which was chemically identified with uranium is probably really [^{239}]U, and goes over into an eka-rhenium which appears inactive but may decay slowly, probably with emission of alpha particles. (From inspection of the natural radio-active elements, [^{239}]U cannot be expected to give more than one or two beta decays; the long chain of observed decays has always puzzled us.) The formation of this body is a typical resonance process[7]; the compound state must have a life-time a million times longer than the time it would take the nucleus to divide itself. Perhaps this state corresponds to some highly symmetrical type of motion of nuclear matter which does not favour 'fission' of the nucleus.

LISE MEITNER.

Physical Institute,
Academy of Sciences,
Stockholm.

O. R. FRISCH.

Institute of Theoretical Physics,
University,
Copenhagen.
Jan. 16.

[1] Fermi, E., Amaldi, F., d'Agostino, O., Rasetti, F., and Segrè, E., *Proc. Roy. Soc.*, A, **146**, 483 (1934).
[2] See Meitner, L., Hahn, O., and Strassmann, F., *Z. Phys.*, **106**, 249 (1937).
[3] Curie, I., and Savitch, P., *C.R.*, **206**, 906, 1643 (1938).
[4] Hahn, O., and Strassmann, F., *Naturwiss.*, **26**, 756 (1938).
[5] Hahn, O., and Strassmann, F., *Naturwiss.*, **27**, 11 (1939).
[6] Bohr, N., NATURE, **137**, 344, 351 (1936).
[7] Bohr, N., and Kalckar, F., *Kgl. Danske Vid. Selskab, Math. Phys. Medd.*, **14**, Nr. 10 (1937).
[8] See Meitner, L., Strassmann, F., and Hahn, O., *Z. Phys.*, **109**, 538 (1938).
[9] Bethe, A. H., and Placzek, G., *Phys. Rev.*, **51**, 450 (1937).

A Novel Thermostat

IT is often necessary to maintain an apparatus at a constant temperature. This may be done by immersing it in a circulating liquid maintained at a constant temperature by a thermostat, or by jacketing

TEMPERATURE-CONTROLLED APPARATUS.

it with alternate shells of thermally conducting and insulating materials heated to the selected temperature by means of an internal electric heater. These methods have the disadvantages that the thermostatic system makes the apparatus less accessible, the

control of the temperature to within a narrow range requires some complication in the whole system, and it is difficult to prevent 'hunting'.

In a measurement which we are making of the electronic charge, it is necessary to maintain the temperature of the air, in which an oil drop moves, uniform and constant so that it has no motion due to convection. As a convenient solution of this problem has been found which seems capable of many applications, it is described here.

A resistance thermometer is formed by winding a single layer coil of copper wire around and in good thermal contact with the microscope condenser which forms part of the apparatus the temperature of which is under control. (In the accompanying illustration the condenser tube is on the right.) This coil forms one arm of a Wheatstone bridge, the other arms being of manganin resistances. Any change in temperature of the apparatus deflects the light spot of the galvanometer connected to this bridge, and for one direction of deflection the spot falls on a photo-electric cell, which operates a polarized relay, which in turn puts off two 30-watt lamps placed on opposite sides of the apparatus. The amplification of the galvanometer current by the photo-electric cell is 10⁴, and including the relay about 10⁶.

The bridge is adjusted to be balanced at a temperature a few degrees above the maximum temperature to which the room rises during a day. The lamps flash on and off every few seconds and maintain the temperature of the external surface of the apparatus constant to about 0·002° C. After the thermostat has been in operation for an hour, we have not been able to detect, by means of a thermocouple, any change of temperature inside the apparatus.

T. H. LABY.
V. D. HOPPER.

Natural Philosophy Laboratory,
University of Melbourne.
Dec. 9.

Limitations on the Modern Tensor Scheme of Relativity

IT does not appear to have been noticed by anybody that the tensor scheme of relativity is incompetent by itself to include relations of chirality, to use Lord Kelvin's term. For it is developed from a pure Riemannian geometry, as based solely on the use of an ideal mobile a-chiral linear measuring rule. The meaning of relativity has, of course, always been that knowledge consists of the relations of one system to another, especially when one type of system of high simplicity, such as the linear measuring rule, is taken as the standard of comparison for all others. This significance of the chiral property, which is the difference between a chiral system and its mirror-image, for example, between a right-hand glove and a left-hand, goes back to Kant's early writings, and remained fundamental in his trains of thought in relation to space and time; later, in the more amateur hands of Pasteur, it created a fundamental science. Chiral systems can be compared completely only with chiral systems. The frame of reference for a chiral system must itself have a chiral property; for example, to be effective, the mobile measuring rod of Einstein would require to possess a screw structure essential to it. When Newton explained how he could tell by experiment

allí de contrabando poco antes de que los alemanes ocupasen su país en 1940. Uno de los grandes amigos de Bohr era un físico japonés, Yoshio Nishina, que también había conocido a Albert Einstein. En la década de 1930 había construido ciclotrones en Japón, y en 1940 se le envió un informe del teniente coronel Tatsusaburo Suzuki, un científico militar, que proponía que Japón se embarcara en un proyecto de armas nucleares. No se hizo nada hasta abril de 1941, cuando el primer ministro japonés, Hideki Tojo, revisó las propuestas y dio orden de proceder al trabajo de desarrollo. A finales del año, más de 100 científicos investigadores estaban trabajando en la fabricación de una bomba atómica, y se enviaron mineralogistas a Corea, Birmania y China en busca de minerales de uranio.

Como ya hemos visto, es una tradición en muchas naciones que los distintos ejércitos no colaboren entre sí, y por eso la marina imperial japonesa ordenó a su Instituto de Investigación que preparara su propio estudio sobre armas nucleares con varios profesores de la Universidad Imperial de Tokio. Sus conclusiones fueron que ciertamente era posible fabricar una bomba nuclear y que los norteamericanos y los europeos estarían trabajando en el tema, pero que era imposible que esta arma estuviera en producción antes del final de la guerra y (como esto también se aplicaría a los aliados) no había necesidad de continuar en el asunto. En 1943 el mando naval imperial japonés reabrió el tema con un proyecto piloto bajo la dirección del Dr. Bunsaku Arakatsu, un físico que había estudiado con Rutherford en el Laboratorio Cavendish de Cambridge y en la Universidad de Berlín con

El mando naval imperial japonés también investigó la posibilidad de fabricar armas nucleares. Uno de los principales físicos era Hideki Yukawa, que recibió el Premio Nobel de Física en 1949. (Getty Images)

Albert Einstein. Un miembro de su equipo era Hideki Yukawa, que luego se convirtió en el primer físico japonés que recibió el Premio Nobel en 1949.

El ejército, mientras tanto, se embarcó en su propia versión del proyecto en Riken, mientras una rama separada de la marina, la Oficina de Administración de la Flota, empezó a financiar a físicos investigadores de la Universidad de Kioto para diseñar su bomba atómica. Los diversos esquemas estaban asfixiados por la burocracia y lograron pocos avances. Si los equipos hubieran trabajado juntos, el resultado podría haber sido diferente, pero, tal y como estaban las cosas, la investigación progresó lentamente y nunca había suficientes fondos. Los equipos no estuvieron cerca de conseguir la producción de uranio para una bomba hasta 1945, y entonces los laboratorios fueron atacados por Estados Unidos. Cuando los americanos estaban inspeccionando las ruinas de Japón al final de la guerra, descubrieron que los laboratorios de Riken (que ellos esperaban que estuvieran a la última y muy avanzados) funcionaban a ritmo lento y estaban muy abandonados por falta de financiación.

Igual que en el caso de los nazis, ha habido algunas aseveraciones de que los japoneses detonaron un artefacto de pruebas el 12 de agosto de 1945 en Hungnam, Corea, pocos días después de que se lanzaran las bombas atómicas sobre Hiroshima y Nagasaki. Tampoco en este caso hay prueba alguna de ello.

RUSIA EN BUSCA DE UNA BOMBA ATÓMICA

La idea de una bomba atómica en la Unión Soviética llevó a que el Comisariado del Pueblo para Asuntos Internos (NKVD) creara un proyecto de reunión de información en 1940 y, en una conferencia de física nuclear en Moscú, se adoptó formalmente una propuesta de investigación en armas atómicas. Cuando Alemania atacó a Rusia en 1941 se recortó toda la investigación. Hasta 1942 Stalin no se interesó en una actualización de los conocimientos del momento. Le habían influido importantes físicos nucleares, que habían recibido copias enviadas subrepticiamente del Comité Maud británico, que decían que era posible construir una bomba atómica. A pesar de las presiones sobre la economía rusa, por fin Stalin dio la orden de seguir adelante. Se potenció el espionaje y debido a la moda de la creencia en el comunismo que estaba surgiendo en Gran Bretaña, empezó a llegar a Moscú una corriente regular de información sobre el uso del plutonio, procedente de espías bien conectados en Gran Bretaña, así como en América. Los soviéticos también estaban recibiendo información de los planes estadounidenses para construir un reactor nuclear en Chicago, y en 1943 un eminente físico llamado Klaus Fuchs llegó a Estados Unidos con el equipo británico para continuar el trabajo de desarrollo.

Pero Fuchs era un agente ruso y empezó a mandar a Moscú detalles del trabajo. Fue enviado a Los Álamos con Julius Rosenberg, otro espía que posteriormente fue ejecutado con su mujer. Al final de la guerra, toda la información actualizada sobre las bombas que los norteamericanos iban a producir con éxito ya había sido enviada a Rusia, y los equipos de expertos soviéticos y norteamericanos empezaron a presentar reclamaciones rivales para llevarse mineral de uranio cuando Alemania fue invadida. Para los rusos este tema era de la máxima importancia porque no habían descubierto ningún yacimiento de donde pudieran obtener su propio uranio. Los norteamericanos recuperaron unas 1.100 toneladas, unas diez veces más que los soviéticos.

Klaus Fuchs era un físico nacido alemán y espía soviético. Fue juzgado en el tribunal de Old Bailey en Londres bajo la acusación de revelar secretos atómicos, encarcelado y liberado después de nueve años. Se trasladó a Alemania Oriental, y se dice que ayudó a los chinos a desarrollar su bomba de hidrógeno. (Getty Images)

El trabajo en Estados Unidos había sido bien planeado y perfectamente coordinado. Se creía que se había llevado a cabo bajo total secreto, y los norteamericanos estaban convencidos de que nadie que estuviera fuera del proyecto de investigación podía saber algo de lo que estaban proyectando. El 16 de julio de 1945 se hizo explotar la primera bomba en Nuevo México y en la Conferencia de Potsdam a finales de ese mes el presidente Truman le reveló a Stalin que América tenía una superarma nueva. Truman quedó desconcertado por la reacción del líder ruso: parecía que la noticia no le había sorprendido. En agosto la Unión Soviética declaró formalmente la guerra a Japón, y Stalin ordenó que se fabricase una bomba atómica «tan rápidamente como fuera posible». Pero, por supuesto, ya era demasiado tarde.

El uranio procedente de la conquista rusa de Alemania se usó para construir el primer reactor nuclear ruso, denominado en código F-1, que se puso en marcha el 25 de diciembre de 1946. Luego encontraron suministros en Alemania Oriental (la República Democrática Alemana), y también en Checoslovaquia, Polonia, Bulgaria y Rumanía. Posteriormente, los rusos encontraron grandes yacimientos en su país, y su primera explosión atómica, denominada en código *First Lightning* (Primer relámpago), tuvo lugar el 29 de agosto de 1949. El diseño estaba basado en la bomba de plutonio de Estados Unidos, llamada *Fat Man* (Hombre gordo), detalles de la cual se habían enviado subrepticiamente a Rusia. Y así empezaron los años de la Guerra Fría.

Mientras tanto, los soviéticos rápidamente diseñaron y construyeron la primera estación nuclear de potencia del mundo en su ciudad de la ciencia de Obnisk, a unas 100 km (60 millas) de Moscú. Era una estación piloto experimental diseñada para producir unos 30 mW de potencia térmica, suficiente para 2.000 viviendas. La construcción empezó en 1951 y la planta se conectó al suministro doméstico en junio de 1954. Funcionó satisfactoriamente hasta abril de 2002.

PROYECTOS ATÓMICOS EN FRANCIA Y CHINA

La participación de Francia en la investigación nuclear había estado garantizada por Pierre y Marie Curie, que trabajaron con radio. Pero no había financiación disponible para desarrollar armas nucleares durante la II Guerra Mundial y la IV República fue un Gobierno débil y poco efectivo. Posteriormente, los miembros del equipo de Marie Curie trabajaron como parte del grupo británico en el Proyecto *Manhattan* y así es como ayudaron a Estados Unidos a construir la bomba atómica.

Al final de la guerra, todos los conocimientos propios se habían evaporado y Francia tuvo que empezar de nuevo. Incluso así, la reputación de Francia en cuanto a progreso científico demostró que era bien merecida cuando el primer reactor nuclear francés estuvo operativo en 1948 y durante el año siguiente se produjeron pequeñas cantidades de plutonio enriquecido para armas. Francia llevó a cabo su primera prueba de una bomba atómica, la Gerboise Bleue (Jerbo azul), el 13 de febrero de 1960, en el desierto del Sahara. En mayo de 1962 una prueba subterránea de una bomba cuatro veces más potente que la de Hiroshima salió fatal. El sello del eje subterráneo saltó con la explosión y muchos miembros del personal resultaron contaminados por las radiaciones.

Por su parte, China no desarrolló armas atómicas durante la II Guerra Mundial, y de hecho no llevó a cabo muchas investigaciones en la física de partículas hasta después de la guerra. La primera bomba atómica china se probó el 16 de octubre de 1964 y tenía una potencia de 22 kilotones. En solo tres años, China había probado su más potente arma secreta de guerra: una bomba de hidrógeno. La República Popular China posee ahora un inmenso arsenal de armas nucleares. Una de las principales instalaciones de producción de cabezas de guerra está en Harbin, donde estuvo la infame Unidad 731 durante la guerra.

EL TRABAJO BRITÁNICO HACIA UNA BOMBA ATÓMICA

Antes del estallido de la guerra, dos físicos nucleares alemanes expatriados, Otto Frisch y Rudolf Peters, habían trabajado en la fisión nuclear en la Universidad de Birmingham bajo la dirección del profesor Marcus Oliphant. En aquella época se creía que el suministro de uranio de todo el mundo

Francia probó armas nucleares tras el final de la II Guerra Mundial. Se colocaron muñecos de tamaño natural para evaluar el daño de la onda expansiva de una bomba A con el nombre en código Gerboise Rouge (Jerbo rojo). La primera bomba atómica francesa se había llamado Gerboise Bleue (Jerbo azul). (Getty Images)

era demasiado limitado para permitir la fabricación de una bomba nuclear en un margen de varios años, pero cuando se empezó a reconsiderar el problema, se calculó que unas cuantas libras bastarían para producir una bomba de inmenso poder. Este descubrimiento fue clasificado del máximo secreto porque tenía inmensas implicaciones para las perspectivas de las bombas nucleares como armas de guerra. Oliphant consideró que se trataba de una revelación sobrecogedora e inmediatamente comunicó los hallazgos a sir Henry Tizard, que era el presidente del Comité sobre Inspección Científica de la Defensa Aérea, y uno de los mayores expertos militares de Gran Bretaña. Se logró un avance decisivo en el Laboratorio Cavendish, con el descubrimiento de que el plutonio 239 era un subproducto de las reacciones nucleares del uranio.

El resultado fue la formación de un comité denominado Maud porque ese era el nombre de la cuidadora que Niels Bohr había contratado para sus hijos. A finales de 1940 el equipo había descubierto que era posible la fabricación de una bomba de uranio radiactivo, y no solo posible, sino además inevitable con la eterna presión debida al progreso, que fue la conclusión a la que después llegó el comité. En 1940 Rolf Peierls calculó una nueva masa crítica para el uranio 235 (U-235), que era de 8 kg (18 libras); la cantidad necesaria para mantener una reacción atómica en cadena, si estuviera rodeada de un reflector adecuado para retener los neutrones errantes, podría ser la mitad. Los británicos sabían que el trabajo sobre la fisión nuclear había empezado en Alemania y estaban preocupados por si los nazis pudieran ya haber tomado la delantera en el Kaiser Wilhelm Institute. El comité redactó dos informes ultrasecretos que tuvieron muchísimo influjo. El primero se titulaba *On the Use of Uranium for a Bomb* (*Sobre el uso del uranio para una bomba*) y especificaba en detalle cómo se podía fabricar una bomba con 12 kg (27 libras) de isótopos radioactivos, que tendrían el poder explosivo de 1.800 toneladas de TNT. Señalaba que la contaminación radioactiva haría que el área circundante fuera inhabitable para los seres humanos durante muchos años, y se calculó que costaría millones de libras producir la bomba. El estímulo básico para la investigación norteamericana en aquel momento era la posibilidad de utilizar el poder atómico para generar potencia o como fuente de energía para submarinos, y el Comité Maud propuso que Estados Unidos (el único país que tenía dinero para este proyecto) pensara en fabricar una bomba atómica.

El segundo informe era *On the Use of Uranium as a Source of Power* (*Sobre el uso del uranio como fuente de energía*). Se estudió cómo producir un reactor atómico e incluso cómo moderar el ritmo de esa reacción con barras de grafito. La conclusión era que este sistema podría producir un suministro inagotable de calor y electricidad para el futuro, pero (con las demandas de una guerra mundial) en aquel momento no había recursos disponibles en Gran Bretaña para desarrollar más la idea. La investigación continuó con un presupuesto mínimo en Gran Bretaña bajo el nombre en código *Tube Alloys* (Aleaciones de tubos), mientras se enviaban los informes secretos a Estados Unidos esperando una respuesta, pero no sucedió nada. Finalmente, se envió un emisario para enterarse de qué se había decidido, y lo único que descubrió fue que los informes se habían remitido a Lyman Briggs, director del supersecreto Comité para el Uranio de Estados Unidos. Los británicos le describieron como «incapaz de expresarse» y finalmente se supo que no había entendido los informes científicos, de modo que los había guardado en la caja fuerte de la oficina.

Cuando se reveló la verdad, se llegó al acuerdo de que la bomba atómica costaría 25.000.000 dólares y, aunque Tube Alloys sabía cómo fabricar una bomba, al proyecto le faltaban instalaciones suplementarias. Aunque los británicos entregaron todos sus conocimientos a Estados Unidos, el notable reactor de Calder Hall en Cumbria (cerca del distrito de los Lagos) fue la primera central nuclear de potencia del mundo que proporcionó cantidades comerciales de electricidad para el consumo público en 1956, después del experimento piloto soviético que se había iniciado en 1954. Finalmente se fabricó una bomba atómica británica y se detonó el 3 de octubre de 1952 en las islas Montebello, cerca de la costa de Australia.

INVESTIGACIÓN NUCLEAR CANADIENSE

Aunque ahora se hable poco de ello, los canadienses estuvieron también en primera línea del seguimiento de las revelaciones cobre el átomo. Sus científicos estaban preocupados porque observaciones cruciales estaban siendo publicadas por científicos alemanes expatriados. Se temía que la ciencia alemana estuviera tomando la delantera secretamente, y los canadienses estuvieron convencidos durante algún tiempo de que habría una bomba atómica nazi y que esto acabaría la guerra con Ale-

La central nuclear de potencia de Calder Hall se abrió en 1956. Contrariamente a lo que se asegura a menudo, esta no fue la primera central nuclear del mundo; los rusos habían creado una en 1954. Sin embargo, Calder Hall fue la primera en producir grandes cantidades de electricidad para el consumo público. (Gamma-Keystone/Getty Images)

mania como vencedor. Los primeros experimentos en Ottawa exigían suministros de agua pesada. Esta sustancia de nombre extraño es un isótopo del agua con la cual estamos tan familiarizados. El agua normal, H_2O, está compuesta por átomos de oxígeno e hidrógeno. Los átomos normales de hidrógeno tienen un protón como núcleo y un electrón orbitando alrededor. El hidrógeno pesado (deuterio) tiene un neutrón adicional en el núcleo, que contiene un protón y un neutrón. Este neutrón adicional es importante para regular las reacciones nucleares. El agua pesada es muy parecida al agua normal y de hecho es solo ligeramente más densa. Casi toda el agua pesada en existencia en aquel momento eran 185 kg (407 libras) que científicos franceses habían obtenido de una planta hidroeléctrica noruega. Los físicos nucleares a cargo de la investigación, Hans von Halban y Lew Kowarski, escaparon a Gran Bretaña llevándosela consigo (en aquel momento era casi toda el agua pesada del mundo). Planeaban usar el agua pesada para obtener plutonio, y los primeros experimentos

El agua pesada usada en los reactores nucleares es verdaderamente pesada. La copa de la izquierda contiene hielo hecho con agua pesada, que se hunde hasta el fondo. La otra copa contiene hielo de agua del grifo, que es visiblemente menos denso y flota. (Charles D. Winters/Science Photo Library)

UNA PETICIÓN AL PRESIDENTE DE ESTADOS UNIDOS

«Los descubrimientos de los que no tiene conocimiento el pueblo de Estados Unidos pueden afectar al bienestar de esta nación en el futuro próximo. La liberación del poder atómico que se ha conseguido coloca a las bombas atómicas en manos del ejército. Pone en sus manos, como comandante en jefe del ejército, la decisión fatal de autorizar o no el uso de tales bombas en la presente fase de la guerra contra Japón.

Nosotros, los científicos abajo firmantes, hemos estado trabajando en el campo de la energía atómica. Hasta hace poco, teníamos que temer que Estados Unidos pudiera ser atacado con bombas atómicas durante esta guerra, y que su única defensa podía residir en un contraataque con los mismos medios. Hoy en día, con la derrota de Alemania, este peligro se ha evitado y nos vemos impulsados a decir lo siguiente:

Se tiene que llevar la guerra rápidamente a una conclusión con éxito y los ataques con bombas atómicas pueden muy bien ser un método efectivo de hacer la guerra. Creemos, sin embargo, que tales ataques contra Japón no estarían justificados, a menos que se hagan públicos los términos que se impondrán a Japón después de la guerra y que a Japón se le dé la oportunidad de rendirse. Si tal anuncio público le da a Japón la seguridad de que podría mirar hacia el futuro esperando una vida dedicada a perseguir la paz en su tierra natal, y si incluso así Japón rehúsa rendirse, nuestra nación puede entonces, en ciertas circunstancias, encontrarse obligada a recurrir al uso de las bombas atómicas. No obstante, tal paso no se debe dar en ningún momento sin considerar seriamente las responsabilidades morales que conllevaría».

Leo Szilard y otros 69 firmantes

en Cambridge sugerían que el procedimiento podía funcionar. Luego se acordó que los equipos británicos trabajaran en cooperación con un equipo en Canadá, libre del peligro de los bombardeos alemanes.

La investigación nuclear en Ottawa se proponía verificar si se podría construir el núcleo de un reactor nuclear, una pila atómica. Los canadienses se pusieron a trabajar con una tina que medía 2'7 m (8 pies y 9 pulgadas) de diámetro y contenía 450 kg (1.000 libras) de óxido de uranio obtenido de la firma Eldorado Gold Mines Limited. La compañía química británica Imperial Chemical Industries (ICI) les concedió una ayuda de 5.000 dólares. Durante 1942 lograron progresos sustanciales, pero cuando el reactor de Chicago se convirtió en el primero del mundo en funcionar, los canadienses se dedicaron a llevar a cabo investigaciones para apoyar el esfuerzo estadounidense.

A pesar de todo, su investigación les dejó un legado muy útil. Cuando acabó la guerra, Canadá tenía la segunda organización de investigación nuclear del mundo, solo superada por la de Estados Unidos. Su trabajo sobre reactores nucleares llevó a la construcción del reactor NRX (National

Research Experimental) en los Laboratorios Chalk River, cerca de Ottawa. Fue el mayor reactor nuclear del mundo durante muchos años y pronto empezó a producir radioisótopos. Estos todavía se utilizan hoy en día para diagnosticar y tratar el cáncer, y desde entonces Canadá ha sido el mayor exportador de radioisótopos del mundo. Pronto se inició la construcción de otro reactor diez veces más grande, que se convirtió en el reactor NRU (de la Universidad Nacional de Investigación). Cuando empezó a funcionar en 1957, fue, como lo había sido el NRX, el reactor más potente del mundo y siguió siéndolo durante muchos años.

EL PROYECTO «MANHATTAN»

Sin embargo, Estados Unidos se convirtió en la meca de la investigación nuclear y estaba destinada a ser la primera nación que utilizara el poder del átomo. En 1939 Albert Einstein escribió una carta clave, que se entregó personalmente al presidente. En ella declaraba: «Una sola bomba [atómica] podría destruir una ciudad y parte del territorio circundante». El presidente Roosevelt quedó impresionado e inmediatamente nombró a Lyman Briggs, de la Oficina Nacional de Normas, para que se crease el Comité del Uranio. Una vez que se hubieron debatido las recomendaciones del Comité Maud y los norteamericanos supieron que se podía fabricar una bomba con cantidades mucho más pequeñas de material fisionable de lo que nadie se había dado cuenta, se decidió seguir adelante con el desarrollo de un modo urgente. Todo esto llevó en 1942 al Proyecto *Manhattan* de Ingeniería, que tenía el expreso objetivo de producir una bomba atómica. El nombre del proyecto se debía a la concentración de expertos en el distrito de Manhattan. En él había diez instalaciones de investigación, la mayoría de las cuales siguen existiendo en la actualidad. Su cuartel general original estaba en un rascacielos adyacente al Ayuntamiento. Desde entonces se ha dicho muy poco sobre estos establecimientos; el turista y el investigador encontrarán poco que recuerde lo que allí se fraguó. Un historiador de este periodo, el Dr. Robert S. Norris, dice que un mínimo de 5.000 personas estuvieron entrando y saliendo de la organización. Cada persona solo sabía lo necesario para hacer su trabajo; muy pocos disponían de una visión de conjunto.

Los científicos que originalmente estaban en el comité procedían de varias naciones: Estados Unidos, Alemania, Hungría, Italia, Dinamarca, Suiza y Gran Bretaña. A los británicos, en cuyo país la investigación había hecho más progresos, les parecía oportuno pasar el trabajo a Estados Unidos, donde había más recursos y donde (a diferencia de Gran Bretaña) el conjunto industrial y de investigación no estaba sobrepasado por la simple necesidad de sobrevivir al asalto de Alemania. En Estados Unidos hubo inmediatamente una cálida respuesta al proyecto. Sin embargo, pronto la dispar procedencia de las nacionalidades implicadas pareció problemática. Muchos de los miembros del equipo británico tenían familias en Europa, incluso algunos las tenían en naciones que eran enemigas de la causa aliada. Los norteamericanos consideraban que esto podía comprometer la seguridad y pronto se hicieron cargo del proyecto.

Pensaban en dos tipos de bombas atómicas: una con uranio y la otra con plutonio. Pronto comenzó el trabajo de construir una pila atómica bajo la dirección de un brillante físico, Enrico Fermi. Se llamó Pila de Chicago-1 (CP-1) y estaba en un campo de *rackets* bajo las tribunas oeste abandonadas del estadio Alonzo Stagg Field original, en la Universidad de Chicago. En diciembre de 1942 se inició la primera reacción nuclear en cadena y se supo que el sueño del poder atómico era real. Estados Unidos podría producir ahora los isótopos que necesitaba (como el U-235) para fabricar una bomba atómica.

A partir de entonces el trabajo en el proyecto progresó rápidamente, y el 16 de julio de 1945 se probó con éxito un prototipo del arma en Alamogordo, en los desiertos de Nuevo México. Aunque Estados Unidos tenía ahora la bomba atómica, la guerra contra Alemania ya había terminado y el conflicto con Japón se estaba acercando a su fin. El 17 de julio de 1945 Leo Szilard y otros 69 firmantes del personal del Proyecto *Manhattan* en Chicago le presentaron una petición al presidente de Estados Unidos con su declarada oposición al uso de esta arma contra los civiles en tiempo de guerra. Uno de ellos era un buen amigo mío, George Svihla. Dijo hasta el día de su muerte que el uso de la bomba contra Japón era indefendible: Estados

Enrico Fermi dirigió la investigación de Estados Unidos sobre uranio y plutonio y su posible uso en armas nucleares. En 1942 Estados Unidos consiguió la primera reacción nuclear en cadena, un importante hito en el desarrollo del poder nuclear. (Biblioteca del Congreso)

Unidos podía haber anunciado el éxito de las pruebas de la bomba y haber avisado a los japoneses de que, si no capitulaban, con toda seguridad la bomba se utilizaría. Pero usarla sobre ciudades atestadas de civiles en los últimos días del conflicto parecía inhumano y moralmente equivocado. Los signatarios también preveían una era en la cual las armas atómicas se usarían indiscriminadamente por ambos lados con efectos devastadores. En este sentido su razonamiento fue equivocado: desde aquel día, la siempre presente amenaza de la aniquilación actuó como disuasión contra el uso de armas nucleares, y desde entonces no se ha utilizado una bomba nuclear como arma de guerra.

Siempre parece que los líderes mundiales quieren encontrar una guerra en la cual puedan mostrar su poder, y el recién elegido presidente Truman estaba convencido de que Estados Unidos podía hacer el último gran gesto al usar su nueva bomba y acelerar así el final de la guerra. Estudió las peticiones, pero decidió no hacer caso de ellas. El 6 de agosto de 1945 un bombardero B-29 Superfortaleza bautizado *Enola Gay* lanzó su bomba de uranio, llamada en clave *Little Boy* (Niñito), sobre Hiroshima. Tenía 3 m (39 pies y 9 pulgadas) de largo, 71 cm (2 pies y 4 pulgadas) de diámetro y pesaba 4.000 kg (8.900 libras). Su diseño era increíblemente sencillo: dos masas subcríticas de U-235, una en cada extremo de la bomba, se forzaban una contra otra mediante un explosivo convencional y explotaban inmediatamente. De las 59 kg (131 libras) de uranio de la bomba, menos de 1 kg sufría la fisión nuclear. La fuerza de la explosión era más o menos equivalente a la de 15.000 toneladas de TNT y se cree que mató a unas 140.000 personas en total. Sin embargo, la cantidad

LA BOMBA ATÓMICA

Los trabajos del Proyecto *Manhattan* culminaron en el lanzamiento de la bomba atómica *Little Boy* (Niñito) sobre Hiroshima el 6 de agosto de 1945, seguido tres días más tarde por la explosión de *Fat Man* (Hombre gordo) sobre Nagasaki. La explosión de estas bombas atómicas marcó el final de la II Guerra Mundial y dio forma al resto de la historia del siglo XX.

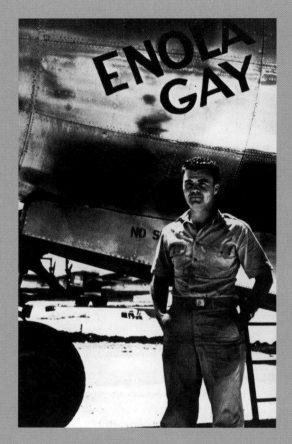

Izquierda: El coronel Paul Tibbets de pie junto al bombardero B-29 Superfortaleza *Enola Gay,* que lanzó la bomba *Little Boy* sobre Hiroshima. El avión llevaba el nombre de la madre de Tibbets. (IWM HU 44878)

Derecha arriba: Una réplica de la bomba *Little Boy,* que fue lanzada por la tripulación del *Enola Gay* sobre la ciudad de Hiroshima en los últimos días de la II Guerra Mundial. (SSPL/Getty Images)

Derecha abajo: Réplica de la bomba *Fat Man* (Hombre gordo), que fue lanzada por Estados Unidos sobre Nagasaki el 9 de agosto de 1945, tres días después de haber lanzado la primera bomba atómica sobre Hiroshima. (SSPL/Getty Images)

Página siguiente: El B-29 Superfortaleza *Bockscar* lanzó la bomba *Fat Man* sobre Nagasaki y produjo este dramático hongo de nubes. El segundo bombardeo nuclear en el espacio de unos pocos días convenció a los japoneses de que Hiroshima no era un incidente aislado, y fue seguido por su capitulación. (Departamento de Defensa)

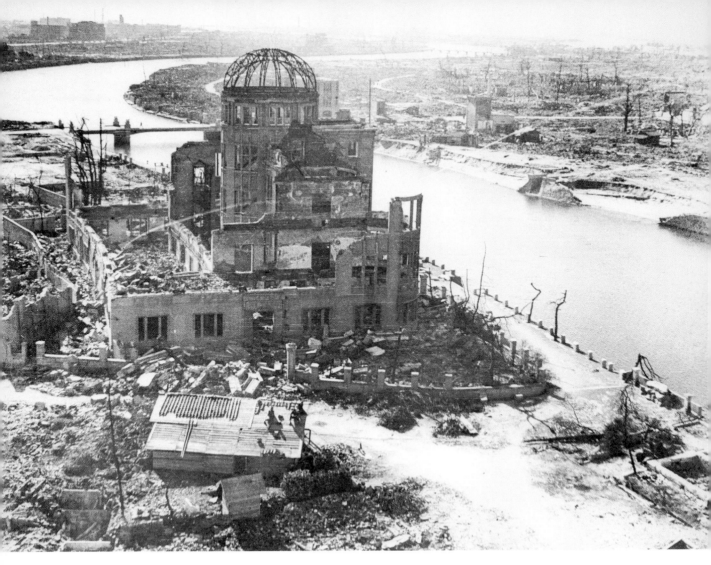

Hiroshima en 1945, después de la detonación de la primera bomba atómica que se usó en la guerra. El alto edificio en pie es el antiguo Salón Promocional de la Industria, y se dejó en ruinas en memoria de todos aquellos que perecieron por culpa de la bomba atómica. Para los japoneses es también un símbolo de su indestructible tecnología. (IWM MH 29427)

de uranio que fue convertida en energía era increíblemente pequeña. Ascendió a 600 miligramos justos (1/50 de onza).

El 9 de agosto se lanzó una segunda bomba atómica. Se trataba de un arma de plutonio, con el nombre clave de *Fat Man* (Hombre gordo), y fue detonada sobre Nagasaki. Esta bomba tenía 3'3 m (10 pies y 8 pulgadas) de longitud, 1'5 m (5 pies) de diámetro y pesaba 4.600 kg (10.200 libras). Su explosivo era un isótopo diferente creado por el hombre: plutonio 239. En este diseño alternativo, una sola esfera de plutonio que pesaba 6'35 kg (14 libras) estaba instalada en el arma, y 64 detonadores, colocados alrededor de ella, se dispararon simultáneamente. Esto comprimió la esfera de tal forma que implosionó en sí misma y, con los átomos ahora apilados más apretadamente, se volvió crítica y detonó. La energía liberada fue la equivalente a 21.000 toneladas de TNT, pero procedía de la conversión en energía de menos de 1 gramo de plutonio (1/30 de onza). Mató a 40.000 personas en un instante. Al día siguiente, Japón capituló.

Ahora hay una nueva amenaza: que los belicistas de estados incontrolados puedan ceder armas nucleares para que las exploten los terroristas. Hay mucho dinero alrededor del impenetrable mundo de los terroristas, y el precio de una bomba nuclear, comprada ilícitamente a un estado que ya no la necesite (o a los agentes de un estado que no sabe que se están ofreciendo a la venta) pueden permitírselo muchos grupos terroristas. Por eso, aunque la guerra global prevista por los firmantes de la petición de Szilard no ha llegado a tener lugar, la amenaza de un arma atómica es todavía la mayor amenaza terrorista de todas. Las ramificaciones de las armas secretas de la II Guerra Mundial permanecerán en nuestras mentes por mucho tiempo.

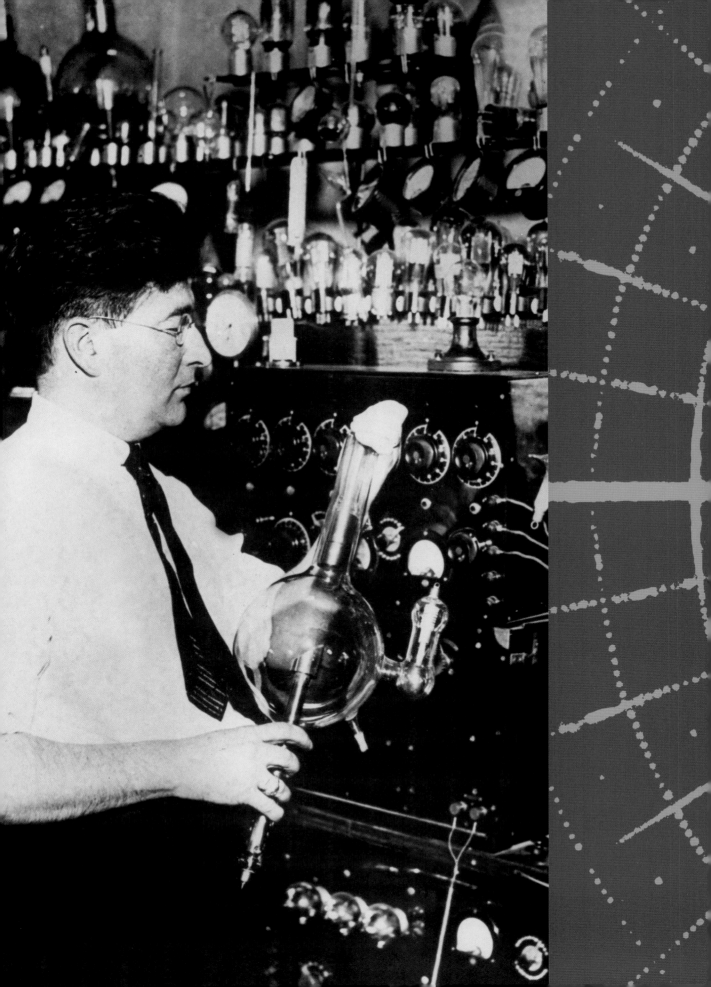

PREDESTINADOS
AL FRACASO

NO HAY LÍMITE A LAS IDEAS LOCAS soñadas por los científicos e inventores de tiempos de guerra. Hitler fue el blanco de planes para cambiar su sexo mediante la dosificación en secreto de su jardín de hortalizas con hormonas femeninas o para dejarle ciego con vapores tóxicos situados subrepticiamente en su tren en un jarrón de flores. Hubo esquemas para lanzar bombas llenas de melazas ante las tropas alemanas que avanzaban, para atrapar sus botas en una masa pegajosa que les impidiera avanzar o cubrirles de madejas de alambre de espinos lanzadas desde aviones. Desde Sudáfrica llegó la idea de lanzar millones de serpientes venenosas sobre las cabezas de las tropas enemigas. Cuando Italia entró en la guerra, hubo incluso una propuesta de lanzar grandes cantidades de bombas en la boca del Vesubio, haciéndole que liberara una oleada de lava fundida sobre el sur del país. Había un plan para envenenar cientos de miles de berzas y lanzarlas sobre los campos enemigos para acabar con todos sus animales de granja con la idea de que el hambre pondría rápidamente a Alemania de rodillas. También hubo un esquema para iluminar todo el sur de Gran Bretaña con cientos de miles de reflectores, de tal modo que se pudiera ver fácilmente a los bombarderos enemigos de noche, olvidando el hecho de que allí más de la mitad de los días son nublados. Otra idea ineficaz era cubrir los innumerables lagos y ríos de Gran Bretaña con una capa de aceite y polvo de carbón para evitar los reflejos del agua por la noche, que daban a los pilotos alemanes valiosas indicaciones para la navegación. Los primeros ensayos no pudieron oscurecer las aguas y, en cambio, cubrieron a los técnicos con una gruesa capa de pegajoso aceite negro. Se propuso equipar a los aviones de caza con hojas largas y afiladas, que se pudieran usar para cortar las cuerdas de los paracaídas, haciendo que los paracaidistas enemigos se precipitaran a su muerte. Incluso se planeó soltar una nube de cloroformo o éter desde los bombarderos aliados para que los pilotos de caza enemigos que los persiguieran cayeran inconscientes y se estrellaran.

Los saboteadores alemanes presentaron propuestas igual de chocantes. Diseñaron detonadores que cabían dentro de un estuche de una pluma y un lápiz, una brocha de afeitar, un bote de polvos de talco, pilas de linternas o una barra de jabón de afeitar. Diseñaron bombas que se podían ocultar en una lata de aceite de automóvil, un termo, pellas de carbón, baterías de automóvil y tacones de botas. Empezaron a producir una bomba que imitaba una lata de ciruelas inglesas rojas de postre de la marca Smedley. Incluso diseñaron una granada de mano del tamaño y forma de una barra de chocolate, y planearon presentársela a la familia real. Otra bomba iba a ser escondida en un perro disecado. Un legajo del MI5 titulado *Camuflajes para equipos de sabotaje usados por los servicios de sabotaje alemanes* incluía una lista de muchas armas secretas como esas y se mantuvo en el máximo secreto durante más de 50 años después de la guerra (ahora está en los Archivos Nacionales británicos). Las SS y las Juventudes Hitlerianas prepararon una serie de grupos de guerrilleros con el nombre en código de Unidades Werwolf (Unidades hombres-lobo), que llevarían a cabo operaciones de sabotaje cuando Gran Bretaña estuviera bajo la ocupación alemana. Se entrenaron en asesinatos y en cómo envenenar el agua y la comida de la población civil. Nada menos que 6.000 reclutas habían firmado a primeros de 1945, y a los inventores alemanes se les pidió que proporcionaran ejemplos de armas secretas con las cuales Alemania pudiera vencer a sus enemigos.

El más controvertido de estos inventores probablemente fue Viktor Schauberger, que tenía ideas no convencionales sobre el flujo del agua y otros fluidos. («¡El agua está viva!», solía decir). Conoció a Adolf Hitler porque los dos eran austriacos y Hitler consideró que esto les daba una cierta conexión. Schauberger llegó con una serie de ideas sobre motores para propulsar submarinos e incluso platillos volantes. Durante una época estuvo encerrado en una institución mental y al final de la guerra estuvo detenido en secreto durante nueve meses por los norteamericanos, que le interrogaron con la esperanza de obtener alguna información crucial. Su diseño más famoso era el del arma Repulsión, una especie de platillo volante, y persistieron los rumores de que los nazis hicieron volar su diseño y que los norteamericanos robaron la idea y lo mantuvieron en secreto. Estados Unidos es la nación más emprendedora y empresarial del mundo, y se puede suponer con seguridad que si hubiera habido algo en esas ideas, habría producido el artefacto en masa y lo hubiera vendido en todo el globo. El platillo volante nazi es, según mi opinión, una leyenda.

RAYOS DE LA MUERTE

Uno de los mitos más duraderos de la saga de las armas secretas es el rayo de la muerte. La historia tiene sus raíces en los antiguos cuentos de espejos utilizados en masa contra una flota enemiga que con los rayos del Sol concentrados prenden fuego a los buques de madera de los atacantes. De hecho se dice que con este sistema Arquímedes prendió fuego a la flota romana en Siracusa en el año 212 a.C.

Un inventor norteamericano llamado Edwin R. Scott declaró que había perfeccionado un rayo de la muerte en 1924, y el mismo año Harry Grindell-Matthews pidió dinero al Ministerio del Aire en Londres para revelarle cómo funcionaba un rayo de la muerte. Lo más interesante fueron las afirmaciones hechas en los años treinta por el distinguido pionero nuclear Nikola Tesla, que

El pionero nuclear serbio Nikola Tesla, inventor e ingeniero, fotografiado en los primeros años del siglo XX. Tesla estaba entre los que creían en la posibilidad de un rayo de la muerte y apoyó dicha teoría. (Getty Images)

Antonio Longoria y su máquina de la muerte. El concepto del rayo de la muerte generó mucho interés. Aunque algunos inventos tuvieron más éxito que otros, este nunca se desarrolló en un arma de guerra. (Gamma-Keystone/Getty Images)

afirmaba con regularidad que él podía fabricar un rayo de la muerte. Sus fanfarronadas las repitió un físico español, Antonio Longoria, que aseguraba que él podía matar a pequeños animales a gran distancia.

En la historia militar, abundan los relatos acerca de equipos secretos de científicos perfeccionando esta o aquella arma de guerra definitiva o, si no la perfeccionan, llegando muy cerca. No hay duda de que el Cuartel General Imperial Japonés investigó si el *Ku-go* (Rayo de la guerra) sería posible. Hay quien asegura que se había desarrollado una «onda eléctrica» alemana durante la I Guerra Mundial, e informes norteamericanos posteriores de los años treinta especulaban con afirmaciones de que un rayo de la muerte podía derribar muchos aviones a cientos de millas de distancia. Es fácil rechazar estas afirmaciones como tonterías científicas, pero para la mente no científica siempre se es consciente de que en un momento dado la ciencia afirmó que el vuelo propulsado era imposible y que el transporte motorizado más rápido que el galope de un caballo sería fatal. Y así el realismo de la ciencia se vio rápidamente contrarrestado con una demanda de seguir adelante con la investigación y conseguir lo imposible.

Un artículo sobre los rayos de la muerte, que fue recogido por las autoridades japonesas, llevó a la investigación sobre los métodos de producir haces de microondas. El trabajo empezó en 1939

El físico japonés Sinitiro Tomonaga era uno de los pioneros de la investigación en microondas. Aquí le vemos tomando parte en una conferencia de prensa en su casa en Tokio el 21 de octubre de 1965, poco después de que le informaran de que iba a recibir el Premio Nobel de Física. (© TopFoto)

en los laboratorios de Noborito con un grupo de menos de 30 científicos. Luego Shimada City fue un centro de investigación científica en armas secretas, y en 1943 sus equipos de investigación habían desarrollado un magnetrón muy poderoso que podía generar un haz de la radiación. Para los científicos, esto era un paso necesario para estudiar las microondas y la radiación infrarroja. Los japoneses desarrollaron la tecnología que ahora se emplea para hacer que un misil se dirija hacia el calor de los motores de un avión, y las microondas se usan en muchas aplicaciones de hoy en día, como sistemas de comunicaciones, tratamientos médicos, radioastronomía y navegación (no solo para calentar alimentos). Ente los físicos que dirigieron esta investigación estaba Sinitiro Tomonaga. Hacia el final de la II Guerra Mundial, él y su equipo habían producido un magnetrón de 20 cm (8 pulgadas) de diámetro con una emisión de salida de unos 100 KW. ¿Se podía desarrollar hasta convertirlo en un arma? No estamos seguros, porque los documentos de la investigación fueron destruidos metódicamente antes de que los aliados invadieran y ocuparan Japón, aunque hay informes de cuán efectivos podrían haber sido en teoría. El cálculo sugiere que, si se enfocaba adecuadamente, el rayo disponible al final de la guerra hubiera podido matar un conejo a una distancia de 1 km, pero solo si el conejo se mantuviera completamente quieto durante cinco minutos. No se oyó nada más del rayo de la muerte japonés, aunque sería erróneo considerar a Tomonaga como un científico olvidado. Después de la guerra, Robert Oppenheimer le invitó a continuar sus investigaciones en la Universidad de Princeton, en Estados Unidos, y finalmente a Tomonaga se le concedió el Premio Nobel de Física junto con Richard Feynman.

LA GRANADA INVISIBLE

En agosto de 2009 la televisión de la BBC desde Londres transmitía uno de esos espectáculos de ciencia popular, en el que los vehementes presentadores son todos hiperactivos e hipnóticamente confiados, y donde cualquier necesidad del espectador por pensar científicamente ha sido quirúrgicamente extirpada. El escenario está lleno de trucos de todo tipo. «Bienvenido a mi mundo», dice el presentador excitadamente, siendo su mundo el del cañón de vórtices. «Mi prototipo de cañón de vórtices hizo saltar a una botella dentro de una tina a unos 6 m (20 pies)», asegura. Pero él quiere ir «mucho, mucho más allá», continúa. Con un presupuesto de 10.000 dólares y la ayuda de varios técnicos, la BBC había construido un cañón en el cual el acetileno y el oxígeno explotan para dirigir un paquete de aire en movimiento espiral, un cruce entre un anillo de humo y un torbellino, durante varias yardas a través de una cantera abandonada en la Gran Bretaña rural. Primero un montón de paja, luego una caja de madera y por último un blanco hecho con ladrillos apilados son lanzados de medio lado por el impacto del vórtice de gran velocidad. Es una excelente demostración y el guión hace hincapié en que es algo único. Esto, se le dice al espectador, «no se ha visto nunca antes» en este país.

Este es un dato añadido importante porque se han construido miles de cañones de vórtices por todo el mundo (la mayoría en Estados Unidos). Los espectadores británicos tenían la impresión de que estaban presenciando un salto hacia el vacío, único y sin precedentes, y no se mencionaban a los miles de cañones de vórtices anteriores que ya se habían fabricado en todo el mundo en los últimos 100 años. En realidad, esto no es nada nuevo. Hay folletos, kits, artículos en revistas y demostraciones en YouTube; construir un cañón de vórtices es un pasatiempo de fin de semana habitual para entusiastas, y se ha estado haciendo durante décadas.

Aunque el espectáculo nada decía al respecto, había una historia anterior como un arma secreta alemana de la II Guerra Mundial.

El cañón de vórtices se construyó a principios de 1945 por un ingeniero llamado Dr. Mario Zimmermayr en Lofer, en el Tirol austriaco. Presentó dos diseños, el Wirbelwind Kanone (cañón de torbellinos) y el Turbulenz Kanone (cañón de vórtices). Se vio que el diseño del cañón de vórtices era el más prometedor. En esencia consistía en un gran mortero enterrado en la tierra que disparaba un explosivo en una nube de fino polvo de carbón. La idea era producir un tornado como un torbellino que derribase a los aviones enemigos que volasen por encima. Se emplearon cámaras de cine de alta velocidad para filmar los experimentos, y demostraron que se expelía del aparato un vórtice grande y lleno de energía de gases de la explosión. Se suponía que podía tener un alcance efectivo de más de 100 m (300 pies), aunque en la práctica nunca se había usado contra aviones enemigos. Había informes de un cañón de vórtices similar, que se había empleado en Polonia, aunque estos informes no se confirmaron nunca.

Pero el concepto no era nuevo, ni siquiera en la II Guerra Mundial. Se habían construido cañones de vórtices en Italia desde finales del siglo XIX, y se habían utilizado para lanzar vórtices contra las

Arriba izquierda: Los ingenieros nazis desarrollaron cañones de vórtices con la esperanza de incapacitar a los aviones que les sobrevolasen mediante la presión de ondas de sonido. Se detonaban hidrógeno y oxígeno dentro del tubo acodado del cañón y se proyectaba un paquete de aire comprimido contra los aviones enemigos. Este ejemplo fue adquirido por la *Reichsluftfahrtamt* (Oficina de Aeronáutica del Reich) y se usó, sin efecto, para defender un puente sobre el río Elba en 1945. (Colección del autor)

Arriba derecha: Los científicos nazis creían que el sonido podía utilizarse como arma secreta. Este aparato fue diseñado por Richard Wallauscheck y constaba de dos grandes reflectores de 3 m (10 pies) de diámetro. Una mezcla explosiva de oxígeno y metano se introducía en cámaras de combustión y el ruido resultante se concentraba por los reflectores para producir un haz de intensa energía sónica. A más de 50 m (160 pies) de distancia, la presión del sonido era superior a 1.000 milibares, que podía resultar letal en medio minuto. (Colección del autor)

Izquierda: Los cañones de vórtices se habían construido primero en Italia en 1890 para combatir las tormentas de granizo de los viñedos. Los cañones cónicos tenían 2 m (6 pies y 6 pulgadas) de longitud y producían un vórtice como un anillo de humo, que ascendía rápidamente a unos 300 m (1.000 pies). Aquí los vemos en la revista francesa *L'Illustration* cuando se exhibieron en Italia en 1902. (Colección del autor)

nubes sobre los viñedos italianos con la esperanza de hacer que cayera la lluvia y de romper las grandes bolas de granizo, que podían destrozar una cosecha. Al principio del siglo XX un meteorólogo del Gobierno australiano llamado Clement Wragg vio estos cañones exhibidos en Europa. Un artículo en el periódico *Melbourne Argus* del 29 de enero de 1902 decía: «Se han recolectado fondos suficientes para adquirir una batería Stinger de vórtices para evitar las tormentas de granizo y ahora se piden ofertas para adquirir una batería de seis cañones». Estos cañones de vórtices eran impresionantes, cada uno con un cañón de 3 m (10 pies) de largo, y se instalaron en Charleville, una población agrícola a 760 km (470 millas) al oeste de Brisbane. El 26 de septiembre de 1902 el alcalde ordenó que seis de los cañones abriesen fuego y se disparó a las nubes diez veces con cada tubo. Se notaron algunas gotas de lluvia y varias horas más tarde cayó una ligera lluvia. Nadie podía asegurar que la habían provocado los cañones de vórtices, pero los resultados eran esperanzadores y se construyeron 13 más en Australia. Algunos se han conservado y se exhiben en Charleville hoy en día.

Un concepto similar era el del Windkanone (cañón de viento), que se fabricó en Stuttgart durante la II Guerra Mundial. Era un gran cañón acodado, que podía eyectar a gran velocidad una masa de aire comprimido de la que se esperaba que derribase a los aviones próximos. El dispositivo usaba una mezcla de hidrógeno y oxígeno en una relación de 2:1, obtenidos de la electrólisis del agua. La brusca explosión producía una masa redondeada de aire fuertemente comprimida, que podía causar daños a cierta distancia. Cuando se realizaron demostraciones experimentales en Hillersleben, en Sajonia, podía romper un tablero de madera de 25 mm (1 pulgada) de grosor a una distancia de hasta 200 m (700 pies). Se reconoció que sería difícil apuntar y controlar el proyectil, y por eso se realizaron más pruebas usando dióxido de nitrógeno, un gas de color marrón, que permitía a los científicos estudiar la trayectoria que recorría. Se instaló un prototipo para proteger unos puentes sobre el Elba, aunque no se registraron impactos en ningún avión.

También se hicieron planes para usar la presión de las ondas sonoras contra las personas. El *Schallkanone* (cañón de sonido) fue diseñado por el Dr. Wallauscheck y se produjo por primera vez en 1944. Constaba de dos reflectores parabólicos de sonido que proyectaban un haz de ondas sonoras intensas contra las tropas enemigas. El impulso de ondas de sonido intensas se producía detonando una mezcla de oxígeno y metano que se introducía a presión en la cámara de detonación. La cámara estaba calibrada cuidadosamente para producir una resonancia de la frecuencia que aumentaba enormemente de intensidad hasta una presión de una atmósfera (15 psi o 1 bar) a unos 50 m (175 pies) de distancia. Se había calculado que esto era suficiente para incapacitar a un soldado instantáneamente. Había informes de que los experimentos funcionaban. Por ejemplo, se dijo que había muerto un perro atado a más de 40 m (125 pies) del arma.

El dispositivo reapareció en épocas más recientes. Este tipo de arma apareció en las aventuras del joven detective Tintín, del autor belga Georges Prosper Remi (popularmente conocido como Hergé), titulado *L'Affaire Tournesol* (*El asunto Tornasol*), que se publicó en inglés como *The Calcuta Affair* (*El asunto de Calcuta*). De hecho, se ha usado en la realidad, además de en la ficción; hay barcos dotados con cañones de sonido basados en el mismo principio. El dispositivo LRAD, que actualmente se fabrica en Estados Unidos, está siendo instalado en barcos por todo el mundo y normalmente se saca y se carga cuando el barco se adentra en aguas peligrosas o si al entrar en un puerto, puede tener lugar un ataque. El diseño iniciado por los nazis ha encontrado una aplicación en tiempo de paz para proteger a los pasajeros de cruceros de los modernos piratas.

TANQUES EXTRAÑOS

Durante la guerra hubo varios diseños de tanques con los últimos detalles técnicos. Aparecieron tanques superpesados en los tableros de diseño y también hubo intentos de encontrar un método de transporte que pudiera proporcionar una tracción mejor que las típicas orugas sobre cadenas. Pocos eran tan curiosos como el tanque Tsar (Zar) que los rusos habían fabricado por primera vez en la I Guerra Mundial. En lugar de llevar dos cadenas paralelas, llevaba dos ruedas dentadas de unos 8 m (28 pies) de diámetro. La única rueda tractora en la parte posterior tenía solo 1'5 m (5 pies) de diámetro. La idea era que las dos grandes ruedas superaran los obstáculos, y se probó ante la Alta Comisión del Ejército en agosto de 1915 cerca de Moscú. La rueda posterior se podía hundir en el terreno y las ruedas delanteras eran demasiado delgadas y por eso se hundían en el fango. Durante años el prototipo quedó abandonado y finalmente los bolcheviques lo despiezaron para convertirlo en chatarra.

El capitán de navío lord Louis Mountbatten en 1942. La propuesta de George Pyke de investigar sobre tanques propulsados a tornillo se aprobó cuando Mountbatten se convirtió en jefe de Operaciones Combinadas en 1941. (Getty Images)

Una idea igualmente chocante para propulsar tanques sobre terreno embarrado fue la propulsión a tornillo que se propuso durante la II Guerra Mundial. Se construyeron prototipos en los que el vehículo era accionado no por gigantescas ruedas rotatorias, sino por unos cilindros que tenían nervaduras espirales, como las de un sacacorchos. Eran incapaces de cruzar por terreno sólido, nivelado y plano, pero eran excelentes sobre fango y también para cruzar sobre nieve. La idea se la propuso al Ministerio de la Guerra de Londres Geoffrey Pyke, una curiosa mezcla de periodista e inventor, como solución a las dificultades para cruzar sobre nieve durante la campaña de Noruega. Al principio el proyecto se rechazó, pero cuando lord Louis Mountbatten se convirtió en jefe de Operaciones Especiales en 1941, se aceptó la propuesta para desarrollarla y se produjo una versión del vehículo movido a tornillo para probarla. Se la llamó Weasel (Comadreja), aunque solo se trataba de un prototipo tosco. El concepto fue estudiado posteriormente por

Arriba izquierda: Vickers produjo este tanque ligero anfibio que llevaba dos soldados como tripulantes. El modelo nunca fue usado por el ejército británico, aunque se vendió a los chinos, a los tailandeses y a las tropas holandesas en el Sudeste Asiático. Se vendieron tanques anfibios Vickers a la Unión Soviética, que basó su tanque T-37 en el diseño británico. (Colección del autor)

Arriba derecha: Rusia creó el tanque Tsar con las mayores ruedas tractoras de cualquiera vehículo militar de la historia: 8 m (27 pies) de diámetro. Fue un fracaso. (Colección del autor)

Izquierda: Abundan la versiones curiosas de tanques para el ejército. Aquí se ve un diseño de Johannes Rädel. En 2006 unos aventureros británicos adaptaron un vehículo para la nieve británico y le instalaron una propulsión a tornillo. (Colección del autor)

los rusos durante los años de la guerra. Desarrollaron la idea más allá y produjeron algunos prototipos más elaborados, pero estos extraños tanques no estuvieron disponibles hasta después de la guerra.

LA HISTORIA SECRETA DEL AERÓDROMO DE HIELO

George Pyke, el diseñador del tanque de propulsión a tornillo, fue más conocido por sus ambiciosas propuestas de una especie de base aérea flotante en medio del Atlántico construida de hielo. Su idea se propuso primero en 1942 como un portaaviones de hielo, y las revistas presentaron imágenes de un portaaviones convencional con una apariencia translúcida y reluciente surgiendo de la niebla como un fantasma. Pero la idea de Pyke era algo diferente: se trataba de una balsa flotante para actuar como base de reabastecimiento. El concepto se desarrolló empezando como Proyecto *Habakkuk* (Habacuc), del texto bíblico que incluye estas palabras: «Quedaos totalmente asombrados, porque voy a hacer algo en vuestros días que no os creeríais, incluso aunque os lo contaran». Pyke habitualmente lo deletreó mal, *Habbakuk*, y así es como habitualmente está registrado. La idea era construir una vasta base aérea flotante, hecha con una mezcla de pulpa de madera y hielo. La sustancia compuesta era más lenta en derretirse y más resistente a las balas que el hielo puro, y fue denominada Pykrete. Pero, de hecho, aunque su nombre estará siempre asociado con este gran diseño, ni el concepto ni la sustancia eran realmente de Pyke. La primera propuesta de hacer una base aérea de hielo procede de un ingeniero alemán, el Dr. Gerk, que la presentó en 1932.

Las propuestas de Gerk en aquella época se parecían mucho a las ilustraciones que aparecieron posteriormente en la revista que Pyke promocionaba. Aún más, Pyke no era ni siquiera el inventor de lo que fue conocido como Pykrete. La historia secreta detrás de esta curiosa idea empezó cuando a Pyke le enseñaron un trabajo escrito, muchos años antes, por el profesor Hermann Mark de Austria. Mark era un antiguo profesor de química física de la Universidad de Viena y un experto en la estructura de materiales plásticos. Durante muchos años estudió la difracción de los rayos X, una técnica en la cual el efecto de un material sobre un haz de rayos se puede utilizar para conocer la estructura molecular que tiene el material. En 1926 se unió a la compañía IG Farben y trabajó en el desarrollo de plásticos que ahora son cosa normal: PVC, poliestireno, alcohol de polivinilo y goma sintética.

Mark preparó sus planes para huir de Alemania mientras Hitler se estaba preparando para la guerra. Tenía una gran cantidad de hilo de platino que quería llevar con él porque era un catalizador de importancia crucial para su investigación. Sabía que las autoridades no le permitirían sacar algo así de Alemania, así que Mark concibió una idea para pasar el hilo de contrabando con él. Dobló el hilo dándole la forma de perchas para ropa, y su mujer tejió unas bonitas fundas para todas ellas.

Este artículo, publicado en octubre de 1932 en la revista *Modern Mechanics,* aseguraba que el Dr. Gerk, de Waldenburg, Alemania, había construido una versión de prueba de un aeródromo de hielo, que había sobrevivido seis días después de que se desconectase la máquina de refrigeración a bordo. La idea fue reavivada durante la II Guerra Mundial. (Colección de autor)

Cuando registraron sus maletas buscando contrabando, las perchas ni siquiera atrajeron una segunda mirada. La sucursal en Dresde de la *Canadian International Pulp and Paper Company* (Compañía internacional canadiense de pulpa de papel) le había pedido a Mark que se fuera a Canadá y organizara la investigación en su central de investigación en Canadá, pero la Gestapo le arrestó, confiscó su pasaporte y le dio la orden oficial de no entrar en contacto con ningún judío. Recuperó su pasaporte sobornando a un funcionario con una cantidad equivalente a su salario anual y con la ayuda de la compañía de papel consiguió un visado para entrar en Canadá. En abril de 1938 colocó una bandera nazi al frente de su coche familiar, sujetó sus esquíes en el techo del vehículo y cruzó en automóvil la frontera hacia Zúrich, Suiza, con la ropa en sus perchas escondidas con toda seguridad en maletas. Desde allí el matrimonio viajó a Londres, donde Mark embarcó en un transatlántico para navegar a Montreal.

Finalmente, terminó llevando a cabo sus investigaciones sobre el papel, pero no en Canadá, sino en Estados Unidos, en la Politécnica de Brooklyn, donde organizó el primer curso del mundo de polímeros y plásticos para estudiantes. Mark estaba convencido de que había un futuro importante para los materiales compuestos hechos de fibras unidas en una masa por un agente de unión plástico. Por supuesto que tenía razón; el nuevo Boeing Dreamliner está construido en su mayor parte con estos materiales plásticos compuestos. Una de las primeras pruebas de Mark fue investigar un compuesto de pulpa de madera, que no estaba unido por plástico, sino por hielo. El material resultante tenía propiedades similares a las de la fibra de vidrio actual y era muy resistente.

En 1942 Mark envió un documento a uno de sus antiguos alumnos, Mark Perutz, que había escapado de Alemania a Gran Bretaña. Perutz es el científico que acuñó el término «biología molecular». Yo le conocí posteriormente en Cambridge. Cuando Perutz pasó los papeles a George Pyke, fue en el estudio de Mark en lo que Pyke basó sus propuestas para crear un aeródromo flotante en medio del Atlántico. Su plan era crear un portaaviones supersecreto hecho de hielo y pulpa de madera, que flotase en medio del Atlántico. Serviría para permitir que los aviones aterrizaran y repostaran, poniendo así a Europa a una distancia cómoda de vuelo de Estados Unidos. Pero ¿funcionaría? Se llevaron a cabo varias pruebas prácticas en el verano de 1943, y se construyó un pequeño prototipo en el lago Patricia, en Alberta, Canadá. Medía 18 m (60 pies) por 9 m (30 pies) y se calculó que pesaba 1.000 toneladas. Una máquina de 0'75 kW accionaba la unidad de congelación para mantener el hielo sólido. Al propio Pyke no se le permitió participar en estas pruebas porque ya había causado problemas cuando se investigó la idea del Weasel en América, pero siguió siendo un persistente defensor del concepto.

Un modelo del Boeing 7E7 Dreamliner, presentado en noviembre de 2004. El Dreamliner está hecho con materiales compuestos, una idea que se le ocurrió al profesor austriaco Herman Mark durante la II Guerra Mundial. (Mike Clarke/AFP/Getty Images)

Se verificó que el Pykrete era un material sólido, lento en fundirse, bajo en densidad y que flotaba bien en el agua. Recientemente, los productores de un documental para la televisión volvieron a crear el Pykrete y no hay duda de que funciona. Pero no era fácil trabajar con Pyke, y el aumentar la escala del proyecto hubiera costado cantidades inimaginables de dinero. El simple tamaño del proyecto significó que nunca se probó en una escala mayor. Como resultado, continuaron los experimentos privados de Pyke, que ha quedado hasta el día de hoy firmemente asociado con el portaaviones de hielo, a pesar de que la idea tanto del concepto como del material era anterior a él. El origen secreto del Pykrete nada tenía que ver con Pyke, y el profesor Mark merece su propio sitio en la historia de la II Guerra Mundial.

VEHÍCULOS ANFIBIOS

Al igual que los rusos habían presentado ideas para propulsar tanques sobre fango y nieve, los británicos trabajaron en secreto en diseños que permitieron a los vehículos convencionales operar en condiciones difíciles. El Bedford Giraffe era una furgoneta modificada para desembarcar en playas. Las partes importantes (cabina, instrumentos, motor) estaban elevadas sobre un armazón especial para trabajar en el agua. El motor estaba a 2'13 m (7 pies) y el asiento del conductor a 3'05 m (10 pies) sobre la superficie del agua. Las pruebas resultaron satisfactorias y se firmaron los primeros contratos de producción, pero en el último momento se descubrió que el vehículo no era fiablemente impermeable en mares movidos y los problemas no se podían resolver. Al final el proyecto se abandonó.

La compañía Vickers produjo un tanque anfibio durante los años treinta. No se produjo por los británicos durante la II Guerra Mundial, pero un modelo posterior, denominado tanque anfibio ligero Vickers-Carden-Loyd M1931, se vendió a las fuerzas nacionalistas chinas durante los años anteriores a la guerra.

En el otro extremo de la escala se encuentra el tanque gigantesco Maus (Ratón). A Hitler se le mostró una maqueta en madera en mayo de 1943. La versión final del tanque pesaría 190 toneladas. El Führer ordenó inmediatamente que se fabricaran 150, y en noviembre de 1943 el primer prototipo estaba listo para la demostración. A pesar de que iba propulsado por un motor de aviación modificado por Daimler-Benz, el colosal peso del tanque le dificultaba el movimiento. Incluso cuando se resolvió este inconveniente y el tanque logró arrastrarse a una velocidad máxima de 13 km/h (8 mph), pronto se dieron cuenta de que no podría cruzar ninguno de los puentes existentes en Alemania sin derrumbarlo. Entonces se dotó al Maus de un sistema de *schnorkel* que le permitía pasar bajo el agua ríos de hasta 8 m (26 pies) de profundidad. Así pues, se convirtió en el mayor vehículo anfibio de la Historia. Pero seguía siendo algo demasiado grande, demasiado pesado y demasiado lento. Hitler, una vez más, cambió sus preferencias personales y se canceló todo el contrato de producción.

Más éxito tuvo el Landwasserschlepper (Remolcador tierra-agua), que encargó la *Heereswaffenamt* en 1935. Estaba previsto para usarlo como un remolcador ligero que también podría viajar por tierra. El vehículo fue diseñado por la compañía Rheinmetall-Borsig de Düsseldorf y parecía una barca montada sobre cadenas oruga. Su función original era trabajar en ríos cuyos puentes hubieran sido destruidos, pero cuando avanzaron los planes para la invasión alemana de Gran Bretaña bajo el nombre de Operación *Seelöwe*, se pensó en arrastrar gabarras hasta la costa. Entró en servicio en 1942 después de numerosas pruebas y modificaciones, y se utilizó en África del Norte y en el frente ruso. Hacia finales de la guerra se introdujo un nuevo diseño, que presentaba una cabina protegida para el conductor, y se fabricó con base en un chasis de tanque Panzer Mark IV. Incluso aunque estuvo plagado de problemas, este chocante Landwasserschlepper todavía seguía en servicio al final de la guerra.

LA LOCURA DEL PANJANDRUM

El mayor error de Gran Bretaña fue una de las locuras más espectaculares de toda la guerra. Era un ama secreta que estaba predestinada a fallar desde el principio: el gigantesco Panjandrum. Iba a ser una gran rueda explosiva que podría rodar hacia arriba por las playas y destruir las fortificaciones alemanas en las costas de Normandía, Francia. El inverosímil nombre venía de una de los textos teatrales de Samuel Foote en Londres en 1754: «El gran Panjandrum en persona… usando cada medio disponible hasta que se agotó la pólvora de los tacones de sus botas».

Una vez construido tendría el aspecto de un par de grandes ruedas, cada una de unos 3 m de diámetro (10 pies) y una llanta de 30 cm (1 pie) de ancho. En el medio, en el eje, iría una gran carga explosiva con una espoleta que detonaría al impactar. Alrededor del borde de las dos ruedas habría una serie de cargas de cordita para cohetes que harían girar todo el dispositivo por las playas del norte de Francia durante la invasión aliada. En marcha parecerían como un par de ruedas catalina de petardos.

Los tanques anfibios tuvieron todo tipo de fortunas. En esta imagen los norteamericanos prueban sus tanques anfibios en las playas de las islas Salomón. (Getty Images)

La idea original fue aprobada por la Junta Directiva del Desarrollo de Armas Diversas de la Royal Navy británica, basándose en unos croquis elementales preparados por un coronel (jefe de Grupo) del Mando de Operaciones Conjuntas. La construcción de un prototipo empezó en agosto de 1943 en Leytonstone, Gran Bretaña. En un mes estaba listo para las pruebas. Volvamos hacia atrás y examinemos la idea en principio. Inmediatamente aparece un defecto serio del diseño. Si las ruedas fueran propulsadas hacia delante por cohetes que solamente ardiesen cuando estuvieran apuntando hacia atrás, avanzaría a una velocidad creciente, como cualquier otro vehículo movido a reacción. Este dramático concepto del arma propulsada por cohetes fue sin duda lo que llamó inmediatamente la atención de los diseñadores. Pero pensemos un poco: el Panjandrum no era un vehículo movido a reacción. Los cohetes que se estuvieran quemando alrededor de la periferia ejercerían su acción haciendo girar la rueda, creando un par de torsión –como diría un ingeniero–, y ese par de torsión sería lo que movería el dispositivo hacia delante y no los cohetes que apuntasen hacia atrás.

Hay unas claras diferencias entre un vehículo accionado por un motor cohete y uno accionado por el par de torsión. Por ejemplo, si se aumenta el número o potencia de los cohetes en un chasis movido a reacción (donde todos los cohetes apuntan hacia atrás), el artefacto avanzará más rápidamente. Sin embargo, no era el caso del Panjandrum. En este caso, más cohetes, o un aumento de su fuerza, pueden dar lugar a un aumento en el par de torsión, pero también pueden manifestarse como un torcimiento del giro de la rueda, en lugar de un movimiento hacia delante. Es cierto que la mitad de los cohetes están apuntando hacia atrás, pero la otra mitad está apuntando hacia delante, en contra de la dirección del movimiento. Esto fue lo que se encontraron los experimentadores. Si el número de cohetes era demasiado pequeño, el dispositivo no sería capaz de vencer la resistencia al rodaje de la playa arenosa. Sin embargo, si se incrementaban sustancialmente el número y potencia de los cohetes, entonces se produciría un efecto de giro lateral de las ruedas. No había manera, como estaban las cosas, de accionar el embrague cuando las gigantescas ruedas empezasen lentamente a ganar velocidad hacia delante.

Había un problema añadido: el dispositivo no era un carro con ruedas, sino más bien un gran par de ruedas. Solo era suficiente que pasara sobre un objeto relativamente pequeño (como una piedra) para que se inclinara lateralmente y cambiara de dirección. Una o dos de estas perturbaciones podían hacer que cambiara de dirección varias veces con resultados posiblemente drásticos.

Las matemáticas de todo esto son enmarañadas, pero no complicadas. Incluso el sentido común mostraría que era improbable que el Panjandrum tuviera éxito. Una mina sobre ruedas, accionada por cohetes montados hacia atrás, podría haber sido factible. No hubiera tenido problemas de par de torsión y hubiera tendido a mantener su dirección recta, como cualquier vehículo de cuatro ruedas tiene tendencia a hacerlo. Más aún, la tecnología de fabricación hubiera sido más sencilla y hubiera presentado menos problemas. Yo puedo ver varias alternativas. Una hubiera sido el carrito, como ya he dicho. Si las ruedas eran realmente necesarias, entonces habría sido posible montar los cohetes cerca del eje, en una suspensión cardan con pesos que hicieran que apuntasen siempre hacia atrás. Otro diseño que hubiera podido servir hubiera sido tener los cohetes montados alrededor del borde de ruedas más pequeñas, que estuvieran engranadas para accionar las ruedas más grandes del exterior. De esta manera, las ruedas propulsoras hubieran estado girando a gran velocidad, y unos engranajes de reducción hubieran transmitido su energía a las ruedas principales, haciéndolas girar más lentamente según iban adquiriendo velocidad.

Pero a los ojos de la Junta Directiva, la imagen sin complicaciones de una rueda grande, rotante y fiera, escupiendo fuego mientras subía hacia las fortificaciones del enemigo, resultaba romántica, bizarra e incluso aterradora; los problemas prácticos no se le presentaban a ninguno de los miembros del equipo. El prototipo se construyó en condiciones del mayor secreto. Cuando estuvo terminado, se transportó a la región del oeste con una escolta de la policía y avanzando solo en la más completa oscuridad. Una vez que llegó sano y salvo a la ciudad costera de Westward Ho!, en Devon, se olvidaron por completo las medidas de seguridad y se desveló el secreto del Panjandrum, listo para las pruebas. Los residentes locales, incluso la gente de vacaciones, se reunieron alrededor del artefacto con un interés divertido.

En las últimas etapas de la guerra, los británicos trataron de encontrar un medio de romper las defensas nazis en el norte de Francia y aparecieron con este extraño artilugio para llevar una tonelada de alto explosivo playa arriba. Las pruebas en Devon demostraron que era inestable y no podía mantener la velocidad; finalmente se canceló el proyecto. (John Batchelor)

En su primera prueba estaba claramente falto de potencia. Si alguien hubiera calculado los valores del empuje (suponiendo que no existiera la complicación del par de torsión), hubiera visto que la resistencia a rodar de un objeto tan vasto y pesado sobre la arena iba a ser considerable. Pero no se tuvo en cuenta esta dificultad y la primera prueba terminó en un final ignominioso, cuando el arma secreta se arrastró pesadamente por una rampa con sus cohetes echando fuego débilmente y fue rodando uniformemente hasta que se detuvo del todo. Lo planeado era que el Panjandrum ascendiera por la playa acelerando hasta 100 km/h (60 mph), y la deprimente exhibición del artefacto tuvo que ser profundamente decepcionante. Así que se aumentó el número de cohetes, que se instalaron en el borde interior de las ruedas, además de en el exterior. El siguiente lanzamiento falló por el excesivo par de torsión. No solo eso, sino que una de las ruedas se hundió en la arena, lo que puso al vehículo fuera de su ruta y algunos de los cohetes se soltaron y zumbaron locamente por toda la playa. Los espectadores miraron con asombro y bastante miedo.

Corregir la inestabilidad era la mayor prioridad. Pero ¿cómo conseguirlo? Se decidió probar a instalar una tercera rueda en el centro. Es evidente que incluso en un terreno ligeramente rugoso esto aumentaría la inestabilidad en lugar de corregirla. La siguiente prueba lo demostró. El gran artefacto corrió un poco playa arriba, propulsado por un total de 70 cohetes en lugar de los 18 iniciales. Dio un tumbo a un lado, luego dio media vuelta sobre sí mismo, corrió de vuelta hacia el mar y cayó sobre un costado, con los cohetes haciendo hervir el agua de alrededor. Otros cohetes se soltaron y volaron bajo por la arena. Estaba claro que la tercera rueda no era una mejora. Se vio que se había torcido y combado después de este recorrido de pruebas, y se abandonó la idea.

Durante el mes de octubre de 1943 se organizaron nuevas pruebas, en las cuales se pusieron gruesos cables a cada extremo del eje y se unieron a dos tornos, con lo cual se esperaba dirigir el artefacto con seguridad playa arriba. Por supuesto, cuando se realizó la prueba, las nubes de humo y llamas de la combustión de los cohetes oscurecieron la dirección del avance a los controladores, y el aumento de la resistencia debido a los cables fue una desventaja añadida por sí misma. Pero había otro problema práctico en el diseño que empezó a aparecer. La rotura de las unidades de cohetes era claramente muy peligrosa, y además era obvio que los cohetes podían desintegrarse. Estaban diseñados, como todos los cohetes, para producir un empuje regular hacia atrás y al estar fijados a la periferia de las ruedas del Panjandrum, se veían sometidos a fuerzas centrífugas para las cuales no estaban diseñados. Estas actuaban lateralmente contra las sujeciones y la fuerza se volvía considerable si se tienen en cuenta las dimensiones del chisme. Un cohete de 9 kg (20 libras) revolviéndose en el borde de una gran rueda estaba claramente sometido a fuerzas laterales de mucha

Ingenieros y funcionarios militares reunidos alrededor del prototipo del Panjandrum en Westward Ho!, en Devon. Las primeras pruebas se intentaron el 7 de septiembre de 1943. Aunque el proyecto era del máximo secreto y la fabricación se había llevado a cabo en Londres en condiciones del mayor sigilo, esto cambió radicalmente cuando se echó a rodar el Panjandrum por una playa llena de gente de vacaciones. Miles de civiles observaron cómo fallaban las pruebas; en un momento dado un perro persiguió al artefacto por la arena. (Colección del autor)

magnitud y la ruptura de alguno de los cohetes era muy probable. Pero también se ignoró este peligro y se omitió en los cálculos del diseño.

Tuvo lugar una nueva prueba en una superficie irregular. La arena mojada se había llenado de cráteres para esta prueba. Después de recorrer una distancia de solo unos 130 m (140 yardas) las ruedas del Panjandrum se combaron, los tornos se agarraron y los cables se enredaron; su trayectoria esta vez había sido un marcado zigzag por la arena y acabó con el gigantesco artefacto yaciendo lastimosamente sobre uno de sus lados, con los cohetes gastados y aún humeando. Si se necesitaba alguna evidencia adicional de la impracticabilidad de este absurdo engendro, esta lo era con toda seguridad. Pero los trabajos de desarrollo continuaron a pesar de todas las evidencias acumuladas. Se construyeron dos nuevos prototipos del Panjandrum. Estaban listos a principios de 1944 y se organizó una demostración oficial en enero. Un buen número de altos funcionarios del Gobierno vino a presenciar este último recorrido de pruebas. También estaban presentes varios altos mandos de la fuerzas armadas. Iba a ser una ocasión favorable.

Se encendieron satisfactoriamente los cohetes del primer Panjandrum y el monstruo empezó a rodar hacia delante. Pero tras un pequeño recorrido inicial, el primer cohete explotó violentamente y se desintegró, seguido rápidamente por los demás. La gran rueda, a medida que iba cogiendo velocidad, empezó a ondear peligrosamente de lado a lado y luego a cambiar de dirección erráticamente. Estaba completamente fuera de control y empezó a dirigirse directamente hacia un grupo de aterrados fotógrafos. Las altas personalidades allí presentes saltaron detrás de una duna para protegerse y cayeron en un alambre de espinos. El rugiente artefacto se torció de nuevo y se lanzó playa abajo hacia el mar. Luego cayó pesadamente sobre un costado en una nube de humo y una serie de explosiones. Los cohetes se rompieron y saltaron por la playa en todas direcciones, uno de ellos perseguido por el perro de un turista. Todo lo que quedó del arma secreta fue un gran pedazo de metal retorcido y quemado bajo una persistente nube de humo negro.

Por fin, se canceló el proyecto. Todos los datos científicos y de ingeniería deberían haber demostrado que no podría funcionar. Incluso un examen superficial de los datos físicos elementales hubiera demostrado que estaba condenado desde el principio. El coste del proyecto es desconocido, pero fue claramente considerable y la pérdida de tiempo, inmensa. En aquel momento un ahorro financiero o el de unas cuantas miles de horas-hombre de trabajo hubieran sido de gran valor para el esfuerzo de guerra. Las amas de casa estaban entregando las sartenes de sus cocinas para proporcionar aleaciones ligeras a la industria aeronáutica, y se arrancaban barandillas y verjas para fundirlas y hacer planchas de metal para la fabricación de armas. Malgastar estos recursos en el proyecto del Panjandrum era injustificable.

Sin embargo, no es esto lo último que oímos del fiasco del Panjandrum, que ha reaparecido recientemente. Una reconstrucción de peso ligero apareció en la serie cómica de la BBC sobre la guerra *Dad's Army* (*El ejército de papá*), que empezó a emitirse el 22 de diciembre de 1972. Este episodio representó los múltiples problemas que sufrió el proyecto y reprodujo hasta cierto punto las pruebas originales. La única ocasión en que un Panjandrum ha rodado con éxito fue en 2009, cuando se construyó una réplica de 1'8 m (6 pies) de diámetro para el 65 aniversario

HOW YOUR SALVAGE HELPS TO MAKE A RESCUE LAUNCH

1 SCRAP METAL
SCRAP IRON NEEDED FOR STEEL HULL. STEEL NEEDED FOR MAKING ENGINE AND MACHINE-GUNS. BRASS MAKES CARTRIDGE CASES. 3-PINT TIN KETTLE MAKES 40 MACHINE-GUN BULLETS. PHOSPHOR BRONZE NEEDED FOR PROPELLOR. COPPER FOR RADIO COMPONENTS

2 ROPE, STRING, TWINE
MAKE NEW SHIP'S ROPE

3 WASTE PAPER
ONE ENVELOPE MAKES 50 WADS FOR MACHINE-GUN CARTRIDGES. TWELVE OLD LETTERS MAKE A CARTRIDGE BOX. WASTE PAPER ALSO MAKES GASKET WASHERS FOR ENGINE AND PROVIDES INSULATION FOR RADIO

4 SCRAP RUBBER
MAKES ELECTRICAL AND RADIO INSULATORS AND COMPONENTS

5 BONES
GIVE GLYCERINE—A COMPONENT IN CORDITE CHARGES FOR MACHINE-GUN CARTRIDGES

6 RAGS
COTTON RAGS MAKE SPECIAL GRADES OF PAPER FOR CHARTS ALSO ENGINE WIPERS

del Día D. Como sus predecesores de tiempo de guerra, los diseñadores también previeron que rodaría adquiriendo velocidad por la playa, sin hacer caso de los problemas del par de torsión y de los cohetes apuntando hacia atrás. Se encendió en una ceremonia para el Festival del Libro de Appledore, en Devon, y rodó hacia abajo por una pequeña rampa. Aunque funcionó en cierto modo, el modelo se arrastró con dificultad durante unas yardas, la mayor parte del tiempo moviéndose a la velocidad del paso de un hombre, antes de frenar y detenerse con sus cohetes consumidos.

Entonces la atención se dirigió a diseñar un vehículo de desembarco que transportara explosivos. Estaba planeado que este vehículo pudiese dejar una gran carga de explosivos para abrir una brecha en el Muro del Atlántico, muro defensivo hecho de cemento, y así permitir a las tropas aliadas avanzar por las llanuras de Francia. En privado se argumentaba que incluso si el Panjandrum hubiera entregado su carga de explosivos, estos no hubieran producido el efecto deseado. Para producir el máximo efecto, una carga explosiva tendría que estar firmemente enganchada contra el muro. Si no, la explosión se dispersaría y se disiparía mientras producía un gran cráter en la arena. Los vehículos de desembarco propuestos estaban diseñados con brazos hidráulicos que proporcionarían el resultado deseado: se extenderían para forzar la carga explosiva firmemente contra el muro de cemento, maximizando su efecto.

Arriba: Bajo la protección de una cortina de humo, los soldados del 9.º ejército de Estados Unidos usan vehículos anfibios Alligator para cruzar el Rhin. Los norteamericanos investigaron diversas opciones para diseñar una versión carga-explosivos de estos vehículos que pudiese irrumpir a través de las defensas alemanas. Sin embargo, este proyecto no era económicamente viable ni necesario, y por eso se canceló. (Getty Images)
Página anterior: Durante la II Guerra Mundial se encargó a los artistas gráficos que diseñaran carteles que animasen a los civiles a contribuir al esfuerzo de guerra. Este cartel, publicado por la compañía de Ferrocarriles de Londres y el Nordeste (LNER), animaba a la gente a reciclar. (SSPL/Getty Images)

Los vehículos escogidos eran vehículos de desembarco Alligator (Caimán) hechos en Estados Unidos. Estaban basados en los vehículos anfibios DUKW, pero tenían orugas en lugar de ruedas. Unidas a las orugas iban remos con forma de cuchara que propulsaban al vehículo a través del mar agitado hasta que llegaba a tierra, donde saldría del agua y seguiría por la playa como un vehículo convencional de cadenas. La Junta Directora planeaba colocar en cada vehículo un bloque de 1 tonelada de alto explosivo montada en una base como un colchón; todo esto, en contacto con el muro de cemento, estaría firmemente atenazado en posición por los brazos hidráulicos y se detonaría automáticamente.

El Alligator en sí era un artefacto formidable. Cada unidad tenía 10 m (26 pies) de largo, más de 3 m (10 pies) de ancho y pesaba unas 11 toneladas. Pero una vez en el agua era de mucho bulto y resultaba demasiado lento, y en las pruebas de mar presentó repetidos problemas de inestabilidad que recordaban a las pruebas del Panjandrum. En una ocasión el dispositivo del brazo hidráulico fue actuado cuando el vehículo estaba todavía en el agua. Su carga de 1 tonelada de explosivos, equilibrada con arena, inclinó todo el artefacto hacia arriba a un ángulo loco y se evitó por los pelos un serio accidente. El Alligator causó más bajas que las que había causado su fiero predecesor según avanzaba en espiral por la playa.

Como sucedió con el Panjandrum, finalmente alguien se dio cuenta de que tenían pocas probabilidades de éxito y el Alligator también se canceló. Ambos inventos habían sido diseñados específicamente para abrir una brecha en una impenetrable muralla de cemento detrás de la cual estarían escondidos los alemanes. Pero, como mostró el servicio de inteligencia (y confirmaron los desembarcos aliados), el muro de cemento sencillamente no existía. Los alemanes nunca habían pensado en construir una muralla inexpugnable y los estrategas aliados habían estado desarrollando armas contra un objetivo inexistente.

Hubo un intento final de usar cohetes como un dispositivo secreto para los desembarcos en Normandía, que ayudaría a los aliados e intimidaría a los alemanes. Esta era una idea nueva: lanzar contenedores de vehículos y equipos desde bombarderos en vuelo bajo, usando retrocohetes para ralentizar el descenso y hacer más suave su descenso en las playas de Normandía. El ejército propuso esta nueva idea a la Junta Directiva del Desarrollo de Armas Diversas del Almirantazgo, que había estado trabajando en la posibilidad de lanzar equipos en paracaídas durante la invasión. Usar paracaídas para lanzar equipo pesado no era un problema, pero el relativamente fuerte impacto estaba causando daños. Seguramente un conjunto de retrocohetes podría suavizar los aterrizajes. Los diseños preliminares parecían satisfactorios, y el artefacto recibió el nombre en código de Hajile.

La idea era disparar una batería de cohetes cuando el contenedor estuviera a unas pocas yardas del suelo. No se podía confiar en que los cohetes de combustible sólido se encendieran todos exactamente en el mismo momento y las pruebas iniciales demostraron (cuando el humo se había disipado) que a menudo se dejaba el contenedor medio aplastado en el terreno. Se decidió que sería más seguro llevar a cabo algunas pruebas sobre el mar abierto, y el lugar escogido para los observadores fue el malecón de los turistas en Weston-super-Mare, que fue denominado HMS *Birnbeck* (Buque de Su Majestad *Birnbeck*) durante la guerra. Se decidió soltar un contenedor grande, dotado de sus retrocohetes, desde un bombardero Lancaster, pero la puntería del piloto no fue buena y los horrorizados técnicos se dieron cuenta de que se dirigía directamente contra los edificios. Corrieron en dirección contraria a lo largo del malecón justo a tiempo de esquivar el contenedor según se estrellaba contra el techo y demolía los almacenes.

Hubo muchas más pruebas. Una de ellas consistió en lanzar contenedores desde una grúa alta. En el segundo intento, el contenedor tocó el suelo justo en el momento en que los retrocohetes se dispararon con un masivo rugido, lo que lanzó al contenedor al aire. Este a su vez golpeó el brazo de la grúa, que quedó destrozada. Se construyeron varios contenedores para el Día D, pero oficialmente nunca se aceptó el artefacto, que quedó como una idea colateral del esfuerzo de guerra. El único secreto que queda es el extraño nombre que se dio al dispositivo: Hajile. A diferencia de Panjandrum, parece que no tiene ningún significado, pero su origen está en el Antiguo Testamento. Se dice que el profeta Elías (Elijah en inglés) ascendió en un pilar de fuego. Así pues parece que está claro: Hajile es sencillamente Elijah al revés.

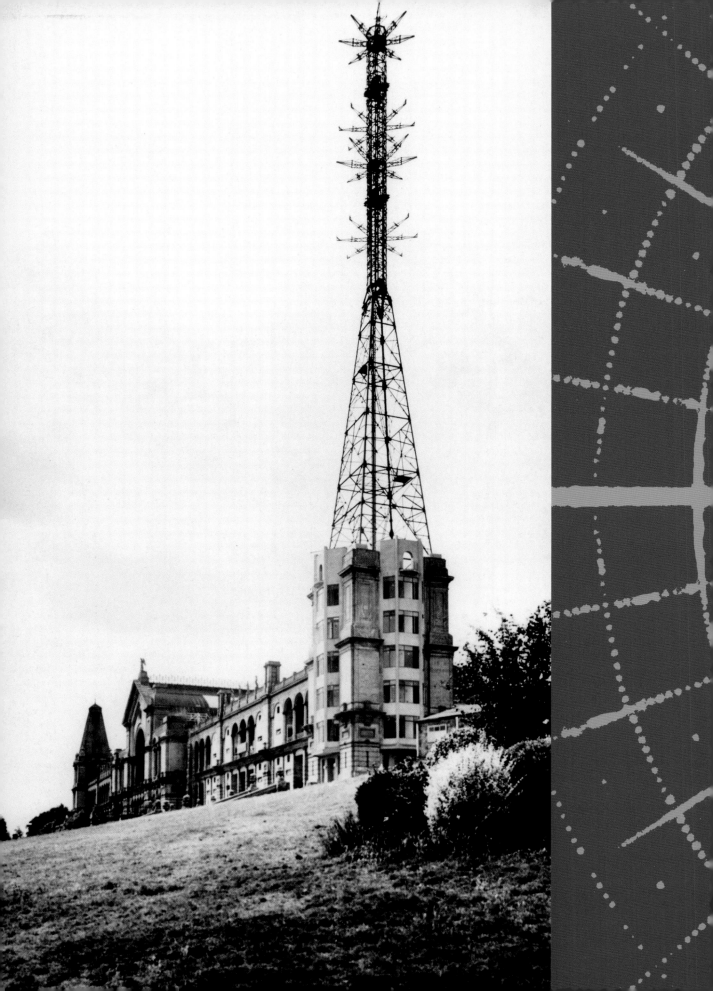

SECRETOS
ELECTRÓNICOS

DETECTAR AL ENEMIGO A GRAN distancia ha sido siempre un objetivo de cualquier nación combatiente. El primer sistema de detección a distancia se basaba en el ruido del enemigo, y los métodos para recoger y amplificar un sonido débil tienen más de un siglo. En 1880 en las páginas de la revista *Scientific American* apareció el Topophone, inventado por el profesor A. M. Mayer, que estaba creado para amplificar un ruido distante y hacer posible para el usuario detectar la dirección desde la cual procedía el ruido. El uso de reflectores de sonido para concentrar el lejano ruido de los motores de las aeronaves enemigas data de la I Guerra Mundial, cuando el profesor F. C. Mather excavó un reflector parabólico en el acantilado cercano a Maidstone, Kent. Esto fue en 1916 y el reflector se usaba para detectar aviones o zepelines que llegasen. Se estacionaba un observador en el punto focal del reflector acústico, escuchando para detectar sonidos lejanos. Los experimentos funcionaron bien y entonces se instaló otro reflector en Baharic-Cahaq, en la isla mediterránea de Malta. Estaban previstos otros ejemplos para Adén, Gibraltar, Hong Kong y Singapur.

En 1928 se erigió un colector parabólico de sonido hecho de cemento de 6 m (20 pies) de diámetro en Dungeness, Kent. Dos años más tarde se construyó un reflector más grande, de 10 m (30 pies) de diámetro, conjuntamente con un gran reflector cóncavo de cemento de 60 m (200 pies) de extremo a extremo. Durante la década de 1930 se diseñaron reflectores portátiles y orientables. Podían detectar sonidos débiles a grandes distancias y se podía confirmar la posición de la fuente del sonido por la dirección en la cual se apuntaban los reflectores para recoger el sonido más fuerte. Al principio de la II Guerra Mundial, como alternativa a los reflectores parabólicos fijos, se empezaron a construir en Gran Bretaña colectores cónicos de sonidos y se probaron con éxito. Algunos tenían forma de chimeneas direccionales, que se podían mover de sitio en sitio y podían indicar la posición de los aviones que se acercaban. Sin embargo, se trataba de una tecnología ya condenada. Cuando el radar empezó a emerger, detectar los sonidos de los motores de aeronaves quedó relegado a la vía muerta.

EL RADAR ENTRA EN ESCENA

Es difícil imaginar el transporte moderno sin el radar. Todos los aviones de aerolíneas del mundo están seguidos por sus operadores utilizando imágenes en tiempo real de dónde están en el cielo. Cada buque de transporte y de contenedores está vigilado instantáneamente desde la costa, y ellos a su vez se ven unos a otros con un ojo que no parpadea. Incluso los yates pequeños tienen un dispositivo de radar para vigilar los mares y llevan un reflector de radar en el mástil para asegurarse de ser vistos por el resto de la comunidad. Se da por supuesto que funciona el radar y, si desapareciera en una noche, se acabaría el transporte global. Está claro que el mundo moderno se basa en el radar en gran medida, pero este importante desarrollo tecnológico tiene una larga e interesante historia.

ORÍGENES DEL RADAR

Muchas de las relaciones entre las armas secretas de la II Guerra Mundial y el mundo de alta tecnología de hoy en día aparecen como una sorpresa. El radar, en cambio, es algo con lo cual todos nosotros nos sentimos mejor. Existe la creencia generalizada de que fue la urgencia de la II Guerra Mundial la que llevó a la invención del radar y que es el producto de la imaginación de Robert Watson-Watt, el brillante ingeniero electrónico y visionario británico. Por tanto para

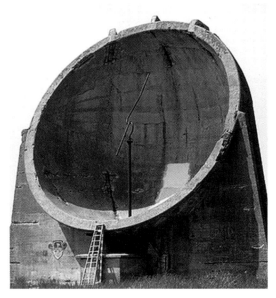

Un grabado en madera de la época victoriana muestra el Topophone, inventado y patentado por el profesor A. M. Mayer en 1879 y que apareció en el Scientific American en 1880. El instrumento estaba diseñado para amplificar los sonidos y ayudar al que escuchaba a determinar su dirección exacta (©Bettmann/Corbis)

Los primeros detectores militares de aviones se construyeron cerca de Dungeness, Kent, por las autoridades británicas después de la I Guerra Mundial. Hechos de cemento, enfocaban a las ondas de sonidos distantes en un micrófono montado en el medio (Fox Photos/Getty Images)

El físico británico Robert Watson-Watt (1892-1973) realizando un experimento en Sunnymeads en Berkshire. Watson-Watt fue crucial en el desarrollo del radar. (Fox Photos/Getty Images)

Los experimentos con los receptores de sonidos se desarrollaron después de la I Guerra Mundial. Como los amplificadores electrónicos aún se tenían que perfeccionar, se emplearon bocinas acústicas en su lugar. Estos detectores se usaban para detectar aviones lejanos. (Biblioteca del Congreso)

muchos puede ser sorprendente saber que el radar existía incluso antes de la I Guerra Mundial.

Surgió de la pena de un ingeniero de radio llamado Christian Hülsmeyer de Düsseldorf, Alemania. Uno de sus mejores amigos perdió a su madre en el mar cuando dos buques chocaron en la niebla. Hülsmeyer quedó muy apenado por la muerte de alguien tan próximo y empezó a imaginar medios para evitar que se repitiera una colisión semejante. Había estado estudiando las ondas de radio, que habían sido examinadas desde 1887 por Heinrich Hertz, al que ahora se le recuerda por el uso del término hertz (o hercios) para indicar la frecuencia de una emisión de radio. Hertz hizo muchas observaciones de interés para la ciencia, y una de ellas era que las ondas de radio se reflejaban en los objetos metálicos. Esto llamó la atención de Hülsmeyer y empezó a llevar a cabo experimentos para ver si el objeto metálico podría ser un barco en el mar y si la naturaleza de la reflexión podría decirle dónde estaba la nave. En la década de 1890 Hülsmeyer era profesor en una escuela y dedicaba su tiempo libre a estos experimentos; luego entró en la compañía Siemens. En 1902 conoció a un industrial de Colonia con éxito, Henry Mannheim, que estuvo de acuerdo en profundizar en el invento y le adelantó fondos para el trabajo. Lo llamaron Telemobiloscope y juntos crearon una compañía llamada Telemobiloscop-Geselleschaft Hülsmeyer und Mannheim. Organizaron una exhibición pública en Colonia el 18 de mayo de 1904. Hülsmeyer colocó su aparato en el puente Hohenzollern y tan pronto como un barco entró dentro del haz delantero, una campana de aviso empezó a sonar. Luego, en cuanto el barco salió del haz, el sonido cesó. Hülsmeyer había demostrado la detección remota de un barco (esto podía haber salvado la vida de la madre de su amigo). Hubo muchos aplausos de los espectadores e informes positivos en la prensa.

Obtuvieron patentes de este notable nuevo aparato y en junio de 1904 realizaron una demostración del detector en una conferencia de navegación en Rotterdam. El Telemobiloscope usaba un transmisor de impulsos que transmitía en una frecuencia de 40-50 cm (15'7-19'7 pulgadas). El entrehierro estaba sumergido en aceite para evitar que se consumiera y el haz de radio se emitía desde un reflector con forma decono. Para evitar que parásitos de otro transmisor accionasen la campana de alarma, había un relé de tiempo en el circuito, de tal modo que la campana no sonaba cuando se detectaba la primera señal, sino solo cuando se registraba un segundo impulso. Con este dispositivo se podían detectar los barcos simplemente apuntando el haz en una dirección dada. Aunque no había un dispositivo para medir el tiempo entre el envío y la recepción de la señal (que hubiera dado una indicación inmediata de la distancia), Hülsmeyer

Un primitivo sistema de radar operando en Gran Bretaña hacia 1930. La importancia de esta tecnología fue reconocida durante la II Guerra Mundial, hasta que se volvió vital para el mundo de hoy. (Getty Images)

Christian Hülsmeyer demostró que la detección remota de objetos era posible. Aquí se le ve con su patente del Telemobiloscope, que data de 1904. (akg-images/ullstein bild)

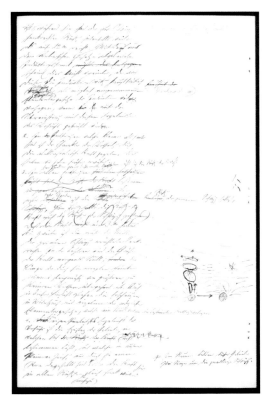

Manuscrito del físico alemán Heinrich Hertz, que estudió las ondas de radio desde 1887. Hertz es ahora el término internacional para medir la frecuencia de un haz de emisión. (SSPL/Getty Images)

se las arregló para obtener una idea aproximada de la distancia del barco. El haz se podía mover hacia arriba y hacia abajo, y sabiendo la altura del transmisor sobre la superficie del agua era fácil calcular la distancia.

Hülsmeyer y su socio estaban encantados con su éxito y consideraron que había llegado su momento. Enviaron detalles de su invento a la Oficina Naval y también a compañías de navegación comercial, pero nadie pareció interesado. Sus esperanzas se vieron defraudadas y el Telemobiloscope se quedó en una mera curiosidad. Un aparato similar, que detectaba haces de radio rebotados de la superficie de la tierra, fue inventado por R. C. Newhouse en los Laboratorios Bell de Estados Unidos. Este se patentó en 1920, y luego dio origen a un altímetro actuado por la radio y no por la presión atmosférica. La primera patente británica por lo que fue llamado radio localización la obtuvo L. S. Alder para la Escuela de Transmisiones de Su Majestad en 1928, y el pionero italiano de la radio Guillermo Marconi (que sabía que se puede usar la radio para detectar un objeto móvil) realizó una demostración de un aparato que podía detectar objetos lejanos en 1933.

Este fue el año en que Hitler subió al poder en Alemania, y la emergente marina alemana empezó a investigar el uso del poder de la radio detección o Funkmesstechnik. Al año siguiente comenzó la investigación en Rusia, donde se logró detectar los aviones hasta a 88 km (55 millas) de distancia. Nada más pasó en estos años, aunque en 1935 un barco francés probó un haz de radio como método de evitar colisiones y este sistema de Barrage Électronique se usó al principio de la II Guerra Mundial.

VIENDO LO INVISIBLE

Y así, a mediados de los años treinta, había un abanico de diferentes desarrollos que permitía a los observadores penetrar en la niebla o detectar barcos en la oscuridad de la noche. Las investigaciones italiana, alemana, británica y americana habían tenido su parte en el control de los efectos que había observado por primera vez Hertz en la era victoriana. Incluso antes de la I Guerra Mundial había sido posible detectar un barco, invisible por otros medios, usando un radar marino, incluso aunque muy pocos se interesaban por la idea. Y desde la I Guerra Mundial se había utilizado el uso direccional de la detección del sonido para alertar de aeronaves lejanas. Una combinación de los dos factores (hallar la dirección mediante la transmisión de un pulso de sonido) dio origen al sonar, que desde 1912 fue desarrollado separadamente por investigadores canadienses, británicos y estadounidenses.

Cuando la guerra se acercaba, se dirigieron esfuerzos crecientes a defender Gran Bretaña de un ataque. Robert Watson-Watt era un meteorólogo que había estudiado la detección de los rayos mediante las interferencias en la radio causadas por la descarga y se le consultó sobre las informaciones que se estaban empezando a filtrar desde Alemania. Se decía que los nazis tenían un rayo de la muerte. Podían crear un haz radiotransmisor y acabar con poblaciones a gran distancia. Gran Bretaña necesitaba tener uno también y Watson-Watt era la persona a la que consultar. No le llevó mucho tiempo calcular que eso era imposible y escribió un informe para suprimir el temor que sentían en círculos oficiales. Al final añadió una nota sobre un problema diferente, más prometedor que el rayo de la muerte. Era la detección de objetos por ondas de radio reflejadas. Un informe sobre el particular decía: «Se enviaría cuando se requiriera».

AVIONES Y RADARES

Watson-Watt no inventó la idea de detectar objetos mediante las señales de radio reflejadas. Esto se había establecido como un medio de detectar barcos, cuya masa metálica reflejaba el haz, pero ¿se podría usar en aeroplanos? No eran grandes objetos metálicos y a menudo estaban hechos de tela y madera, pero ¿podrían reflejar también un haz de radio? En febrero de 1935 Watson-Watt escribió un memorándum supersecreto al Ministerio del Aire en Londres. Lo tituló *Detection and Location of Aircraft by Radio Methods* (*Detección y localización de aeronaves por métodos de radio*). Era un inicio radicalmente nuevo, y el Ministerio del Aire solicitó una demostración. En unas semanas se preparó un experimento en Litchborough, cerca de los emisores en onda corta de la BBC en Daventry. Se instalaron dos transmisores de modo que sus señales se anulaban mutuamente. Todo lo que interfiriera con la señal movería un punto en la pantalla de un osciloscopio. Solo estaban presentes tres personas: Watson-Watt y su asistente, Arnold Wilkins, con un representante del Ministerio, A. P. Rowe. Se escogió un bombardero Handley Page Heyford como primer blanco. El

Heyford, construido en 1930, fue el último biplano pesado utilizado por la *Royal Air Force*. Su envergadura era exactamente una cuarta parte de la longitud de onda del haz de radio, lo cual aumentaría al máximo las posibilidades de generar un eco positivo en la señal. El jefe de Escuadrilla (capitán) R. S. Blucke era el piloto aquel día. Buckle despegó del aeródromo en Farnborough y ascendió lentamente.

Cuando llegó a Daventry, el grupo en tierra vio que la señal del osciloscopio empezaba a parpadear. Los tres hombres observaron hasta que la señal volvió a ser normal cuando el avión estaba a 13 km (8 millas) de distancia. El principio había quedado probado: no solo los grandes buques de hierro, sino hasta los ligeros aviones podían ser detectados por los ecos de un haz de radio. En solo cuatro años se refinó el sistema hasta que se pudieron detectar los aviones a una distancia de 160 km (100 millas) y se

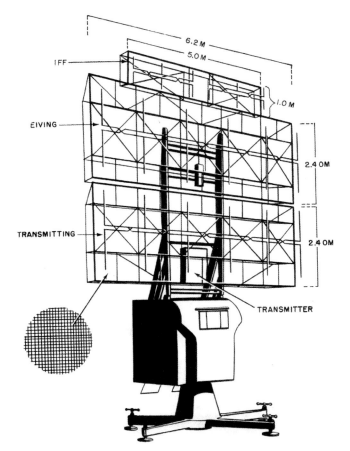

Freya era el nombre en código que se dio al primer sistema de radar de alerta alemán. Este es un diagrama del radar Freya, cuyo descubrimiento ayudó a los británicos a encontrar el radar Würzburg, el objetivo del raid en Bruneval. (US War Department)

empezó a trabajar en levantar una serie de estaciones detectoras. Esto se convirtió en la red Chain Home (Cadena del hogar), conocida como CH para acortar, que estuvo totalmente operativa en 1937, mucho antes de que estallara la II Guerra Mundial. Fue el primer sistema de radar detector de aeronaves del mundo. Cuando la guerra empezó en 1939, muchas naciones estaban utilizando el mismo efecto: Francia, Alemania, Hungría, Italia, Japón, Holanda, Rusia, Suiza y Estados Unidos estaban investigando sus propios sistemas de radares.

El verdadero valor del radar se reconoció durante la batalla de Inglaterra en 1940-1941, cuando el sistema avisaba con anticipación de los ataques, y saber la dirección de los aviones alemanes que llegaban permitió lanzar a los cazas a su debido tiempo. Los informes sobre los aviones detectados por las estaciones CH repartidas por el sur de Gran Bretaña y la isla de Wight se enviaban por teléfono a las salas de filtrado, que reunían toda la información. Entonces se daban órdenes a los aeródromos para organizar la respuesta de los cazas británicos. Los alemanes no supieron descubrir cómo funcionaba el sistema de la CH y no investigaron cómo interferir las transmisiones.

El radar no tuvo éxito siempre. Ya se ha visto que se detectaron bien los ecos radar de los aviones japoneses atacantes antes del ataque sobre Pearl Harbor, pero el radar era relativamente nuevo, igual que los operadores, y por eso el importantísimo aviso previo fue fatalmente desatendido. Posteriormente, los alemanes instalaron detectores radar en la costa de Europa del Norte orientados hacia Gran Bretaña. En febrero de 1942 una de sus estaciones Würzburg de radar fue detectada por el reconocimiento británico cerca de Bruneval, en Normandía, y se obtuvieron fotografías de cerca en un atrevido raid diurno. Los británicos se dieron cuenta de que la respuesta obvia era organizar un raid sobre la estación radar y llevarse los componentes más importantes

Una estación de radar AMES Type 1 de la Chain Home de la costa este, en el sur de Gran Bretaña. A la izquierda están las tres (originalmente cuatro) torres de transmisión, con el edificio de transmisión fuertemente protegido al frente. Se pueden ver cuatro torres de recepción a la derecha de la fotografía. La Chain Home fue el primer sistema de radar para detectar aviones del mundo. (IWM CH 15173)

Representación artística del raid de Bruneval. El plan era que las tropas británicas desmontaran y se llevaran la antena del radar Würzburg. Esto permitió a los científicos en Gran Bretaña entender el radar alemán y desarrollar contramedidas. (Howard Gerrard © Osprey Publishing)

de vuelta a Gran Bretaña. La idea se aprobó rápidamente y R. V. Jones fue el primero en ofrecerse voluntario para ir y actuar como el técnico especialista, pero las autoridades se negaron a enviar a alguien con conocimientos especiales. Si fuese capturado, estaría enterado de detalles que quizá pudieran extraerle los alemanes.

El plan de este audaz raid lo ejecutó la compañía C del 2.º Batallón de la 1.ª Brigada Paracaidista, mandada por el comandante John Frost. Su especialista fue el operador de radar sargento mayor de escuadrilla C. W. H. Cox. A ninguno de los hombres se le dijo nada sobre el raid hasta el último minuto, y el adiestramiento se realizó con modelos a escala del terreno enemigo y con pruebas en las playas del sur de Gran Bretaña. La noche del 27 de febrero los equipos se lanzaron en paracaídas desde un avión Whitley que volaba justo a 180 m (600 pies). La playa quedó asegurada y los equipos corrieron hacia la villa donde encontraron a un solo centinela vigilando el equipo. Las tropas alemanas que salían de un búnker cercano empezaron a disparar contra el asentamiento, mientras las tropas británicas desmontaban la antena del radar Würzburg, llevándose los componentes importantes, que fueron embalados y transportados rápidamente a la playa. Hubo problemas para contactar con las lanchas de la marina, que se suponía que estarían listas para recoger a los hombres y su botín, pero se habían encontrado con un buque de guerra alemán y habían tenido que fingir que se retiraban.

Las tropas del búnker alemán habían sido silenciadas y se lanzaron bengalas rojas al aire, momento en que apareció la marina en el agitado mar para recuperar al comando. Bajo el fuego enemigo seis lanchas de desembarco llegaron para recoger su preciosa carga. El buque fue escoltado hasta el puerto de Portsmouth por destructores de la *Royal Navy,* con Spitfires de la RAF volando sobre él; el himno patriótico *Rule Britannia* sonaba a todo volumen en los altavoces. El raid fue un éxito total. Los paracaidistas sufrieron muy pocas bajas y las piezas del radar, juntamente con un técnico de radar alemán, permitieron a los científicos británicos entender los avances alemanes en radar y crear contramedidas para neutralizarlos.

Los valientes miembros de la resistencia francesa continuaron suministrando información a Gran Bretaña. Pronto se descubrió que todas las estaciones de radar alemanas funcionaban en un pequeño número de frecuencias, y se podía interferir fácilmente. Cuando se planeó un potente y devastador bombardeo aliado sobre Hamburgo en julio de 1943, se lanzaron fragmentos de cintas metálicas (una vez más, exactamente un cuarto de la longitud de onda de los radares alemanes para obtener los ecos más fuertes) y las señales de las estaciones de radar fueron completamente eliminadas. Esta paja metálica (*chaff* en inglés) fue llamada *window* (ventana) por la RAF y había sido descubierta en Alemania, donde fue conocida como *Düppel.* Es una muestra del confuso planeamiento estratégico de los nazis, que, habiendo sido pioneros en el uso del *chaff* reflectante, no se prepararon para su uso por parte de los aliados.

RADAR AMERICANO

Los alemanes carecían de la habilidad necesaria para fabricar sistemas de radar en los que se pudieran sintonizar los haces de radio a una frecuencia deseada, y esta incapacidad les dio a los británicos superioridad en esta vital área de la guerra defensiva. Los primeros ensayos de radar en Gran Bretaña usaban una frecuencia de unos 10 MHz y las estaciones de la Chain Home empezaron a 20 MHz y luego aumentaron su campo hasta 70 MHz, pero los radares de seguimiento operaban a 200-800 MHz. En 1940 los norteamericanos empezaron a usar un transmisor con magnetrón que iba desde el campo de los megahercios hasta frecuencias de gigahercios. Era lo bastante pequeño para entrar en un avión, y el radar H2S de los bombarderos de la USAF tenía una frecuencia de 3 GHz. Podía mostrar los detalles del terreno bajo el avión con una precisión sin precedentes, pero se decidió no usarlo nunca sobre Alemania. Los servicios de inteligencia aliados habían informado de que los alemanes creían que 800 MHz eran la frecuencia más alta que podía usar el radar, y se temía que si un avión norteamericano era derribado y los alemanes descubrían el secreto de su radar, la balanza de poder podría cambiar radicalmente.

Al final se vio que este temor no tenía fundamento. En la primavera de 1943 un bombardero norteamericano fue derribado cerca de Rotterdam, Holanda, y el radar de a bordo H2S y su magnetrón cayeron en manos alemanas. Inmediatamente, se lanzaron a producir su propia versión, que recibió el nombre en código Rotterdamgerät, pero las primeras unidades se fabricaron cuando la guerra estaba llegando a su fin.

Las instalaciones de detectores radar británicos en los buques de la *Royal Navy* les permitían detectar fácilmente a los submarinos alemanes que navegaban en superficie, y por eso los alemanes trabajaban en hallar métodos para evitar que sus U-boote generasen un eco, y así pudieran escapar a la detección. Pronto descubrieron que si pintaban la superestructura del submarino con una mezcla de goma y carbón, la firma radar del submarino disminuía enormemente, y la probaron en un dique seco hasta que la perfeccionaron y consiguieron la fórmula ideal. Pero, sorprendentemente, los buques de guerra británicos seguían detectando a los submarinos como si no les hubieran pintado con nada. La razón era muy simple: cuando se mojaba con agua de mar, la capa protectora no amortiguaba nada y la detección radar funcionaba normalmente.

Sin embargo, no se debe desechar la idea de los alemanes, que fue el origen de lo que ahora conocemos como tecnología *stealth* (tecnología sigilosa). Una vez más, un desarrollo de la II Guerra Mundial apuntala un aspecto crucial del arte de la guerra de hoy en día.

LA IMPORTANCIA DEL RADAR

El radar en Gran Bretaña tuvo un efecto decisivo en la conducción y dirección de la guerra. Seguir a los aviones y barcos enemigos, que de otro modo hubieran sido invisibles, fue de importancia crucial. La red de la Chain Home demostró que era capaz de detectar las V-2 mucho antes de que alcanzaran la costa británica y, aunque no se podía hacer nada para impedir su llegada, puede considerarse como el primer sistema radar de detección de misiles balísticos del mundo. Ahora

Un mapa de Oslo usado para marcar las posiciones de los buques alemanes reveladas por el radar H2S. Este sistema de radar tenía la capacidad de mostrar los detalles con una precisión sin precedentes, pero se decidió no utilizarlo en vuelos sobre Alemania porque existía el riesgo de revelar el secreto a los nazis si lograban derribar un avión. (© TopFoto)

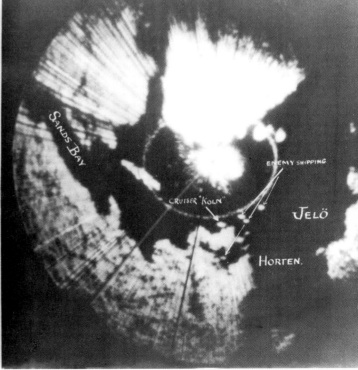

estos sistemas están por todas partes. También es importante tomar nota de que los científicos húngaros usaron su propio radar para hacer rebotar señales en la Luna en 1944. Fue la primera vez que se conseguía, y midieron con precisión la distancia de la Tierra a la Luna, algo que nunca se había hecho.

El radar estaba firmemente establecido y había llegado a estar refinado al final de la II Guerra Mundial. Durante la Guerra de Vietnam de 1955-1975 se desarrollaron los misiles antirradar, que se dirigían automáticamente dentro del haz emitido por un transmisor de radar y destruían la instalación, utilizando así el radar contra sí mismo. A medida que los equipos se volvieron cada vez más compactos, los detectores radar de velocidad entraron en servicio con la policía. Y así se puede mirar hacia atrás y ver que el estímulo que la II Guerra Mundial dio al desarrollo del radar procede del mismo principio que se había usado para detectar barcos antes de la I Guerra Mundial. El radar ha disfrutado de una larga historia. Ahora es una parte integral del transporte global y promete tener un futuro ilustre.

GUIADO POR RADIO DE LOS AVIONES

Utilizar los ecos de las ondas de radio rebotadas de aviones y barcos fue el principio del radar, pero también se hizo un gran esfuerzo en usar los haces de radio como ayuda a la navegación. Empezó en 1932 como un sistema para el aterrizaje de aviones desarrollado por la compañía Lorentz AG y fue el producto de la imaginación del Dr. E. Kramar. Como todas las buenas ideas, estaba basada en la simplicidad y fue una brillante innovación. Funcionaba con tres antenas emisoras de radio que transmitían señales en 38 MHz desde el final de la pista hacia un avión que se aproximaba. La antena del medio enviaba una señal sencilla y continua; las otras, hacia la derecha y la izquierda transmitían y se desconectaban alternativamente. La antena de la izquierda enviaba rayas, cada una de las cuales duraba ⅛ de segundo, mientras que la antena de la derecha enviaba rayas alternativas, cada una de ⅞ de segundo. El piloto del avión que se acercaba y estaba exactamente en la línea de planeo correcta, en el medio, sintonizaba la señal radio y oía un tono continuo. Si el avión estaba demasiado a la izquierda, escucharía rayas; si estaba demasiado a la derecha, entonces recibiría puntos cortos.

Fue el primer sistema de aterrizaje remoto con éxito y en dos años ya lo había instalado Lufthansa en sus aviones y se había vendido por todo el mundo. Este sistema estaba adelantado a su tiempo y trabajaba de manera fiable hasta una distancia de 50 km (30 millas). Según se expandió la *Luftwaffe*, los alemanes fueron experimentando con un abanico de soluciones alternativas al mismo problema. Los británicos, mientras tanto, adiestraban a sus pilotos en navegación astronómica durante la noche; los alemanes ignoraban algo tan anticuado y, en cambio, se concentraban mucho en los sistemas de radio.

El sistema Lorentz estaba ampliamente instalado en aeródromos por Alemania y muy pronto su uso se convirtió en un procedimiento normalizado. Durante los primeros años de la guerra, el Ministerio del Aire alemán introdujo un código alternativo de larga distancia llamado Sonne (Sol). Algunos de los receptores y la documentación fueron capturados por agentes británicos, que lo adoptaron para la RAF. Los británicos denominaron Consol al sistema.

A medida que los transmisores se fueron haciendo más potentes con cada nueva generación, el alcance se fue extendiendo y los transmisores Lorentz se usaron para guiar a los bombarderos sobre el mar del Norte contra Londres. Aquí encontraban un problema porque las señales podían garantizar que un bombardero estaba volando a lo largo de la ruta directa correcta, pero no daba información sobre la distancia que había recorrido. Los vientos de cara podían tener al piloto lejos de su objetivo, incluso aunque estuviera apuntando en la dirección exacta. Por eso los alemanes decidieron añadir una modificación. La nueva idea era enviar dos haces desde antenas Lorentz que estuviesen ampliamente separadas. Los haces se cruzarían sobre el blanco. La tarea del piloto era casi a prueba de fallos: volaría siguiendo un haz, observando la señal a fin de mantenerse en ruta, hasta que se encontrase súbitamente con la otra señal. En este punto la tripulación sabría que estaba sobre el objetivo y se dejarían caer las bombas. Los alemanes le dieron al sistema el nombre en código Knickebein (Pierna doblada).

Los transmisores Knickebein se probaron por primera vez en 1939, con un transmisor situado en Stolberg (en el norte de Alemania), otro en Kleve (en el extremo oeste del país, cerca de la frontera con Holanda) y el tercero en Lörrach (en el sudoeste de Alemania). Una vez que Francia hubo capitulado en junio de 1940, los alemanes construyeron más emisoras en la costa francesa, también en Holanda e incluso en Noruega. El nombre alemán Knickebein (Pierna doblada) era una alusión muy apropiada a los haces en forma de L y era tan extremadamente efectivo como ayuda a la navegación que superaba a todo el mundo. Esto puede explicar el nombre en código que le dieron los británicos: Headache (Dolor de cabeza).

CONFUNDIR AL RADAR ENEMIGO

Los británicos trabajaron duro para descubrir los secretos alemanes y bloquear o confundir a su radar, como a continuación explica Robert Cockburn, un científico del *Royal Aircraft Establishment* (Real Establecimiento de Aeronaves):

«Mi trabajo era descubrir cómo confundir (o, si usted prefiere, doblar) el haz alemán. Era más que obvio que los alemanes usaban estos haces, pero no habían tenido en cuenta la posibilidad de contramedidas. Era un trabajo claramente sencillo. Usaban un haz de Lorentz de puntos y rayas, y todo lo que yo tenía que hacer era emitir puntos adicionales. Inicialmente lo hacíamos en sincronización; en otras palabras, recibíamos los puntos en Worth Matravers y los transmitíamos por teléfono a Beacon Hill, cerca de Salisbury, donde teníamos un embrollador. Pero pronto me di cuenta de que no importaba nada que estuvieran o no sincronizados. Solo tenían que estar en el mismo momento porque cuando el piloto alemán entraba en el haz de la señal, siempre oiría estos puntos extra que le llegarían, lo cual le haría desviarse a un lado. Éramos demasiado meticulosos para lo ruda y tambaleante que era la guerra».

Robert Cockburn, grabación del Imperial War Museum 10685

La primera evidencia que tuvieron los británicos de cómo funcionaba el sistema fue cuando derribaron un bombardero alemán y se examinaron los receptores de radio de a bordo. R. V. Jones, el brillante físico del Ministerio del Aire, estaba convencido de que el sistema era demasiado sofisticado y sensitivo para ser una mera ayuda al aterrizaje. Al mismo tiempo, los descifradores de códigos de Bletchley Park habían oído una mención de «haces de bombardeo» usada por los pilotos. Las opiniones de Jones no las compartían todos sus colegas, y el asesor científico jefe Frederick Lindemann desechó la idea inmediatamente. Su razonamiento era que los haces de radio no se podían emplear debido a la curvatura de la Tierra. R. V. Jones insistió, señalando lo altos que iban los bombarderos y se las arregló para convencer a Churchill de que ordenara a la RAF enviar un avión con un detector adecuado para buscar los haces. El único receptor que pudo encontrar que pudiera recibir en las frecuencias requeridas se obtuvo de un taller de radioaficionados de Londres y se instaló en un bimotor Avro Anson. Los rivales de Jones trataron de cancelar el vuelo en el último minuto, pero él les recordó que tenía órdenes de Churchill en persona, así que siguió adelante.

La tripulación había recibido órdenes de buscar señales de navegación y anotar la frecuencia y la dirección. Consiguieron encontrar el haz de los transmisores de Kleve y luego las transmisiones de la dirección de Stolberg. Volaron hasta que recibieron los dos. Entonces los pilotos descubrieron que estaban encima de Derby, en la región de las Midlands. El lugar donde se cruzaban los dos ejes estaba directamente sobre la fábrica de Rolls-Royce, donde se fabricaban los motores Merlin para los cazas de la RAF.

El esfuerzo británico durante la II Guerra Mundial estuvo siempre orientado a encontrar una respuesta simple y efectiva a las iniciativas alemanas. Como resultado, instalaron antenas para captar las señales alemanas y luego ingeniosamente las retransmitieron en otra dirección. El efecto buscado inicialmente era confundir a los pilotos alemanes de bombardeo, pero a medida que los británicos adquirieron experiencia, fueron capaces de afinar sus emisiones de tal modo que se pudiera inducir a los bombarderos enemigos a lanzar sus bombas dondequiera que los británicos quisieran. Por medio de estos simples pero efectivos medios habían encontrado un remedio para Headache. Naturalmente, los británicos le asignaron al nuevo sistema el nombre en código de Aspirin (Aspirina).

Los ingenieros alemanes se movieron tan rápidamente como pudieron para diseñar una respuesta al sistema de embrollo (*jamming*) británico. Lo denominaron en código X-Gerät (o Aparato-X), y usaba una compleja serie de haces que operaban a frecuencias más altas. Las señales que recibía el piloto se usaban para cronometrar la distancia que este tenía que recorrer antes de lanzar sus bombas. La recepción de la primera señal era el aviso para el piloto de ajustar un reloj especialmente diseñado que llevaba en su cabina. El momento en que se recibía la segunda señal, la manecilla o aguja del reloj se pararía y empezaría a moverse otra manecilla. Cuando ambas estaban alineadas, el objetivo se encontraba directamente debajo y se soltaban las bombas. Los británicos sabían que los alemanes estaban usando haces de radio para guiar a sus bombarderos, y Jones había calculado dónde estarían los haces operando probablemente, pero no podía detectar las señales del X-Gerät, que eran de una frecuencia mucho más alta. Los intentos de embrollar las transmisiones fallaron

Una fotografía de un atrevido reconocimiento a baja altura de las instalaciones del radar alemán Freya, descubiertas por los aliados en Auderville en el norte de Francia. (IWM C 5477)

Las islas del Canal de la Mancha eran la única parte de Gran Bretaña ocupada por Alemania. Esta torre de control y puesto de observación se construyeron en Jersey. La torre también contenía una estación de radar (la antena es visible en el techo). (© TopFoto)

y los alemanes llevaron a cabo raides con éxito en Birmingham, Wolverhampton y Coventry usando este sistema de guiado y sin que los británicos consiguieran ningún aviso por anticipado.

Las cosas cambiaron el 6 de noviembre de 1940, cuando un Heinkel He-111 fue derribado cerca de la costa de Dorset y se hundió en el agua. Estaba equipado con el nuevo equipo X-Gerät y, una vez que los receptores habían sido secados y probados, estaba claro que los haces de navegación iban a 2 MHz, mucho más altos que los 1.500 Hz que los británicos habían usado. Trabajaron a un régimen acelerado y los nuevos embrolladores transmisores se ensamblaron a toda prisa. No estuvieron listos para evitar el devastador raid sobre Coventry el 14 de noviembre de 1940, pero se encontraron en su sitio cinco días más tarde, dando al traste con un masivo raid de bombardeo sobre la ciudad de Birmingham.

Raides posteriores fueron desviados cuando los británicos se dieron cuenta de que podían lanzar su segundo haz para disparar el reloj del piloto en el momento equivocado. Esto hacía que las bombas se lanzasen demasiado pronto. Los alemanes respondieron rápidamente ajustando su segundo haz para un periodo de tiempo mucho más corto, haciendo que interferir fuera mucho más difícil para los británicos.

Según continuaba esta competición del ratón y el gato, los británicos se las ingeniaron para mantener el equilibrio la mayor parte del tiempo, y R. V. Jones no se sorprendió cuando se interceptaron mensajes sobre la nueva generación de ayudas a la navegación. Era el sistema Y-Gerät, cuyo nombre en código era Wotan. Jones había reconocido cuán perfectamente descriptivo había sido el nombre en código Knickebein, y supo en seguida que habría algún significado oculto en el nuevo nombre en código. Los alemanes habían cometido un error fundamental: al escoger nombres en código con alusiones ingeniosas desvelaban la naturaleza del arma. Cuando Jones estaba en Bletchley Park leyendo los mensajes que entraban según se iban traduciendo, tuvo ocasión de debatir el significado oculto de Wotan con un especialista alemán, que le contó que Wotan era un antiguo dios con un solo ojo. Inmediatamente, Jones supo lo que significaba: el nuevo sistema tendría solo un haz de navegación. Se podría modular de alguna manera, sin usarlo en conjunción con una segunda señal. Iba a ser mucho más difícil de simular, y los británicos comprendieron que tendrían un nuevo problema para desviar los raides de bombardeo de las ciudades inglesas. Jones recordó también que se había mencionado algo similar en el informe de Oslo.

El nuevo sistema con que funcionaba el Y-Gerät transmitía un único haz dirigido sobre el objetivo. Los aviones estaban provistos de transpondedores (transmisores respondedores) que transmitirían el haz de vuelta hacia la estación emisora. La señal de retorno era medida automáticamente, así como el tiempo respecto de la señal original; esto daba la posición exacta del avión sobre el estrecho haz de la señal. Si se necesitaba alguna corrección, los operadores de radio podían enviar instrucciones codificadas al piloto haciendo difícil la interferencia externa. Al menos, así era como los alemanes lo veían. Los ingleses lo veían de un modo muy diferente. Las nuevas señales Wotan fueron detectadas rápidamente en Gran Bretaña y se descubrió que se transmitían en la banda de frecuencias de 45 MHz. Esta era una frecuencia normalizada de radio y era exactamente la misma que el transmisor de televisión desde el Alexandra Palace en el norte de Londres. Alexandra Palace (conocida como Ally-Pally) había emitido un servicio regular de televisión desde 1936, pero había dejado de emitir por orden del Gobierno desde que estalló la guerra. Jones simplemente ordenó que se volviera a emitir, pero con muy poca potencia. Esto estaba calculado para que interfiriera con la medida del tiempo de las transmisiones del Wotan, pero era demasiado débil para que los alemanes lo detectasen. Jones era una persona cálida y divertida, le encantaban las bromas pesadas, y a medida que pasó el tiempo ordenó al personal de Ally-Pally que incrementara gradualmente la potencia de la señal. Se interceptaron comunicaciones en las cuales los pilotos alemanes de bombardeo acusaban a su control de incompetencia; luego los alemanes creyeron que el equipo Wotan fallaba. No detectaron las contramedidas británicas y no pudieron conseguir que el nuevo sistema de guiado funcionase bien.

Y así la radio se convirtió en el tema central de guiado de los aviones. Durante mucho tiempo los alemanes mantuvieron la supremacía por su habilidad para crear transmisores y receptores sofisticados que podían conseguir lo imposible. Por su parte, los británicos se dieron cuenta de que este era el camino para interferir con éxito todo el sistema de navegación y utilizaron medidas imaginativas y poco costosas para trastornar, y finalmente derrotar el inmenso genio de sus enemigos.

El guiado de torpedos era un asunto diferente. La propuesta más revolucionaria fue crear un sistema que permitiera enviar las señales en ondas de radio que cambiasen continuamente su frecuencia haciendo casi imposible interceptarlas. Sorprendentemente, la idea fue diseñada conjuntamente por una estrella de cine, «la mujer más bella

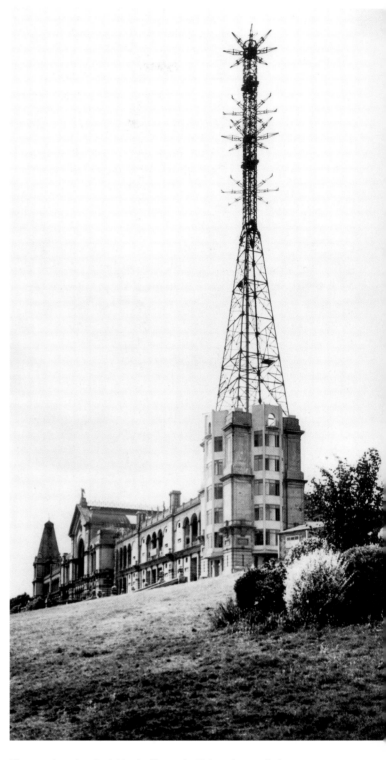

El transmisor de televisión de Alexandra Palace fotografiado en los años sesenta. Con el estallido de la guerra en 1939, se había restringido el servicio de televisión británico, pero se volvió a emitir para interferir las transmisiones alemanas a sus pilotos.

La portada de un periódico regional de Coventry del 15 de junio de 1940 informó de la devastación y consecuencias de los bombardeos de la *Luftwaffe*. (© Mirrorpix)

del mundo», la actriz de Hollywood Hedy Lamarr, y su vecino, el músico de vanguardia George Antheil. Este último había experimentado con la sincronización de pianolas y compuso una suite titulada *Ballet Mécanique*, en la cual las pianolas tocaban en una secuencia sincronizada. Bajo su nombre de casada de Hedy Kiesler Markey, Hedy Lamarr diseñó un sistema que utilizaba un rollo de pianola para cambiar las frecuencias de las transmisiones de radio para guiar torpedos haciendo casi imposible interferirlas o embrollarlas. Consiguió una patente en agosto de 1942 y siempre quiso formar parte del Consejo Nacional de Inventores de Estados Unidos. Se lo desaconsejaron porque las autoridades de Estados Unidos insistieron en que podía ayudar mejor al esfuerzo de guerra reuniendo fondos. De hecho, se dice que consiguió 7.000.000 dólares en un solo concierto.

El ejército de Estados Unidos no mostró ningún interés en esta idea hasta 1962, cuando se utilizó por primera vez durante el bloqueo de Cuba. La contribución de Lamarr se reconoció por fin en 1997, cuando recibió un premio de la *Electronic Frontier Foundation* (Fundación de Electrónica Pionera). Por estas fechas, las cajas de la compañía de software CorellDRAW presentaban una dramática fotografía de Hedy Lamarr en la tapa como reconocimiento a su labor como inventora. En lugar de sentirse halagada, les demandó por uso no autorizado de su imagen y los tribunales le concedieron una considerable suma por daños y perjuicios. ¿Y hoy en día? Muchas de nuestras redes de Wi-Fi usan la tecnología de salto de red, que deriva directamente de la secreta inspiración de Hedy Lamarr durante la II Guerra Mundial.

ENIGMA, FICCIONES Y HECHOS

La extraordinaria historia de la máquina criptográfica alemana Enigma ha sido mucho más conocida por el público norteamericano desde que se rodó la película *U-571* en 2000. Dirigida por Jonathan Mostow, estuvo protagonizada por Matthew McConaughey, Bill Paxton, Harvey Keitel y Jon Bon Jovi, entre otros. El filme cuenta cómo unos valientes submarinistas norteamericanos capturaron el submarino alemán U-571 y cogieron de a bordo su misteriosa máquina Enigma. Como resultado, los aliados fueron capaces de descifrar por primera vez los cruciales mensajes alemanes.

La historia es falsa. El submarino U-571 nunca fue capturado por nadie, sino que fue hundido por un torpedo lanzado por un hidro de canoa Sunderland del escuadrón 461 de la Real Fuerza Aérea Australiana en enero de 1944 cerca de la costa de Irlanda. Ningún norteamericano capturó jamás una máquina Enigma naval.

El público británico conoce una versión diferente. Saben que en realidad fue la tripulación del buque HMS *Bulldog* la que capturó una máquina Enigma en un submarino alemán, el U-110. Lo capturaron en el Atlántico Norte en mayo de 1941, cuando los estadounidenses ni siquiera habían entrado oficialmente en guerra, y los emprendedores marinos británicos fueron los responsables de capturar la máquina alemana y toda la documentación de a bordo.

Esto permitió a sus oficiales de inteligencia verse cara a cara con una máquina Enigma por primera vez, descubriendo así cómo operaba. Aunque las fechas (y los buques) son correctos, la creencia de que este fue el primer encuentro con una Enigma es un mito.

Mucho antes de que empezara la II Guerra Mundial, Enigma ya era conocida por los británicos y por otras naciones también. No fue inventada para la guerra y había comenzado su trayectoria como un dispositivo comercial de cifrado que durante años se podía comprar por correo. Un ingeniero alemán llamado Arthur Scherbius diseñó la máquina original. Usaba el ahora famoso sistema de rotores y en febrero de 1918 Scherbius patentó su dispositivo (¡durante la I Guerra Mundial!). En colaboración con un socio capitalista, E. Richard Ritter, estableció la compañía Scherbius & Ritter. Inmediatamente, se pusieron en contacto con las autoridades alemanas, creyendo que su máquina sería de gran valor para las comunicaciones internacionales supersecretas. El Ministerio de Exteriores estudió el diseño y contestó que no le interesaba. También contactaron con la marina alemana, pero tampoco se mostraron interesados. Algo desilusionados por las respuestas oficiales, Scherbius y Ritter finalmente se unieron con otros socios para crear la firma Chiffrienmaschinen Aktien-Gesellschaft (Compañía por Acciones de Máquinas Cifradoras) en 1923 e iniciaron la producción comercial de las primeras máquinas Enigma.

Aquel año se exhibió en público por primera vez el ingenioso dispositivo e inmediatamente comenzaron las ventas por correo. La principal desventaja de las primeras máquinas era su gran tamaño. Estaban equipadas con engranajes de cifrar y un mecanismo completo de máquina de escribir y pesaban unos 50 kg (110 libras). La distribución del teclado, en lugar de ser del tipo normalizado europeo QWERTY, tenía las teclas en orden alfabético. Una versión mejorada, el Model B, era algo menos voluminosa y en 1926 apareció la máquina Enigma C. En lugar del pesado mecanismo de la máquina de escribir, llevaba un panel de pequeñas bombillas que el operador tenía que leer, por lo que fue llamada la Enigma Glühlampen (De bombillas de luz difusa). Durante el año siguiente fue reemplazada por la Enigma D, que se vendió a cientos de clientes durante 1927-1928. Para entonces Enigma ya era famosa y se vendió a Gran Bretaña, Italia, Japón, Holanda, Polonia, España, Suecia, Suiza y Estados Unidos.

Enigma era una pieza maestra del diseño. Cuando se usaba, una tecla pulsada por el operador conectaría uno de los 26 circuitos de letras, pasando una corriente a uno de los 26 contactos de la unidad de codificación. Entonces la corriente eléctrica pasaba por tres rotores, cada uno de los cuales estaba cableado de tal forma que se cambiaba la letra. El giro de los rotores para crear un nuevo juego de contactos cada vez que se apretaba una tecla significaba que cada letra se sustituía por una letra diferente cada vez. El problema es que, para descifrar el mensaje, la máquina receptora tendría que conectar la corriente de las teclas de tal modo que se repitiera exactamente la sustitución inicial, pero al revés, como en un espejo. Los diseñadores de Enigma resolvieron el problema añadiendo un sistema reflector que conectaba cada contacto con otro y rehacía el circuito al revés a través de los tres rotores. Entonces el receptor podía recuperar el texto original, pero no lo podía hacer alguien que interceptase el mensaje en ruta.

PRIMER USO DE LA ENIGMA

La primera nación que adoptó Enigma para uso militar fue Italia, que le dieron a su máquina Enigma el nombre en código Cifra D de la marina. La misma tecnología fue utilizada por el gobierno fascista del general Franco durante la guerra civil española y los suizos llamaron a su máquina Enigma D la Suiza K. Se fabricó una Enigma modelo T para los japoneses. Los códigos para muchas de estas máquinas fueron descifrados por Gran Bretaña, Polonia, Francia y Estados Unidos. Pero los alemanes estaban interesados en cómo podrían usar la máquina Enigma para cifrar todas sus transmisiones, y los británicos estaban ansiosos porque les faltaba el conocimiento desde dentro de lo que se estaba cociendo y se impacientaban por mantenerse al día. Ya se estaban adaptando las máquinas de llevar tres rotores a cuatro, lo cual hacía aún más desafiante romper los códigos.

Los alemanes habían conseguido el último sistema de cifrado y estaban convencidos de que podían confiar en mantener el secreto completo cuando enviaban órdenes y mensajes complejos del Gobierno central a los servicios armados. El problema de la decodificación lo resolvieron los polacos en 1928. Su Biuro Szyfrów (Oficina de cifra) BS4 del idioma alemán recibió de pronto un informe de que el Gobierno alemán había enviado un gran paquete a su legación en Varsovia. Ordinariamente no hubiera llamado su atención, pero los alemanes lo habían enviado por correo postal no seguro y, tan pronto como descubrieron el error, contactaron urgentemente con las autoridades polacas para asegurarse de que se manejaba con toda seguridad. La petición se pasó a la Autoridad de Aduanas polaca, que inmediatamente avisó al servicio de inteligencia de que algo crucialmente importante iba en la caja. Como resultado, los descifradores del BS4 pasaron un fin de semana completo analizando día y noche la máquina y sus protocolos de código antes de volver a embalarla cuidadosamente el lunes por la mañana. Mientras tanto, a los alemanes se les aseguró que el paquete estaba intacto y que estaría listo y perfectamente empaquetado para que lo retirasen tan pronto como la oficina se abriese al público. La oficina de cifra ya sabía todo lo que necesitaba saber, mientras que los alemanes creían que su secreto estaba seguro.

ENIGMA EN ALEMANIA

Una vez que las máquinas Enigma se aprobaron oficialmente por el Gobierno alemán, el ejército reconoció que era lo que necesitaban, y en 1932 adquirieron las máquinas Enigma G de tres rotores. En dos años había sido mejorada y fue designada Enigma I. Pronto se la conoció como la Enigma de los tres Servicios (los tres ejércitos) de la *Wehrmacht*. Se utilizó durante toda la II Guerra Mundial. La versión nueva llevaba el añadido de un tablero de clavijas, que le permitía al operador cambiar letras por parejas, lo cual aumentaba enormemente la seguridad de los códigos. La máquina era mucho más pequeña ahora y pesaba solo 12 kg (26 libras). Finalmente, en 1934 la marina alemana puso en servicio su propia versión, la Fünkschlüssel-M o M3 (Clave de radio M o M3), y en agosto de 1935 la fuerza aérea adoptó la Enigma de la *Wehrmacht* para sus mensajes en código.

Lo que los alemanes no descubrieron era que el servicio polaco de inteligencia ya les llevaba ventaja. Uno de sus mejores descifradores, Marian Rejewski, había diseñado una máquina supersecreta que se podía utilizar para descifrar los mensajes alemanes. Recreaba los ajustes de la máquina Enigma que había codificado inicialmente el texto y permitía al operador leer el mensaje. Rejewski la llamó su Bomba Kryptologiczna (Bomba criptológica o descifradora).

Cada operador de las Enigma recibía un código de tres letras que se cambiaban regularmente. Esto se enviaba primero para indicarle al receptor qué ajuste de rotor debía emplear ese día. El código de tres letras se repetía, de modo que podía ser PINPIN. Por supuesto, el mensaje estaba codificado por la máquina Enigma, así que salía por el otro terminal como una serie de letras al azar, por ejemplo, MXZLPD. Esto le daba a Rejewski la pista vital. Las técnicas para descubrir el modo en que se codificaban las tres letras ya estaban bien establecidas y el hecho de que se repitieran las tres letras le permitía a Rejewski descubrir cómo se habían instalado los rotores.

El diseño de la máquina Enigma se actualizaba regularmente a fin de añadir más niveles de complejidad, y el número de posibles combinaciones que el descifrador tenía que probar se fue volviendo imposible de manejar. Se necesitaba un sistema mejor. Por eso, en el otoño de 1938 Rejewski diseñó su primer sistema descifrador, conocido por los aliados como la Bomba. En un principio tenía la potencia de seis máquinas Enigma trabajando simultáneamente, y permitía a un solo criptógrafo hacer el trabajo de cien. En un año había seis Bombas trabajando en la estación descifradora de Varsovia. Significaba que una habitación contenía máquinas descifradoras que hacían el trabajo de 600 personas muy entrenadas.

En el momento en que los alemanes invadieron la región de los Sudetes de Checoslovaquia el 1 de octubre de 1938, los criptógrafos polacos habían estado descifrando los mensajes Enigma alemanes durante más de seis años, con completo éxito, y la Bomba había hecho el proceso consistentemente más rápido y más fiable. Mientras tanto, los alemanes siguieron complicando el funcionamiento de la máquina y añadieron rotores extra, además de un complejo tablero de clavijas, así que la tarea de descifrar los mensajes se volvió mucho más compleja. No obstante, los polacos eran capaces de descifrar los mensajes que revelaban el siguiente paso que iban a intentar los alemanes: cruzar la franja de territorio polaco que separaba Alemania del enclave báltico de Danzig. Esto significaría una invasión y la guerra parecía inevitable. Cuando estuvo claro por los mensajes interceptados que los alemanes estaban listos para invadir Polonia, todos los códigos para descifrar mensajes y el equipo Enigma fueron entregados a la inteligencia militar británica por las autoridades polacas.

En enero de 1939 tuvo lugar una importante reunión de inteligencia en París, a la que asistieron expertos de los servicios de inteligencia británico, polaco y francés. Los polacos revelaron la importancia de su notable éxito en descifrar rutinariamente los mensajes alemanes. Para los británicos solo había una respuesta posible: ampliar la *Government Code & Cypher School* (Escuela de Código y Cifra del Gobierno) o GC&CS para hacerse cargo de la tarea de descifrar los mensajes Enigma. En agosto de 1939, justo antes de que se declarase la guerra, la *Government Code & Cypher School* se trasladó a una nueva sede, más amplia. Era en el bello y antiguo edificio de Bletchley Park, cerca de Milton Keynes, en el rural Bedfordshire. El edificio estaba equipado con una central telefónica supersecreta y un cuarto de teletipos, con una cocina y un comedor adjuntos. El piso superior estaba ocupado exclusivamente por el Servicio Secreto MI6. Un internado próximo fue requisado para alojar a la Sección Comercial y Diplomática, y rápidamente se erigió en los jardines una fila de cabañas de madera, según el organismo aumentaba de tamaño. Había una torre de agua al lado para suministrarla al histórico edificio, y en el piso superior una estación para interceptar las emisiones de radio, denominada en código Station-X, de modo que sus antenas tuvieran una visión sin limitaciones sobre el campo abierto alrededor. Como las grandes antenas

Arriba izquierda: Soldados alemanes codificando un mensaje secreto en el campo de batalla con una máquina Enigma durante la II Guerra Mundial. (Time & Life Pictures/Getty Images)

Arriba derecha: Una máquina Enigma alemana preparada y a la espera de ser usada por el general Heinz Guderian y sus hombres en un vehículo de mando, en el norte de Francia. La máquina se ve a la izquierda. (IWM MH 29100)

Abajo izquierda: Enigma se usó para comunicar instrucciones referentes a temas operacionales a y desde las unidades alemanas en primera línea. El sistema de cifrado de esta máquina había sido descubierto por los expertos polacos y la inteligencia británica se mantuvo al día de su progresiva sofisticación. (EN Archive)

Abajo derecha: Dos ruedas de la máquina de cifrado alemana Enigma de cuatro rotores, mostradas para ver los contactos eléctricos entre las ruedas adyacentes. Aumentar el número de rotores de tres a cuatro fue uno de los avances para adaptar Enigma a su uso militar, ya que aumentaba el nivel de encriptación. (SSPL/Getty Images)

de radio podían atraer una atención no deseada, la estación de radio se trasladó pronto a la cercana población de Waddon.

El criptógrafo más brillante de Gran Bretaña era un joven matemático llamado Alan Turing. Había sido profesor de matemáticas en el King's College de Cambridge, y luego estudió en Princeton, en Estados Unidos, donde obtuvo su doctorado en filosofía. A la edad de 24 años publicó un brillante trabajo sobre «números computables» que estaba muy adelantado a su tiempo, y muchos le consideran uno de los padres fundadores de la moderna ciencia de las computadoras.

Cuando el envío de los polacos llegó a Gran Bretaña, Turing fue el que tuvo que decidir qué era lo siguiente que había que hacer. Construyó un diseño para una versión mejorada de la Bomba, con 108 puestos donde se podían conectar los tambores descifradores. Cada rotor se podía ajustar a una de las 15.576 posiciones teóricas, y las máquinas que diseñó Turing podían probar todas ellas en 20 minutos. La fabricación de estas Bombas se encargó a la British Tabulating Machine Company (Compañía Británica de Máquinas Tabuladoras) en Letchworth, cerca de Londres, donde Harold Keen había dirigido un proyecto de investigación para introducir la tecnología de tarjetas perforadas, procedente de Estados Unidos, en las máquinas calculadoras. Las máquinas Bomba británicas eran, según dijo un comentarista, «del tamaño de una gran estantería» y medían 2 m (7 pies) de largo, 1'9 m (6 pies y 6 pulgadas) de alto y 0'6 m (2 pies) de profundidad. Cada una pesada alrededor de 1 tonelada.

En marzo de 1940 se completó la primera y se instaló en Bletchley Park bajo el nombre en código Victory (Victoria). Una segunda siguió en agosto. Esta tenía un tablero de conexiones diagonal más avanzado y fue bautizada Agnus Dei (Cordero de Dios), pero se la conoció como Agnes o Aggie para simplificar. Pronto se mejoró Victory para igualarla a las especificaciones de Aggie. El trabajo de la British Tabulating Machine Company se redobló, y se instalaron cinco estaciones descifradoras separadas alrededor del norte de Londres por si las instalaciones de Bletchley Park resultaban destruidas por un ataque alemán. A partir de este momento, los británicos fueron capaces de descifrar las comunicaciones militares alemanas. Todo se llevaba a cabo en condiciones de máxima seguridad y secreto total, y el personal de Bletchley Park se volvió famosamente reservado sobre su trabajo incluso durante las décadas siguientes a la guerra.

Londres no apreciaba siempre la importancia de su delicado y privado enfoque del trabajo. Cuando el centro estuvo operativo, un grupo de distinguidos funcionarios de Londres fue para inspeccionar el progreso. Llegaron en una columna de automóviles oficiales, con motoristas de escolta, banderas al viento y todos de uniforme; «adiós al secreto», dijo uno de los científicos.

En julio de 1942 los diseños y diagramas de cableado se pasaron a la marina de Estados Unidos, y en septiembre de 1942 se solicitaron fondos por valor de 2 millones de dólares para la fabricación de máquinas Bomba en Estados Unidos. El proyecto se aprobó en 24 horas. Esta nueva versión fue construida por la National Cash Register Corporation (Compañía Nacional de Cajas Registradoras) o NCR en Dayton, Ohio, con total colaboración entre los norteamericanos y el equipo de Bletchley Park, y tenía una capacidad muy aumentada. Se firmó un contrato por 300 de las máquinas Bomba americanas.

Bletchley Park, en Gran Bretaña, en los años treinta. Aquí fue donde estaba ubicada la central de rotura de los códigos supersecretos durante la II Guerra Mundial. Este trabajo tuvo un papel crucial para ayudar a la victoria aliada. (Time & Life Pictures/Getty Images)

Una Bomba rompedora de códigos en Bletchley Park. Aunque los criptógrafos hicieron mucho del trabajo original, lo pudieron hacer con la ayuda de la Bomba, una máquina basada en el trabajo del rompedor de códigos Marian Rejewski. (SSPL/Getty Images)

El cuarto de máquinas de la Cabaña n.° 6 en Bletchley Park, en el que se ve a las criptógrafas trabajando duro. Las personas involucradas en este trabajo de guerra supersecreto cumplieron su palabra y mantuvieron la boca cerrada sobre sus experiencias en Bletchley durante muchas décadas después de la guerra. Algunas todavía se niegan a hablar de su trabajo. (SSPL/Getty Images)

En diciembre de 1942 Alan Turing fue enviado a Washington D.C. como asesor y fue directamente a NCR. Rápidamente calculó cómo se podían interconectar las máquinas y decidió que bastaría con un número menor de aparatos, así que el contrato se redujo a 96 máquinas. Los aparatos americanos eran mayores que las Bombas británicas, pesaban 2'5 toneladas y podían trabajar 30 veces más rápido. La primera empezó a trabajar en 1943 y en junio dos Bombas americanas llamadas Adam y Eve (Adán y Eva) descifraron un mensaje especialmente difícil, que muchos creían que era imposible de descifrar.

El ejército de Estados Unidos escogió un diseño diferente, y su contrato se le adjudicó a los Laboratorios Bell en septiembre de 1942. Estaba dotado de relés de teléfono en lugar de tambores mecánicos, de modo que los cambios de rotor se podían hacer apretando botones en lugar de intercambiando físicamente los rotores. Estaba creado solo para descifrar los mensajes de tres rotores, no el tráfico de cuatro rotores que podían decodificar las Bombas de la marina, pero su diseño mejorado reducía enormemente el tiempo necesario para descifrar mensajes.

EL GANSO DORADO DE CHURCHILL

Ultra fue el nombre en código del proyecto de descifrado británico y tenía su base en Bletchley Park. Los equipos interceptaban y decodificaban los mensajes enviados desde Alemania a los U-Boote (submarinos alemanes) durante la batalla del Atlántico. Los equipos de Bletchley también descifraron todas las órdenes enviadas durante la campaña de África del Norte en 1941, y el general Auchinleck confesó luego que «seguramente Rommel hubiera llegado a El Cairo» si los aliados no hubieran tenido conocimiento por anticipado de todos los planes alemanes. Durante la planificación de la invasión aliada de Normandía, Bletchley Park dio a los comandantes en jefe aliados información sobre todas las 58 divisiones alemanas situadas el frente occidental menos dos. Estados Unidos se mantuvo totalmente implicado y a los norteamericanos se les invitó a formar parte de los equipos de Bletchley Park desde el principio. Pero Churchill no se fiaba de las autoridades soviéticas y nunca supieron de la existencia de Bletchley Park en toda la guerra. Finalmente, el término Ultra fue adoptado por todos los aliados occidentales para denominar la decodificación de los mensajes alemanes.

Una vez hubo un susto terrible, cuando un avión alemán lanzó tres bombas en noviembre de 1940, justo cuando la unidad estaba empezando a funcionar a todo gas. Resultó que era un error porque las bombas habían ido dirigidas a la cercana estación de ferrocarril de Bletchley. El único efecto fue que una de las bombas destrozó la Cabaña 4, que alojaba la Unidad de Inteligencia de la *Royal Navy*, lanzándola fuera de su base de ladrillos. Los trabajadores simplemente levantaron la estructura de madera sobre gatos, la colocaron de nuevo en posición, y el trabajo siguió como si no hubiese pasado nada. Los que trabajaban en Bletchley Park se tomaban el trabajo seriamente y nunca hablaban de él. Todavía en los años noventa se había filtrado muy poco. Churchill se refirió al impecable nivel de seguridad personal cuando al final de la guerra describió Bletchley Park como «el ganso dorado que nunca cacareó».

Al final de la guerra, con el sistema de rotura de códigos al máximo nivel, había unas 9.000 personas trabajando en Bletchley Park. De estas, el 80% eran mujeres y la mayoría de los hombres eran

RECUERDOS DE BLETCHLEY

«Cuando llegamos a la estación de Bletchley, nos recibió una Wren [un miembro del cuerpo femenino de la *Royal Navy],* que tomó el mando y nos hizo marchar hacia una valla del perímetro con centinelas montando guardia. Entonces nos llevaron a una oficina en una gran mansión victoriana, donde nos explicaron que el trabajo que íbamos a hacer era ultrasecreto y de la mayor importancia para el esfuerzo de guerra, y se nos exigió firmar el acta de secretos oficiales. A una le dejaban con la clara impresión de que faltar a lo jurado significaba como mínimo ir a un calabozo en la Torre de Londres. A continuación, nos escoltaron por los amplios terrenos de la mansión hasta una cabaña de cemento, y tuvimos que tocar un timbre y esperar a que nos dejasen pasar. Cuando entramos, vi inmediatamente las grandes máquinas en la parte de atrás, que hacían un estruendo terrible y olían a aceite lubricante caliente. Eran las Bombas, que eran esenciales para romper los códigos Enigma alemanes…

En la cabaña de las Bombas se trabajaba 24 horas al día y nosotras trabajábamos en turnos de ocho horas con una parada para comer. La primera semana era de 8.00 de la mañana a 4.00 de la tarde; la segunda, de 4.00 de la tarde a medianoche; y la tercera, de medianoche a 8.00 de la mañana, con un día libre cada semana. Había dos Wrens en cada máquina y nuestro trabajo era cambiar los órdenes de las ruedas, que tenían un color diferente para cada número, de acuerdo con la lista dada por los descifradores de las Cabañas 6 y 8. También ordenaban cómo había que conectar unos con otros los cubos con los alfabetos de la parte de atrás de las máquinas. El trozo de papel que nos daban a nosotras a este propósito era llamado, curiosamente, un "menú", la misma palabra que tenemos para los pasos iniciales en nuestros ordenadores de hoy en día. Una vez que se había hecho esto, se arrancaba la máquina, que golpeteaba y chirriaba, y finalmente se paraba. Tomábamos nota del orden de las ruedas que estaba moviéndose en aquel momento y de la posición en que se había parado, y lo pasábamos por teléfono a las Cabañas 6 y 8. Esto podía seguir durante horas o incluso días, con varias máquinas trabajando en el mismo encargo, pero finalmente se oía el grito «encargo terminado», que significaba que habían conseguido un texto que encajaba. Ocasionalmente, no se completaba la tarea y había que abandonarla porque estarían trabajando con los ajustes del día siguiente.

Era un trabajo muy físico, conectando y desconectando las clavijas del menú, trabajando tan rápido como podíamos para cambiar los órdenes de las ruedas y, más importante, comprobando los tambores cuando los sacábamos de la máquina. El lado de debajo de cada tambor tenía cuatro hileras circulares de pequeñas escobillas metálicas que se tenían que mantener en perfecto estado. Un pelo metálico podía causar un cortocircuito y distorsionar toda la información recolectada por la máquina, así que teníamos que mantenerlos rectos con pinzas bruselas (pinzas para hilos). No creo que todo ese trabajo de cerca nos hiciera ningún bien a nuestra vista, y el ruido de la Cabaña 11 también afectó bastante a nuestros oídos».

Anne Chetwynd-Stapylton, cortesía de Bletchley Park

empleados de correos, especialistas en código Morse de alta velocidad o lingüistas que podían traducir el alemán rápidamente. Los descifradores eran seleccionados en entrevistas si eran, por ejemplo, campeones de ajedrez o especialistas en crucigramas. En un momento dado, una prueba incluía la capacidad de hacer el crucigrama del *Daily Telegraph* en menos de 12 minutos. El vencedor de la competición fue F. H. W. Hawes de Dagenham, en el este de Londres, que acabó el crucigrama en siete minutos.

Ultra fue ciertamente vital para que los aliados ganasen la guerra. Aunque las máquinas Enigma eran su objetivo más conocido, también descifraron con éxito mensajes de otras máquinas de cifrar, incluyendo las series Lorenz SZ (Schlüsselzusatz o Clave adicional) y varios sistemas adoptados por los japoneses. Se dice que Churchill le dijo al rey Jorge VI: «Gracias a Ultra hemos ganado la guerra». El comandante supremo aliado en el oeste, Dwight David Eisenhower, insistió en que Ultra fue «decisiva» para garantizar la victoria aliada. Siempre se ha dicho que Ultra adelantó en dos años el fin de la guerra; otros hacen hincapié en que sin ella los aliados no hubieran podido ganar la guerra.

Aunque hay algo de verdad en esto, hubo otras personas cuyo trabajo que también merece un recuerdo. ¿Qué hay de los heroicos polacos cuya brillantez proporcionó a los aliados las máquinas Bomba sin las cuales se hubiera podido perder fácilmente la batalla de los códigos? El papel de los equipos norteamericanos y sus Bombas se deja de lado a menudo, pero al final de la guerra se habían fabricado en Estados Unidos más de 100 máquinas tipo Bomba y sus equipos trabajaron infatigablemente para decodificar los incesantes mensajes alemanes. Los norteamericanos tuvieron mucho éxito en este vital campo.

Alan Turing fue clave en este esfuerzo, pero acabó sus días miserablemente. Como homosexual (en una época en la cual la homosexualidad era un delito) acabó en el ostracismo y perseguido en lugar de ser premiado. En 1952 se le declaró culpable de graves actos de indecencia y le amenazaron con la cárcel. Optó por ser inyectado con grandes dosis de hormonas femeninas que se suponía que iban a calmar sus necesidades sexuales, y el tribunal aceptó esta «castración química» como una alternativa a la cárcel. Pero su carrera estaba efectivamente destrozada; perdió su habilitación de seguridad y su posición en el Gobierno. Turing se encerró en sí mismo y se volvió angustiado. Dos años más tarde se le encontró muerto en la cama envenenado con cianuro. A menudo había dicho cuanto le gustaba *Blancanieves*, especialmente la escena en la cual la bruja envenena una manzana roja, y se encontró una manzana medio mordida en su mesilla. ¿Había sido utilizada para acompañar a la dosis mortal de veneno? Nunca se sabrá: la manzana no fue analizada por la policía.

Mucho de lo que aceptamos como verdad hoy en día es una distorsión de la realidad. Es como si este, que era el más secreto de todos los esquemas, hubiese adquirido una nueva realidad particular. La máquina Enigma no era un dispositivo secreto que solo conocieran unos pocos. Se fabricaron más de 100.000 máquinas Enigma y se vendieron muchas por todo el mundo. Es una cantidad asombrosa. Estas máquinas cifradoras permanecieron en uso mucho después del final de la II Guerra Mundial. Miles fueron capturadas intactas por los aliados según avanzaban por Alemania. ¿Y cuál fue su destino? Se vendieron en grandes cantidades a los gobiernos de muchas de las nuevas naciones emergentes. El diseño de Enigma era tan ingenioso que continuó en uso en tiempo de paz durante muchos años después del final de la II Guerra Mundial. Ninguno de los compradores sabía nada de los decodificadores de Bletchley Park, así que no fueron tan listos; y la máquina Enigma sobrevivió durante una década o más.

ORDENADORES, UN LEGADO DE LA GUERRA

El primer diseño de un ordenador o computadora fue un dispositivo mecánico con engranajes y palancas, diseñado por el matemático británico Charles Babbage. Primero escribió la idea en una carta a sir Humphrey Davy en 1822. Su diseño no se pudo fabricar en su tiempo (no se había avanzado bastante en las tolerancias de las piezas fabricadas a máquina), pero en 1991 se fabricó un ejemplar y se exhibió cómo trabajaba en el Museo de Ciencias de Londres. Babbage pensó en usar una computadora mecánica para calcular las probabilidades en una carrera de caballos porque era un jugador empedernido.

El mejor criptógrafo de Gran Bretaña y brillante matemático Alan Turing. Aunque fue una gran ayuda para el progreso aliado durante la guerra, fue procesado por su homosexualidad y murió envenenado por cianuro en 1954. (© The Granger Collection/TopFoto)

ALEMANIA, 1938

La primera persona que realmente construyó un ordenador electromecánico fue un técnico alemán en aeronaves y aficionado entusiasta, Konrad Zuse. Usó cinta de papel perforada para introducir datos y desarrolló el primer lenguaje de programación, Plankalkül (cálculos de planeamiento). Su primera máquina, la Z1, era capaz de usar números en coma flotante, lo cual permite grandes cálculos y una forma de programación basada en el trabajo del matemático inglés de la era victoriana Georges Boole. Este creó la forma de análisis que combina términos (usando y) o los divide en alternativas (usando o), y la lógica booleana, como ahora la llamamos, es esencial para crear software. Este primer ordenador no incluía relés y tenía una simple unidad eléctrica para dar al reloj de ritmo una velocidad de 1 Hz. El Z1 se podía programar usando cinta perforada y un lector de cintas. Zuse lo construyó en 1936-1939 con su dinero (y el de su familia), usando parte del cuarto de estar de su hogar como laboratorio. Este ordenador adelantado a su época ya tenía muchos de los componentes que reconoceríamos en un ordenador de hoy en día, incluyendo una unidad de control y una simple memoria de ordenador. Luego continuó construyendo prototipos más avanzados y esperaba hacerlos comercialmente disponibles. Sin embargo, aunque intentó varias veces interesar a los militares alemanes en las posibilidades que ofrecía su ordenador, ninguno estuvo interesado. Todas sus máquinas y la documentación fueron destruidas durante los bombardeos alemanes de Berlín en diciembre de 1943.

GRAN BRETAÑA, 1944

El primer ordenador electrónico programable fue denominado Colossus (Coloso) y se creó específicamente para romper los códigos Lorenz utilizados por el alto mando alemán, ya que eran más complejos que los generados por Enigma. Colossus fue diseñado y construido por un equipo dirigido por Harold Thomas Flowers, que empezó a trabajar en la idea a final de la década de 1930. Cuando era un joven ingeniero, Tommy Flowers tuvo la idea de usar válvulas de radio termoiónicas o tubos de vacío como interruptores programables. Cargaba los datos en el ordenador usando cinta perforada, como una cinta de cotizaciones para teletipo. Su idea original era automatizar las centrales de teléfonos británicas, pero cuando empezó la guerra comenzaron a llegar noticias de la necesidad de descifrar los mensajes alemanes que eran interceptados por el servicio de inteligencia británico como parte del proyecto *Ultra*. Tommy Flowers empezó a trabajar en este asunto en 1941 y tardó seis meses en hacer una demostración de un prototipo de su máquina. Al revés que Zuse, descubrió que las autoridades británicas estaban comenzando a interesarse en lo que podía hacer su ordenador.

En febrero de 1943 se inició la construcción del revolucionario ordenador en la *Post Office Research Station* (Estación de Investigación de Correos) de Dollis Hill, noroeste de Londres. El ordenador estaba funcionando con éxito en diciembre del mismo año, de modo que se desmontó y se envió a Bletchley Park el 18 de enero de 1944. Allí se volvió a montar y se comprobó que funcionaba perfectamente. El 5 de febrero de 1944 se le introdujo el primer mensaje para decodificar. Este Mark 1 Colossus tuvo tal éxito que se encargaron otros nueve de estos ordenadores gigantes. El diseño y las especificaciones se mejoraron, y en junio de 1944 empezó la producción en línea del Mark 2. El Colossus Mark 1 contenía la increíble cifra de 1.500 válvulas electrónicas para radios, mientras que el Mark 2 tenía 2.400 de esas válvulas, haciendo que fuera más sencillo de usar y cinco veces más rápido. Estos ordenadores Colossus podían procesar casi 10.000 caracteres por segundo, pero pronto la cinta de papel se empezó a desgarrar. La cinta de papel perforada podía pasar con seguridad a través de los lectores a una velocidad máxima de 12'2 m/seg (27'3 mph), así que se establecieron 5.000 caracteres por segundo como el máximo régimen de funcionamiento. También se hicieron pruebas cuando dos ordenadores Colossus se utilizaron simultáneamente para resolver el mismo problema, con lo que se demostró el valor de la computación en paralelo.

Fue el uso de las máquinas Colossus por el Departamento de Guerra en Londres lo que permitió a los británicos reducir la habilidad del almirante alemán Karl Dönitz para efectuar ataques inesperados contra los convoyes que cruzaban el Atlántico Norte, y a lo que se debe la salvación de miles de vidas. Aquellas victorias de los aliados cambiaron el curso de la guerra.

DESPUÉS DE LA GUERRA

Los norteamericanos destinados en Bletchley Park estaban muy impresionados y animaron a John Mauchly y J. Presper Eckert a que siguieran adelante con el diseño de una versión más avanzada

George Boole inventó la conocida como lógica booleana. Nacido en 1815, publicó muchos trabajos filosóficos y consiguió la rara distinción para un matemático de verse recordado para la posteridad en una vidriera de colores de la Catedral de Lincoln. (Getty Images)

Charles Babbage, matemático y pionero de las máquinas computadoras, fotografiado en 1860. Diseñó el primer ordenador para poder calcular las probabilidades en carreras de caballos, pero nunca lo vio construido. Sus ideas anticiparon los ordenadores de hoy en día.

en la Escuela Moore de Ingeniería Técnica de la Universidad de Pennsylvania. Su diseño y desarrollo recibieron el nombre en código de Proyecto PX y su máquina prototipo, ENIAC, fue desvelada al público después de que acabara la II Guerra Mundial, el 14 de febrero de 1946. Había costado unos 500.000 dólares construirla, equivalentes a unos 6 millones de dólares de hoy día, una enorme suma de dinero para este tipo de proyecto. Este ordenador de vanguardia en su época fue creado para hacer cálculos de artillería, pero pronto se utilizó para trabajar en el desarrollo de la primera bomba de hidrógeno.

Mientras tanto, en Gran Bretaña, hasta la misma existencia de Colossus estaba protegida por el Acta de Secretos Oficiales, y todo ello permaneció como un secreto de Estado hasta bien entrada la década de 1970. Las autoridades británicas han sido siempre muy sensibles con respecto a la información clasificada, e incluso en la década de 1990 el personal de Bletchley Park rehusaba hablar del trabajo que habían realizado en sus instalaciones. Aunque los diez Colossus sobrevivieron hasta la década de 1980, fueron deshechos y sus registros destruidos. El personal de los equipos permaneció en silencio.

RECUPERANDO LA HISTORIA

La importancia histórica de los primeros ordenadores Zuse se volvió crecientemente aparente en los años posteriores a la guerra, y en 1986 Konrad Zuse decidió reconstruir el ordenador Z1 original. Sigue siendo un importante aparato histórico porque ya posee todos los componentes esenciales

El ordenador Colossus Mark 2. Estos son los paneles de control de Colossus, el primer ordenador electrónico programable del mundo, que fue instalado en Bletchley Park durante la II Guerra Mundial. (SSPL/Getty Images)

El ordenador EDSAC 1 (Electronic Delay Storage Automatic Computer u Ordenador Electrónico Automático de Almacenaje con Retardo) fotografiado en 1949. El diseñador de esta máquina fue el físico inglés profesor Maurice Wilkes, que murió mientras se escribía el presente libro. Wilkes viajó a ver el ordenador norteamericano ENIAC en Maryland y construyó el ordenador digital EDSAC en la Universidad de Cambridge. (SSPL/Getty Images)

que encontramos en los ordenadores actuales. La tarea le llevó tres años y el Z1 fue enviado al *Deutsches Technik Museum* (Museo Alemán de la Técnica) en Berlín-Kreuzberg, donde se exhibe en perfecto estado operativo.

El nombre de Turing ha sido ampliamente famoso en las décadas que han pasado desde su prematura muerte. Hay institutos, edificios, premios, organizaciones de galardones y principios matemáticos, todos ellos con su nombre. *Breaking the Code* fue una obra de teatro sobre la vida de Turing, escrita por Hugh Whitemore, que se representó por primera vez en el año 1986 y fue un éxito tanto en el West End de Londres como en Broadway, donde recibió tres nominaciones a los Premios Tony. Otro drama con éxito sobre la vida de Turing fue presentado en la pantalla por la BBC en 1996 y su historia se presentó en un documental en televisión, *Dangerous Knowledge*, en 2008. Hay placas conmemorativas en la casa donde nació en Londres, así como en su antigua vivienda en Wilmslow, Cheshire, y en marzo de 2000 se editó una serie de sellos con su retrato en el Caribe. En 2001 se descubrió una estatua de Turing en Manchester y tres años más tarde se descubrió una estatua de bronce hecha por John Mills en la Universidad de Surrey, Guildford, para conmemorar el 50 aniversario de su suicidio. En 2007 se descubrió otra estatua suya en Bletchley Park. Los costes fueron pagados por Sidney Frank, un filántropo norteamericano que le admiraba mucho.

En 1994 se dieron cuenta en Gran Bretaña de la inapreciable pieza de la historia científica que se había perdido por la destrucción de las máquinas Colossus, así que el (actualmente) sir Harold Thomas Flowers y un equipo de entusiastas compañeros desenterraron los diseños originales de los prototipos y descubrieron que grandes partes de los ordenadores habían sido escondidas por entusiastas de Bletchley Park que querían conservar la herencia de un lugar tan importante para lograr el fin de la II Guerra Mundial. Se pusieron a reconstruir un ordenador Colossus operativo, y ahora que Bletchley Park se ha convertido en un museo, el ordenador se exhibe allí como testimonio del papel tan vital que desempeñó en la victoria aliada.

¿Y qué pasó con la Bomba Kryptologiczna, la importantísima Bomba? Los restos de sus componentes también se encontraron en Bletchley y un grupo de entusiastas, dirigido por John Harper, reconstruyó una réplica. La réplica completa y operacional fue instalada en el museo de Bletchley Park y el 17 de julio de 2008 fue conectada oficialmente por el duque de Kent, patrono de la Sociedad de Ordenadores británica. En la actualidad funciona correctamente y se mantiene al día con revisiones.

Cuando llegó el 50 aniversario de la entrada en servicio del ENIAC en 1996, la Universidad de Pennsylvania y la Smithsonian Institution en Washington D.C. festejaron el evento con publicaciones especiales y una gran exposición en la que colaboraron importantes hombres de estado norteamericanos. Aunque el ENIAC estaba diseñado para ser recableado físicamente cada vez que había que cambiar el programa, sigue siendo un inspirador paso adelante en el lento pero continuo progreso de los ordenadores, desde la máquina imaginada por Charles Babbage hasta los ordenadores de masiva estructura de hoy en día. No debemos despreciar esos primeros avances realizados porque son la base de nuestra realidad electrónica actual.

El ordenador Colossus rompedor de códigos, que fue recientemente reconstruido en Bletchley Park y ha vuelto a estar totalmente operativo, es visitado por muchas personas. Esta fotografía se tomó a finales de la década de 1990. (SSPL/Getty Images)

En el mundo actual los ordenadores están en todas partes. Tenemos que reconocer que aunque los componentes estaban disponibles, la urgencia de la guerra y la necesidad de derrotar a un enemigo muy organizado fueron los factores que dieron el impulso definitivo al diseño de Colossus y del ENIAC. Cuando el lector ve su ordenador personal, podría realizar esta reflexión: con toda seguridad hubiera llegado de alguna manera a su debido tiempo, pero, la verdad, incluso este ordenador es un legado de la ciencia secreta de la II Guerra Mundial. Cúrese el lector con antibióticos, escriba con un bolígrafo, viaje en un avión a reacción, vea los cohetes espaciales en la televisión… y reflexione en que fue la II Guerra Mundial la que los hizo realidad.

Como ya hemos comentado, en nuestra era moderna todo tarda mucho tiempo en cambiar y la burocracia es un peso que nos hunde. Era muy diferente entonces, cuando la supervivencia dependía de la ciencia y el tiempo era esencial para desarrollar cualquier idea que sirviera para acabar con un conflicto bélico como ese.

Desde mi punto de vista, sería muy útil que pusiéramos algo de entusiasmo en enfrentarnos a los problemas del día de hoy que (como la contaminación global y el cambio climático, el hambre y la escasez de agua potable, el oportunismo político y el analfabetismo científico) afectan a todo el globo. Si alguna vez hemos necesitado aprender las lecciones de ese sentido de dinamismo y resolución de tiempos de guerra, ese momento es ahora.

LECTURAS RECOMENDADAS

LIBROS

ANNAS, G. J. Y GRODIN, M. A., *The Nazi Doctors and the Nuremberg Code* (*Los doctores nazis y el Código de Nuremberg*), New York: Oxford University Press, 1992.

BARENBLATT, DANIEL, *A Plague upon Humanity: the Secret Genocide of Axis Japan's Germ Warfare Operation* (*Una plaga sobre la humanidad: el genocidio secreto del Eje, la operación de guerra bacteriológica de Japón*), New York & London: HarperCollins, 2004.

BARKER, RALPH, *The RAF at War* (*La RAF en guerra*), Alexandria, Va: Time-Life Books, 1981.

BARNABY, WENDY, *The Plague Makers: The Secret World of Biological Warfare* (*Los fabricantes de plagas: el mundo secreto de la guerra biológica*), London: Frog Ltd, 1999.

BARNES, HARRY ELMER, *Perpetual War for Perpetual Peace: A Critical Examination of the Foreign Policy of Franklin Delano Roosevelt and Its Aftermath* (*Guerra perpetua para una paz perpetua: un examen crítico de la política internacional de Franklin Delano Roosevelt y sus consecuencias*), Caldwell, Idaho: Caxton Books, 1953.

BEECHER, H., *Research and the Individual Human Subject* (*La investigación y el ser humano individual*), Boston: Little Brown, 1970.

BEYERCHEN, ALAN D., *Scientists under Hitler* (*Científicos bajo Hitler*), New Haven: Yale University Press, 1977.

BLACKETT, P. M. S., *Military and Political Consequences of Atomic Energy* (*Consecuencias militares y políticas de la energía atómica*), London: M W Books, 1948.

BOYNE, WALTER J., *Clash of Wings* (*Choque de alas, oLa II Guerra Mundial en el aire*), New York: Simon & Schuster, 1994.

BRACHER, KARL, *The German Dilemma* (*El dilema alemán*), London: Weidenfeld and Nicholson, 1974.

BREUER, WILLIAM B., *Secret Weapons of World War II* (*Armas secretas de la II Guerra Mundial*), New York: John Wiley and Sons, 2000.

BURY, J. P. T., *France 1914–1940* (*Francia 1914-1940*), London: Methuen, 1960.

CAMARASA, JORGE, *Mengele: The Angel of Death in South America* (*Mengele: el ángel de la muerte en Suramérica*), San Juan, Puerto Rico: Gerente Editorial Norma, 2008.

Craig, Gordon, Germany 1866–1945 (*Alemania 1866-1945*), Oxford: Clarenden Press, 1978.

CHANT, CHRIS, Y CRAWFORD, STEVE: *Tanques, artillería pesada y ligera de la II Guerra Mundial.* Madrid: Editorial Libsa, 2003.

CRAWFORD, STEVE, Y WARD, JOHN: *Aviones, barcos y submarinos de la II Guerra Mundial.* Madrid: Editorial Libsa, 2003.

DAVIDSON, EUGENE, *The Trial of the Germans* (*El juicio de los alemanes*), New York: MacMillan Co, 1966.

EMSLEY, JOHN, *Molecules of Murder* (*Moléculas de muerte*), London: Royal Society of Chemistry, 2008.

ENDICOTT, STEPHEN Y HAGERMAN, EDWARD, *The United States and Biological Warfare: Secrets from the Early Cold War and Korea* (*Los EE.UU. y la guerra biológica: secretos del principio de la Guerra Fría y la Guerra de Corea*), Indiana: University Press, 1999.

ETHELL, JEFFREY L., *The Messerschmitt 163* (*El Messerschmitt 163*), London: Ian Allan, 1978.

FLOWER, STEPHEN, *Barnes Wallis' Bombs: Tallboy, Dambuster and Grand Slam* (*Las bombas de Barnes Wallis: Tallboy, Dambuster y Grand Slam*), London: Tempus, 2004.

FORD, BRIAN J., *Allied Secret Weapons, the War of Science* (*Armas secretas aliadas, la guerra de la ciencia*), New York: Ballantine Books, 1970.

FORD, BRIAN J., *German Secret Weapons, Blueprint for Mars* (*Armas secretas alemanas, anteproyecto del viaje a Marte*), New York: Ballantine Books, 1969.

GANNON, PAUL, *Colossus, Bletchley Park's Greatest Secret* (*Colossus, el secreto más importante de Bletchley Park*), London, Atlantic Books, 2006.

GARDNER, ROBERT, *From Bouncing Bombs To Concorde* (*De las bombas de rebote al Concorde*), Stroud: Sutton Publishing, 2006.

GIMBEL, JOHN, *Science Technology and Reparations: Exploitation and Plunder in Postwar Germany* (*Tecnología científica y reparaciones: explotación y saqueo en la Alemania posterior a la guerra*), Stanford: University Press, 1990.

GOODMAN, STEVE, *Sonic Warfare, Sound, Affect, and the Ecology of Fear* (*Guerra sónica: el sonido, el afecto y la ecología del miedo*), Massachusetts: MIT, 2010.

GREEN, WILLIAM, *Rocket Fighter (Ballantine's Illustrated History of World War II, Weapons Book No. 20)* (*Caza cohete (Historia Ilustrada de la II Guerra Mundial Ballantine, Libro de Armas n.º 20)*), New York: Ballantine Books, 1971.

GREEN, WILLIAM, *Warplanes of the Third Reich* (*Aviones de guerra del III Reich*), London: Macdonald and Jane's, 1970 (cuarta edición 1979).

GRUNDEN, WALTER E., *Secret Weapons and World War II, Japan in the Shadow of Big Science* (*Armas secretas y la II Guerra Mundial, Japón en la sombra de la Gran Ciencia*), Lawrence: University of Kansas Press, 2005.

HAINING, PETER, *The Flying Bomb War* (*La guerra de la bomba volante*), London: Robson Books, 2002.

HAINING, PETER (compiler), *The Spitfire Log* (*El Libro de Vuelo del Spitfire*), Souvenir Press, 1985.

HARRIS, ROBERT, *Enigma*, London: Arrow Books, 1995.

HARRIS, ROBERT Y PAXMAN, JEREMY, *A Higher Form of Killing: The Secret History of Chemical and Biological Warfare* (*Una forma más elevada de matar: la historia secreta de la guerra química y bacteriológica*), London: Random House, 2002.

HARRIS, SHELDON H., *Factories of Death, Japanese Biological Warfare and the American Cover Up* (*Fábricas de muerte, la guerra bacteriológica japonesa y la cobertura estadounidense*), London: Routledge, 1994.

HINSLEY, F. H. Y STRIPP, A., *Codebreakers: The Inside Story of Bletchley Park* (*Descriptadores de códigos: la historia interna de Bletchley Park*), Oxford University Press, 1994.

HITLER, ADOLF, *Mein Kampf* (*Mi Lucha*), London: Hurst & Blacketts, 1939.

HODGES, ANDREW, *Alan Turing: The Enigma* (*Alan Turing: Enigma*), London: Vintage Books, 1992.

HOLLOWAY, DAVID, *Stalin and the Bomb* (*Stalin y la Bomba*), Yale University Press, 1994.

IRONS, ROY, *Hitler's Terror Weapons: The Price of Vengeance* (*Las armas de terror de Hitler: el precio de la venganza*), New York: HarperCollins, 2003.

JOHNSON, BRIAN, *The Secret War* (*La guerra secreta*), London: Arrow Books, 1978.

JONES, R. V., *Most Secret War* (*Guerra del máximo secreto*), London: Hamish Hamilton, 1978.

JUDT, MATTHIAS Y CIESLA, BURGHARD, *Technology Transfer out of Germany after 1945* (*Transferencia de tecnología desde Alemania después de 1945*), Luxembourg: Harwood Academic Publishers, 1996.

JUROD, MARCEL, *Warrior Without Weapons* (*Combatiente sin armas*), Geneva: IRC Publications, 1982.

LEHMANN, ERNST A. Y MINGOS, HOWARD, *The Zeppelins, Development of the Airship, with the Story of the Zeppelins Air Raids in the World War* (*Los zeppelines; desarrollo del dirigible rígido, con la historia de los raids de los zeppelines en la Guerra Mundial*), New York: J. H. Sears, 1927.

LEWIN, RONALD, *Hitler's Mistakes* (*Errores de Hitler*), London: Secker & Warburg, 1984.

LEY, WILLY, *Rockets, Missiles and Men in Space* (*Cohetes, misiles y el hombre en el espacio*), New York: Viking Press, 1968.

MORPURGO, JACK, *Barnes Wallis: A Biography* (*Barnes Wallis: una biografía*), London: Ian Allan, 1981.

MORRIS, R. (ed.), *Breaching the German Dams: Flying Into History* (*La rotura de las presas alemanas: volando hacia la historia*), London: RAF Museum, 2008.

NICHOL, JOHN Y RENNELL, TONY, *Tail-End Charlies – Last Battles of the Bomber War 1944–45* (*Los últimos de la formación ("el perro") – Últimas batallas de la Guerra de Bombardeo 1944-1945*), London: St. Martin's Press, 2006.

NORRIS, ROBERT S., *The Manhattan Project* (*El Proyecto Manhattan*), New York: Black Dog & Leventhal, 2007.

OVERY, RICHARD, *The Air War 1939–1945* (*La Guerra Aérea 1939-1945*), Washington: Potomac Books, 2005.

PAWLE, GERALD, *The Secret War 1939–45* (*La guerra secreta 1939-1945*), London: George Harrap & Co Ltd, 1956.

PRANGE, GORDON, *At Dawn We Slept, the Untold Story of Pearl Harbor* (*Al amanecer estábamos dormidos, la historia no contada de Pearl Harbor*), New York: McGraw-Hill, 1981.

RHODES, RICHARD, *The Making of the Atomic Bomb* (*La fabricación de la bomba atómica*), New York: Simon & Schuster, 1995.

SHAPIRA, SHMUEL, HAMMOND, JEFFREY Y COLE, LEONARD (eds.), *Essentials of Terror Medicine* (*Aspectos esenciales de la medicina del terror*), New York: Springer, 2009.

SMITH, MICHAEL, *Station X: The Codebreakers of Bletchley Park* (*Los descriptadores de códigos de Bletchley Park*), London: Channel 4 Books, 1998.

SPÄTE, WOLFGANG, *Top Secret Bird: Luftwaffe's Me-163 Komet* (*Pájaro supersecreto, el Me-163 Komet de la Luftwaffe*), Missoula, Montana: Pictorial Histories Publishing, 1989.

STINNETT, ROBERT B., *Day of Deceit: The Truth about FDR and Pearl Harbor* (*El día del engaño: la verdad sobre FDR y Pearl Harbor*), New York: Free Press, 2000.

TERRELL, EDWARD, *Admiralty Brief* (*Un escrito del Almirantazgo*), London: George Harrap & Co Ltd, 1958.

WEST WELL, IAN: *La II Guerra Mundial día a día*, Madrid: Libsa, 2004.

WILLS, CHUCK, *Historia ilustrada del armamento*, Madrid: Libsa, 2012.

WINTER, FRANK H., *The First Golden Age of Rocketry: Congreve and Hale Rockets of the Nineteenth Century* (*La primera Edad de Oro de la cohetería: Congreve y los cohetes Hale del siglo XIX*), Washington and London: Smithsonian Institution Press, 1990.

YOUNG, RICHARD ANTHONY, *The Flying Bomb* (*La bomba volante*), London: Ian Allan, 1978.

ZALOGA, STEVEN, *V-1 Flying Bomb 1942–52* (*La bomba volante V-1, 1942-1952*), Oxford: Osprey Publishing, 2005.

ZELDIN, THEODORE, *France 1848–1945* (*Francia 1848-1945*), Oxford: Oxford University Press, 1980.

ARTÍCULOS

ALEXANDER, L., «Ethics of Human Experimentation» («Aspectos éticos de la experimentación humana»), *Psychiatric Journal of the University of Ottawa*, 1: 40–46, 1976.

CHANGNON, STANLEY, Y IVENS, LOREENA J., «History Repeated, the Forgotten Hail Cannons of Europe» («La historia repetida, los olvidados cañones de saludo de Europa»), *Bulletin of the American Meteorological Society* 62 (3): 368–375, marzo 1981.

CHEN, Y. F., «Japanese Death Factories and the American Cover-up» («Factorías de muerte japonesas y la cobertura estadounidense»), *Cambridge Quarterly of Healthcare Ethics*, 6: 240–242, 1997.

DRAYTON, RICHARD, «An Ethical Blank Cheque» («Un cheque en blanco ético»), *The Guardian*, 10 de mayo de 2005.

DVORAK, PETULA, «Fort Hunt's Quiet Men Break Silence on World War II» («Los hombres silenciosos de Fort Hunt rompen su silencio sobre la II Guerra Mundial»), *Washington Post*, 6 October 2007.

FISK, ROBERT, «Poison Gas from Germany» («Gas venenoso desde Alemania»), *The Independent*, 30 de diciembre de 2000.

FORD, BRIAN J., «Chemical Warfare», *History of the Second World War*, 7 (6): 2845–2850 («Guerra química», *Historia de la II Guerra Mundial, 7 (6): 2845-2850*), Bristol: Purnell, 1976.

GARTH, JOHN, «The Great Panjandrum Rolls Again» («El Gran Panjandrum rueda de Nuevo»), *The Daily Mail*, 5 de junio de 2009.

GLINES, C. V., «Top Secret World War II Bat and Bird Bomber Program» («El programa supersecreto del bombardeo con murciélagos y pájaros en la II Guerra Mundial»), *Aviation History*, 15 (5): 38–44, mayo de 2005.

GODDARD, ROBERT H., «A Method of Reaching Extreme Altitudes» («Un método para alcanzar altitudes extremas»), *Nature* 105: 809–811, 1920.

MCLELLAN, DENNIS, «Obituary of Kermit A. Tyler» («Artículo necrológico sobre Kermit A. Tyler»), *Pittsburg Post-Gazette*, 28 de febrero de 2010.

MEITNER, LISE Y FRISCH, OTTO, «Disintegration of Uranium by Neutrons: a New Type of Nuclear Reaction» («Desintegración del uranio mediante neutrones: un nuevo tipo de reacción nuclear»), *Nature*, 143 (3615): 239–240, 1939.

RUANE, MICHAEL, «Army Destroys Spring Valley Munitions» («El Ejército destruye las municiones de Spring Valley»), *Washington Post*, 16 April 2010.

SIMMONDS, DEBORAH, «Chemical Weapons Cleanup Blast Set to Go in D.C.» («Limpieza de las armas químicas por explosion preparada para su ejecución en D.C.»), Washington Times, 15 de abril de 2010.

TANAKA, YUKI, «Poison Gas, the Story Japan Would Like to Forget» («Gas venenoso, la historia que a Japón le gustaría olvidar»), *Bulletin of the Atomic Scientists*, 16–17, October 1988.

TURING, ALAN, «On Computable Numbers, with an Application to the Entscheidungsproblem» («Sobre los números computables, con una aplicación al problema de la decision»), *Proceedings of the London Mathematical Society*, 2 (42): 230–65, 1937.

TURING, ALAN, «On Computable Numbers, with an Application to the Entscheidungsproblem, A Correction» («Sobre los números computables, con una aplicación al problema de la decision; una corrección»), *Proceedings of the London Mathematical Society*, 2 (43): 544–6, 1937.

OTRAS FUENTES

Air Raid Precautions, An Album to contain a Series of Cigarette Cards of National Importance (*Precauciones durante los raids aéreos, Un album con una serie de cromos de cajetillas de cigarillos de importancia nacional*), Wills, H. D. and Wills, H. O., a branch of the Imperial Tobacco Company

Air Raid Precautions Training Manual No.1 (1st Edition): Basic Training in Air Raid Precautions [*Manual de adiestramiento n.º 1 sobre precauciones contra los raids aéreos (1ª Edición)*; *Adiestramiento básico sobre precauciones en caso de raids aéreos*], His Majesty's Stationery Office, 1940

The Protection of Your Home Against Air Raids (*La proteccción de su hogar contra los raids aéreos*), Home Office booklet, His Majesty's Stationery Office, 1938

Veteran Memories (*Memorias de un veterano*), www.bletchleypark.org.uk/content/hist/history/Veterans.rhtm

Employment of German Scientists and Technicians, Denial Policy, National Records Office ref: AVIA 54/1403, 1945

ÍNDICE

Los números de página en negrita se refieren a ilustraciones.